21世纪会计系列规划教材·致用型

Bank Accounting

银行会计

亚春林 主 编

东北财经大学出版社
Dongbei University of Finance & Economics Press
大 连

图书在版编目（CIP）数据

银行会计 / 亚春林主编．—大连：东北财经大学出版社，2021.8
（21世纪会计系列规划教材·致用型）
ISBN 978-7-5654-4182-0

Ⅰ.银…　Ⅱ.亚…　Ⅲ.银行会计-高等学校-教材　Ⅳ.F830.42

中国版本图书馆CIP数据核字（2021）第069206号

东北财经大学出版社出版
（大连市黑石礁尖山街217号　邮政编码　116025）
网　址：http://www.dufep.cn
读者信箱：dufep@dufe.edu.cn

大连永发彩色广告印刷有限公司印刷　东北财经大学出版社发行

幅面尺寸：185mm×260mm　字数：414千字　印张：17.5
2021年8月第1版　2021年8月第1次印刷

责任编辑：王　莹　刘晓彤　责任校对：王　彤
封面设计：张智波　版式设计：钟福建

定价：39.00元

教学支持　售后服务　联系电话：（0411）84710309

如有印装质量问题，请联系营销部：（0411）84710711

前　言

银行会计作为金融学等专业核心课程群的主干课程，具有较强的理论性和实践性。为了满足银行会计课程教学、业务实践、产教融合和思政教育的需要，我们编写了本书。

本书以《企业会计准则》《金融企业财务规则》及相关法律法规为依据，较为全面地介绍了我国银行会计的基本理论和基础知识，较为详尽地反映了商业银行各项业务的核算要求和方法，较为准确地体现了会计与金融改革的最新内容，较为巧妙地将产教融合和思政教育融入到教材内容当中。通过本书的学习，学习者能够全面掌握银行业务，加深对银行知识的理解，提高业务技能，为日后从事金融或其他相关工作打下坚实基础。

本书在编写过程中突出以下特点：

一是内容新颖。结合《企业会计准则》及银行会计处理的最新规定，本书既介绍了银行的传统业务，又介绍了银行的新兴业务。

二是理论联系实际。本书增加了音视频资料，突出理实一体特色，模拟银行真实环境，用真实案例阐释原理，有益于学生对银行实际业务的理解和掌握。

三是产教融合、思政融合。本书在编写中融入产教政策和思政教育理念，突出职业特色，将理论知识运用于实践，加深对知识的理解，增强学生应用知识解决实际问题的能力。

本书是编者结合多年的银行会计教学经验撰写而成的，适合作为普通高校金融学、会计学等专业的教材，也适合作为侧重技能训练的职业院校相关专业的教材。

本书由山东科技大学亚春林主编，参与编写的有潘光曦、田牧、林晓乐、刘婧、李明慧。具体编写分工为：亚春林负责编写第七章、第八章和第十二章；潘光曦负责编写第一章和第二章；田牧负责编写第三章和第四章；林晓乐负责编写第五章和第六章；刘婧负责编写第九章和第十章；李明慧负责编写第十一章。全书由亚春林负责统稿。

本书在编写过程中得到了中国人民银行山东省分行彭凤翔副行长、潍坊银行刘宝民总经理的大力支持，在此表示感谢！

为方便教学，本书配有教学课件、课后习题参考答案及实训练习参考答案，请登录东北财经大学出版社网站（www.dufep.cn）下载使用。

由于编者水平有限，在编写过程中，疏漏与错误之处在所难免，敬请广大读者批评指正。

编　者

2021年3月

目　录

第一章

银行会计概述

学习目标

1. 了解我国银行的演变及主要业务；
2. 掌握银行会计的含义、特征和对象；
3. 熟悉银行会计核算的前提和信息质量的要求。

第一节 我国商业银行概述

一、商业银行

商业银行是依照《中华人民共和国商业银行法》和《中华人民共和国公司法》设立的吸收公众存款、发放贷款、办理结算等业务的企业法人。商业银行以安全性、流动性、效益性为经营原则，实行自主经营、自担风险、自负盈亏、自我约束机制。

商业银行业务主要有：吸收公众存款、发放贷款、办理国内外结算、办理票据承兑与贴现、发行金融债券、代理发行、代理兑付、承销政府债券、买卖政府债券及金融债券、同业拆借、买卖和代理买卖外汇、从事银行卡业务、提供信用证服务及担保、代理收付款项及代理保险业务、提供保管箱服务、经监督管理机构批准的其他业务。

二、我国银行业的演变历程

中华人民共和国成立后，银行业的演变随着经济体制的变革呈现出不同的阶段性特点，大致可以分为以下五个阶段：

1.第一阶段（1949—1978年）

这一时期我国实行的是社会主义计划经济体制，与此相适应，银行业也就形成了“大一统”的银行体系。在高度集中的计划经济体制下，中国人民银行集中央银行和商业银行作用于一身，既负责货币发行和金融管理，又具体从事各种业务经营，呈现出作用从属化、业务指令化、信用单一化的特点。

2.第二阶段（1979—1993年）

这一时期为金融改革的准备和起步阶段。1979年，中国农业银行恢复设立，之后中国银行、中国建设银行、中国工商银行相继设立。四家银行的恢复成立，构成了以产业分工为主要特征的四大专业银行机构。中国农业银行负责统一管理支农资金，集中办理农村信贷，发展农村信贷业务；中国银行作为国家指定的外汇专业银行，统一经营和集中管理全国的外汇业务；中国建设银行除办理“拨改贷”外，还利用自己吸收的存款发放基本建设贷款，重点支持企业的挖潜改造工程，并发放城市综合开发和商品房建设贷款；中国工商银行承办工商信贷和储蓄业务。

1984年，中国人民银行停止经营商业银行业务，开展独立信贷管理和货币发行权，行使中央银行的职能。同时，一批具有现代企业特征的股份制商业银行也陆续设立，如交通银行、招商银行、中信实业银行（后更名为中信银行）、深圳发展银行（后更名为平安银行）、广东发展银行、光大银行等。股份制商业银行逐渐成为我国商业银行体系中一支富有活力的生力军。

3.第三阶段（1994—2002年）

这一时期是银行体系走向市场化的转变与探索阶段，实现了由专业银行向商业银行的转变。

（1）1994年，三家政策性银行成立，即国家开发银行、中国进出口银行和中国农业发展银行，将原有国有专业银行的政策性业务与商业性业务分离，使原有专业银行逐步转化为国有商业银行。

（2）1995年，颁布了《中华人民共和国商业银行法》，要求商业银行以“安全性、流动性、效益性”为原则，实行自主经营、自担风险、自负盈亏、自我约束，并逐步完善银行资本金制度。

（3）1999年，相继成立了信达、东方、长城、华融四家金融资产管理公司，接收从工、农、中、建剥离出来的约1.4万亿元的不良资产，以减轻国有商业银行的历史包袱、改善资产负债状况。

（4）在此期间，各地城市信用社开始向城市商业银行转变。

4.第四阶段（2003—2013年）

这一时期是银行业改革的深化阶段，国有商业银行实现了由国有独资银行向国家控股的股份制商业银行的转变。同时，部分股份制商业银行、城市商业银行也实现了上市。2007年3月，中国邮政储蓄银行在改革原有邮政储蓄管理体制的基础上正式成立；同年，村镇银行开始设立，进一步丰富了银行体系，大大繁荣了农村金融市场。

5.第五阶段（2014年至今）

随着互联网的兴起，互联网银行得到快速发展，借助现代数字通信、互联网、移动通信及物联网技术，通过云计算、大数据等方式，在线实现为客户提供存款、贷款、支付、结算、汇转、电子票证、电子信用、账户管理、货币互换、投资理财、金融信息等金融服务。

第二节　银行会计的特征和研究对象

一、特征

银行会计是以货币为主要计量单位，采用会计的专门方法，对银行的经营活动过程进行连续、系统、全面、综合的核算和监督，为企业的投资者、债权人、经营者及利益相关方提供财务状况和经营成果等会计信息的一种经济管理活动。银行会计的特征如下：

1.核算内容具有广泛的社会性

银行特别是商业银行通过吸收存款、发放贷款、支付结算等业务与社会各部门、企事业单位和个人有着密切的联系，在反映银行自身业务的同时，还能够反映国民经济各部门的资金活动情况。

2.核算方法具有独特性

银行是经营货币资金的特殊行业，在会计核算中形成自己独特的方法，如单式记账法等。银行会计在科目设置、凭证编制、账务处理上，也明显区别于其他企业会计。

3.核算过程和业务处理具有一致性

一般企业表现为业务活动和财务活动相分离，而银行尤其是商业银行表现为两者同时进行。比如，客户在柜台办理现金业务，柜员在现金收付、凭证处理、账簿登记中，业务处理和核算过程同步。

4.具有严密的内部监督机制

商业银行是银行的主体，是国民经济的综合部门，是社会资金活动的枢纽。商业银行通过会计的基本职能，对各部门、各单位、各企业经济活动的合法性、合规性进行有效的监督。比如，收付款的复核制度、贷款的审贷分离制度和当日轧平账务制度等，确保账务处理的正确和社会资金的安全。

假币识别

5.会计核算网络化

会计核算网络化是基于互联网平台的会计核算。在网络环境下，网络、通信与数据库等先进技术被用于会计信息的获取、加工、处理、传输、储存、应用。目前，不论是商业银行内部各分支机构之间，还是跨系统商业银行之间、商业银行与中国人民银行之间，通过网络和卫星传输等先进技术建立起了发达的电子系统，使得银行卡、网上支付等新型业务快速发展，拓展了银行的经营业务。

二、研究对象

银行会计核算和监督的内容，就是会计对象，其是指银行能以货币表现的经济活动，即银行的资金运动。

为了便于确认、计量、记录和报告，需要按照经济业务的不同对会计对象的具体内容进行分类，即会计要素。因此，会计要素是对会计对象的分类，对会计对象的研究实际上就是对会计要素的研究。

按照《企业会计准则》的规定，会计要素分为资产、负债、所有者权益、收入、费用和利润六大类，其中，资产、负债、所有者权益侧重反映银行在某一时点上的财务状况，收入、费用和利润侧重反映银行在某一期间内的经营成果。

（一）资产

资产是指企业过去的交易或事项形成的，由企业拥有或者控制的，预期会给企业带来经济利益的资源。银行的资产可按流动性分为流动资产和非流动资产，其中，流动资产主要有库存现金及银行存款、存放中央银行款项、短期贷款、交易性金融资产等；非流动资产主要有中长期贷款、长期股权投资、固定资产和无形资产等。

（二）负债

负债是指企业过去的交易或事项形成的，预期会导致经济利益流出企业的现时义务。

银行的负债按照流动性可分为流动负债和非流动负债，其中，流动负债主要有短期存款、向中央银行借款、汇出汇款、应付款项、应交税费等；非流动负债主要有长期存款、长期借款、应付债券、长期应付款等。

（三）所有者权益

所有者权益是指资产扣除负债后，由所有者享有的剩余权益。所有者权益按照来源，主要包括所有者投入的资本、直接计入所有者权益的利得和损失、留存收益等。银行的所有者权益由实收资本（或股本）、资本公积、盈余公积、一般风险准备和未分配利润等组成。

（四）收入

收入是指企业在日常活动中所形成的，会导致所有者权益增加的，与所有者投入资本无关的经济利益的总流入。银行日常活动所取得的收入主要包括贷款利息收入、贴现利息收入、手续费及佣金收入和其他业务收入等。收入不包括为第三方或者客户代收的款项。

（五）费用

费用是指企业在日常活动中所发生的，会导致所有者权益减少的，与向所有者分配利润无关的经济利益的总流出。银行日常活动所发生的费用主要包括利息支出、手续费及佣金支出、管理费、其他业务成本等。费用不包括为第三方或客户垫付的款项。

（六）利润

利润是指企业在一定会计期间的经营成果。利润包括收入减去费用后的净额、直接计入当期损益的利得和损失等。其中，收入减去费用后的净额反映企业日常经营活动的业绩；直接计入当期损益的利得和损失反映企业非日常活动的业绩。

第三节　银行会计的核算前提和信息质量要求

一、核算前提

会计的核算前提（或称会计假设）是指会计人员为了实现会计目标，而对错综复杂、变化不定的会计环境所做出的合乎情理的假定。银行会计的核算前提有：会计主体、持续经营、会计分期、货币计量。

（一）会计主体

会计主体是指会计工作为之服务的特定单位或组织，是会计工作特定的空间范围。凡是有能力拥有资源、承担义务、独立或相对独立的特定单位或组织，都可以且需要进行独立核算，成为一个会计主体。会计主体可以是一个企业，也可以是若干家企业通过控股关系组织起来的集团公司。一个会计主体可能包括几个会计主体，如总公司和分公司；几个会计主体也可合并为一个会计主体，如联营公司。

（二）持续经营

持续经营是指会计主体的业务经营活动能够按照既定目标持续不断地经营下去。只有在持续经营的前提下，资金才能实现周而复始的循环与周转，会计人员才能分期记账，定期进行财务报告，会计处理方法才能保持一致性和稳定性，才能以权责发生制为基础确定本期的收益和费用，解决资产计价和负债偿还等问题。

（三）会计分期

会计分期是指将会计主体的持续经营活动人为地分割为一定的期间，分期结算账目，报告财务状况，以满足有关各方对财务信息的需求。根据《企业会计准则》的规定，会计分期按公历起讫日期分为年度、半年度、季度和月度。会计分期前提解决了会计核算和监督的时间范围问题。

（四）货币计量

货币计量是指会计信息应以货币为计量尺度。我国银行的会计核算以人民币为记账本位币。业务收支以外币为主的企业，可以选定某种外币作为记账本位币，但编制的会计报表应折算为人民币反映。境外企业向国内有关部门报送的会计报表也应折算为人民币反映。

二、信息质量要求

会计信息质量要求分为首要信息质量要求和次要信息质量要求两部分。

（一）首要信息质量要求

1.可靠性

可靠性要求企业应当以实际发生的交易或者事项为依据进行会计确认、计量和报告，如实反映符合确认和计量要求的各项会计要素及其相关信息，保证会计信息真实可靠、内容完整。可靠性是会计信息的基本质量要求。

2.相关性

相关性要求企业提供的会计信息应当与财务会计报告使用者的经济决策需要相关，有助于财务会计报告使用者对企业过去、现在或者未来的情况做出评价或者预测。

3.及时性

及时性要求企业对于已经发生的交易或者事项，应当及时进行会计确认、计量和报告，不得提前或者推后。会计信息具有时效性，因此，只有及时提供会计信息，才有利于会计信息使用者做出正确的预测与决策。

4.可比性

可比性要求不同企业发生的相同或者相似的交易或者事项，应当采用规定的会计政策，确保会计信息口径一致、相互可比。可比性包括两层含义：①不同企业相同会计期间信息可比，这是横向可比；②同一企业不同时期会计信息可比，这是纵向可比。

可比性要求企业采用的会计政策前后各期保持一致，不得随意变更。

（二）次要信息质量要求

1.可理解性

可理解性要求企业提供的会计信息应当清楚明了，便于财务会计报告使用者理解和使用；要求会计记录和文字说明应当清晰、准确；填制会计凭证做到依据合法；登记账簿必须对应关系清楚，摘要完整准确；编制会计报表项目完整、数字准确、勾稽关系清楚。

2.谨慎性

谨慎性要求企业对交易或者事项进行会计确认、计量和报告应当保持应有的谨慎，不应高估资产或者收益、低估负债或者费用。

3.重要性

重要性要求企业提供的会计信息应当反映与企业财务状况、经营成果和现金流量等有关的所有重要交易或者事项。对于重要的经济业务，应当进行详细核算、单独反映；而对于某些次要的经济业务或会计事项的加工处理或在报表上的揭示，可以适当简化会计核算手续，合并反映。

4.实质重于形式

实质重于形式要求企业应当按照交易或者事项的经济实质进行会计确认、计量和报告，不应仅以交易或者事项的法律形式作为会计核算的依据，比如融资租赁的核算。

思考题

1.什么是银行会计？它有哪些特征？

2.怎样正确理解银行会计的核算前提？

3.银行会计的信息质量要求有哪些？

练习题

1.单项选择题

（1）银行会计核算的基础是权责发生制，其产生的依据是（　　）。

A.会计主体假设　　B.持续经营假设

C.会计分期假设　　D.货币计量假设

（2）在金融机构体系中，处于中心地位的银行是（　　）。

A.中国银行　　B.中国工商银行

C.中国建设银行　　D.中国人民银行

（3）设置应收利息和应付利息是遵循（　　）原则。

A.权责发生制　　B.收付实现制

C.永续盘存制　　D.实地盘存制

（4）会计的基本职能是（　　）。

A.核算与管理　　B.管理与监督

C.核算与监督　　D.监督与检查

（5）下列选项中，不属于银行会计特征的是（　　）。

A.核算内容广泛的社会性　　B.内容的公开性

C.核算方法的独特性　　D.更加严密的监督

（6）下列业务中，目前商业银行不能经营的是（　　）。

A.吸收公众存款　　B.发放贷款

C.办理国内外结算　　D.从事股票投资业务

（7）会计核算与业务处理的统一性特点是由商业银行（　　）决定的。

A.经营商品的特殊性　　B.在国民经济中的特殊地位

C.第三产业特征　　D.客户的需求

（8）明确会计反映的特定对象，界定会计核算范围的基本假设是（　　）。

A.会计主体　　B.持续经营

C.会计分期　　D.货币计量

(9) 形成权责发生制和收付实现制不同的记账基础，进而出现应收、应付、预收、预付、折旧、摊销等会计处理方法所依据的会计基本假设是（　　）。

A.会计主体　　B.持续经营

C.会计分期　　D.货币计量

(10) 下列项目中，不属于商业银行资产的是（　　）。

A.应收利息　　B.应付利息

C.短期贷款　　D.长期股权投资

2.多项选择题

(1) 下列属于会计核算前提的有（　　）。

A.会计主体　　B.持续经营　　C.会计分期　　D.货币计量

(2) 下列属于非银行金融机构会计的有（　　）。

A.中央银行会计　　B.保险公司会计　　C.证券公司会计　　D.工商企业会计

(3) 商业银行经营的原则包括（　　）。

A.安全性　　B.流动性　　C.效益性　　D.规范性

(4) 会计分期包括（　　）。

A.年度　　B.半年度　　C.季度　　D.月度

(5) 首要信息质量要求包括（　　）。

A.相关性　　B.及时性　　C.可靠性　　D.重要性

(6) 下列项目中，可以作为会计主体的有（　　）。

A.总行　　B.分行　　C.中心支行　　D.支行

(7) 下列各项中，属于反映商业银行经营成果的有（　　）。

A.收入　　B.费用　　C.利润　　D.存款

(8) 负债具有的基本特征有（　　）。

A.负债是由现在的交易或事项引起的偿债义务

B.负债是由过去的交易或事项引起的现时义务

C.负债是由将来的交易或事项引起的偿债义务

D.负债会导致经济利益流出企业

第二章

基本核算方法

学习目标

1.了解银行会计科目的含义和作用；
2.熟悉银行会计科目的分类；
3.掌握会计凭证的种类、特点；
4.理解账务组织的主要内容及处理程序。

银行基本核算方法，是指日常会计核算中采用的会计科目、记账方法、会计凭证、账簿、账务处理程序、会计报表等的具体设计和安排。

第一节　会计科目

会计科目是对会计对象的具体内容进行分类反映的标志或名称，它是设置账户、分类记载会计事项的工具，也是确定报表项目的基础。

根据会计科目的名称，可以在总分类账上设立账户，并记载发生的所有交易事项，因此，会计科目实际上也就是账户名称，起到统驭、控制和总括各类明细账户的作用。

一、科目设置原则

1.遵循统一的会计核算规范

银行应依照《企业会计准则》中科目表规定的科目名称和核算内容设置和使用会计科目，处理经济业务。

2.满足统一经营管理的需要

银行会计科目的设置，在遵循统一会计核算规范的原则下，由总行统一制定，以保证会计核算口径的统一，便于综合汇总会计报表和分析运用会计资料。各管辖分行如有需要，可增设辖内专用科目，但增设后应送总行财会部门备案。

3.符合银行业务的特点

银行多种职能并存，其资金筹集与运用有自身的特点，必须根据这些特点来设置会计科目，才能全面反映银行会计的全部核算对象。

4.适当简化会计科目的设置

过少的会计科目不利于全面反映各项业务状况，而过多的会计科目又会影响会计核算效率。在保证核算质量的前提下，适当简化会计科目设置，可以提高会计核算工作效率，降低核算成本。

二、科目分类

面对每天所发生的大量业务活动，为使会计核算工作顺利进行，银行有必要对会计科目进行合理分类。

1.按会计科目所反映的资金性质分类

（1）资产类科目

资产类科目是反映银行的资产和债权的科目，包括各种资产、债权和其他权利。资产类科目按资产流动性可分为流动资产和非流动资产。对于这类科目，发生额记在借方表示资产增加，记在贷方表示资产减少，余额一般在借方。

（2）负债类科目

负债类科目是反映银行的各种债务性资金来源状况的科目，包括各种债务、应付款项和其他应付债务。负债类科目按负债流动性可分为流动负债和非流动负债。对于这类科目，发生额记在贷方表示负债增加，记在借方表示负债减少，余额一般在贷方。

（3）资产负债共同类科目

资产负债共同类科目是既能反映银行的资产业务，又能反映银行的负债业务的科目，如清算资金往来。这类科目具有资产、负债双重特点，余额没有确定的方向，借方余额表示债权，贷方余额表示负债。

（4）所有者权益类科目

所有者权益类科目是反映银行的投资者对银行净资产的索取权，包括实收资本（或股本）、资本公积、盈余公积、一般风险准备、本年利润、利润分配等科目。

（5）损益类科目

损益类科目是反映银行财务收支及经营成果的科目，包括各收入类、支出类、费用类等科目。该类科目期末余额结转本年利润。

2.按与资产负债表的关系分类

（1）表内科目

表内科目是反映银行资金实际增减变动的会计科目，其余额反映在资产负债表等会计报表上。表内科目包括资产类、负债类、资产负债共同类、所有者权益类、损益类，具体见表2-1。

表2-1 **银行会计科目表（表内）**

序号	编号	科目名称	适用范围	序号	编号	科目名称	适用范围
一、资产类							
1	1001	库存现金		36	1431	贵金属	
2	1002	银行存款		37	1441	抵债资产	金融共用
3	1003	存放中央款项	专用	38	1451	损余物资	保险专用
4	1011	存放同业	专用	39	1461	融资租赁资产	
5	1012	其他货币资金		40	1471	存货跌价准备	

续表

序号	编号	科目名称	适用范围	序号	编号	科目名称	适用范围
6	1021	结算备付金	证券专用	41	1501	债权投资	
7	1031	存出保证金	金融共用	42	1502	债权投资减值准备	
8	1101	交易性金融资产		43	1503	可供出售金融资产	
9	1111	买入返售金融资产		44	1511	长期股权投资	
10	1121	应收票据		45	1512	长期股权投资减值准备	
11	1122	应收账款		46	1521	投资性房地产	
12	1123	预付账款		47	1531	长期应收款	
13	1131	应收股利		48	1532	未实现融资收益	
14	1132	应收利息		49	1541	存出资本保证金	
15	1201	应收代位追偿款	保险专用	50	1601	固定资产	
16	1211	应收分保账款	保险专用	51	1602	累计折旧	
17	1212	应收分保合同准备金	保险专用	52	1603	固定资产减值准备	
18	1221	其他应收款		53	1604	在建工程	
19	1231	坏账准备		54	1605	工程物资	
20	1301	贴现资产	专用	55	1606	固定资产清理	
21	1302	拆出资金	金融共用	56	1611	未担保余值	
22	1303	贷款	保险共用	57	1621	生产性生物资产	
23	1304	贷款损失准备	保险共用	58	1622	生产性生物资产累计折旧	
24	1311	代理兑付证券	证券共用	59	1623	公益性生物资产	
25	1321	代理业务资产		60	1631	油气资产	
26	1401	材料采购		61	1632	累计折耗	
27	1402	在途物资		62	1701	无形资产	
28	1403	原材料		63	1702	累计摊销	
29	1404	材料成本差异		64	1703	无形资产减值准备	
30	1405	库存商品		65	1711	商誉	
31	1406	发出商品		66	1801	长期待摊费用	
32	1407	商品进销差价		67	1811	递延所得税资产	
33	1408	委托加工物资		68	1821	独立账户资产	保险专用
34	1411	周转材料		69	1901	待处理财产损溢	
35	1421	消耗性生物资产					
二、负债类							
70	2001	短期借款		88	2261	应付分保账款	保险专用
71	2002	存入保证金	金融共用	89	2311	代理买卖证券款	证券专用
72	2003	拆入资金	金融共用	90	2312	代理承销证券款	证券共用
73	2004	向中央借款	专用	91	2313	代理兑付证券款	证券共用
74	2011	吸收存款	专用	92	2314	代理业务负债	
75	2012	同业存放	专用	93	2401	递延收益	
76	2021	贴现负债	专用	94	2501	长期借款	
77	2101	交易性金融负债		95	2502	应付债券	

续表

序号	编号	科目名称	适用范围	序号	编号	科目名称	适用范围
78	2111	卖出回购金融资产款	金融共用	96	2601	未到期责任准备金	保险专用
79	2201	应付票据	保险专用	97	2602	保险责任准备金	保险专用
80	2202	应付账款	金融共用	98	2611	保户储金	保险专用
81	2203	预收账款		99	2621	独立账户负债	保险专用
82	2211	应付职工薪酬		100	2701	长期应付款	
83	2221	应交税费		101	2702	未确认融资费用	
84	2231	应付利息		102	2711	专项应付款	
85	2232	应付股利		103	2801	预计负债	
86	2241	其他应付款		104	2901	递延所得税负债	
87	2251	应付保单红利	保险专用				
三、共同类							
105	3001	清算资金往来	专用				
106	3002	货币兑换	金融共用				
107	3101	衍生工具					
108	3201	套期工具					
109	3202	被套期项目					
四、所有者权益类							
110	4001	实收资本		114	4103	本年利润	
111	4002	资本公积		115	4104	利润分配	
112	4101	盈余公积		116	4201	库存股	
113	4102	一般风险准备	金融共用				
五、成本类（略）							
六、损益类							
124	6001	主营业务收入		141	6421	手续费及佣金支出	金融共用
125	6011	利息收入	金融共用	142	6501	提取未到期责任准备金	保险专用
126	6021	手续费及佣金收入	金融共用	143	6502	提取保险责任准备金	保险专用
127	6031	保费收入	保险专用	144	6511	赔付支出	保险专用
128	6041	租赁收入		145	6521	保单红利支出	保险专用
129	6051	其他业务收入		146	6531	退保金	保险专用
130	6061	汇兑损益	金融专用	147	6541	分出保费	保险专用
131	6101	公允价值变动损益		148	6542	分保费用	保险专用
132	6111	投资收益		149	6601	销售费用	
133	6201	摊回保险责任准备金	保险专用	150	6602	管理费用	
134	6202	摊回赔付支出	保险专用	151	6603	财务费用	
135	6203	摊回分保费用	保险专用	152	6604	勘探费用	
136	6301	营业外收入		153	6701	资产减值损失	
137	6401	主营业务成本		154	6711	营业外支出	
138	6402	其他业务成本		155	6801	所得税费用	
139	6403	税金及附加		156	6901	以前年度损益调整	
140	6411	利息支出	金融共用				

（2）表外科目

表外科目是核算业务确已发生但未涉及资金增减变动、需要记载实物库存数量变化和备查登记的事项，其余额不反映在资产负债表上的科目，如代保管有价值品、重要空白凭证等。表外科目见表2-2。

表2-2 银行会计科目表（表外）

序号	科目名称	序号	科目名称
1	代保管有价值品	8	未发行债券
2	应收未收贷款利息	9	开出凭证式债券
3	开出保函	10	重要空白凭证
4	银行承兑汇票	11	有价单证
5	待收委托贷款利息	12	待清算凭证
6	贷款承诺	13	买方信贷用款限额
7	衍生金融工具	14	国外开来保证凭信

第二节　记账方法

记账方法是指运用一定的记账原理和规则，将财务活动记入账簿，并通过试算平衡来检查账簿记录是否正确的一种技术方法。

银行会计的记账方法包括单式记账法和复式记账法。经济业务发生后，未引起表内科目增减变化而只涉及表外科目增减变化的采用单式记账法，涉及表内科目增减变化的采用复式记账法。

一、单式记账法

单式记账法是指每一项经济业务的发生只在一个科目中进行登记的记账方法。由于单式记账法只记载经济业务的一方，不反映其来龙去脉，也就不能反映出经济业务的全貌，导致会计资料和会计信息不完整。

在银行会计中，单式记账法主要应用于表外科目的核算，发生时记“收入”，转销或减少时记“付出”，余额表示尚未结清的事项，不存在各科目对转和平衡的关系。

【例2-1】中国工商银行××支行为××公司承兑一张面额为1 000 000元的承兑汇票，并按票面金额5‰收取手续费，其业务处理如下：

借：吸收存款——单位活期存款——××公司　　500

　贷：手续费及佣金收入　　500

同时，根据承兑协议，登记表外业务如下：

收入：银行承兑汇票——××公司　　1 000 000（表外）

二、复式记账法

借贷记账法是复式记账法中的一种，是目前世界各国通用的一种记账方法，也是我国的法定记账方法。借贷记账法是对发生的每一笔经济业务，要以相等的金额，在两个或两个以上的相关账户中做相互联系的登记的一种记账方法。

（一）借贷记账法的基本内容

借贷记账法是以“借”和“贷”作为记账符号，根据复式记账原理，以“资产=负债+所有者权益”这一平衡式以及“有借必有贷，借贷必相等”的记账规则为基本内容的一种记账方法。其内容主要有：

（1）以“借”和“贷”作为记账符号。“借”和“贷”并无实际意义，只是表明记账方向。“借”表示资产和费用的增加，负债、所有者权益、收入和利润的减少；“贷”表示资产和费用的减少，负债、所有者权益、收入和利润的增加。

（2）“资产=负债+所有者权益”，这是银行账务处理的平衡规则。

（3）遵循“有借必有贷，借贷必相等”的记账规则。银行在处理每笔业务和会计事项时，必须同时登记借方账户和贷方账户，可以一借多贷也可以一贷多借，且借贷双方的金额必须相等。

（4）试算平衡。每日营业终了或定期（月、季、年）将全部账务进行试算，必须做到：

本期各科目借方发生额合计=本期各科目贷方发生额合计

本期各科目借方余额合计=本期各科目贷方余额合计

（二）借贷记账法应用举例

【例2-2】中国工商银行××支行发生以下几笔经济业务，根据借贷记账法的要求，其会计处理如下：

（1）储户王林以现金存入活期储蓄存款100 000元。

借：库存现金　　100 000

　贷：吸收存款——个人活期存款——王林　　100 000

（2）发放给××公司短期贷款一笔，金额为1 000 000元，转入该公司存款账户。

借：贷款——短期贷款——××公司　　1 000 000

　贷：吸收存款——单位活期存款——××公司　　1 000 000

（3）××公司开出现金支票向其开户行支取备用金80 000元。

借：吸收存款——单位活期存款——××公司　　80 000

　贷：库存现金　　80 000

（4）××公司委托支行办理电汇业务10 000元。

借：吸收存款——单位活期存款——××公司　　10 000

　贷：清算资金往来　　10 000

根据以上会计处理，进行试算平衡（见表2-3）。

表2-3　　试算平衡表　　单位：元

会计科目	期初余额		期末余额	
	借方	贷方	借方	贷方
库存现金	1 000 000		1 020 000	
吸收存款——个人存款		80 000		180 000
贷款——短期贷款	30 000 000		31 000 000	
吸收存款——单位存款		30 020 000		30 930 000
清算资金往来		900 000		910 000
合　计	31 000 000	31 000 000	32 020 000	32 020 000

由表2-3可见，各科目本期借方发生额合计1 190 000元，与各科目本期贷方发生额合计1 190 000元，金额相等；各科目期末借方余额合计32 020 000元，与各科目期末贷方余额合计32 020 000元，余额相等。该试算平衡说明业务处理基本正确。

第三节　会计凭证

会计凭证是记录经济业务的发生和完成情况、明确经济责任的书面证明，是进行账务核算、核对、记账、结账和进行事后稽核，以明确经济责任的重要依据。

一、会计凭证的种类

会计凭证种类繁多，为了具体的认识、掌握和运用会计凭证，需要对其进行科学分类。会计凭证一般有以下几种分类方法：

（一）按凭证的性质分类

1.原始凭证

原始凭证是业务发生时取得的书面凭证，按其来源不同，原始凭证又可分为外来原始凭证和自制原始凭证。

外来原始凭证是在经济业务完成时从企业外部直接取得的凭证。银行的原始凭证大多为外来原始凭证，如客户填制的存、取款凭证，各类结算凭证，以及购置机器设备和各项物品的发票等。自制原始凭证是银行在办理经济业务过程中，根据业务需要而填制的各种专用凭证。

2.记账凭证

记账凭证，又称为“传票”，是可以直接作为记账依据的凭证，其又可分为基本凭证和特定凭证。特殊业务的记账凭证大多由原始凭证代替使用，其余由会计人员根据原始凭证另行填制，包括各类现金收付和转账收付传票及特种转账传票等。

（二）按凭证的使用范围分类

1.基本凭证

基本凭证又称通用凭证或一般凭证，是会计部门根据原始凭证或业务事项自行编制并凭以记账的凭证。

基本凭证有八种，分别是现金收入（付出）传票、转账借（贷）方传票、特种转账借（贷）方传票、表外科目收入（付出）传票。基本凭证具体见表2-4至表2-11。

表2-4　　××银行　现金收入传票

年　月　日

（贷）______　　　　总字第　号

（借）库存现金　　　　字第　号

户名或账号	摘　要	金　额										
		亿	千	百	十	万	千	百	十	元	角	分
合　计												

会计　　出纳　　复核　　记账　　制票

表 2-5

××银行　现金付出传票

年　　月　　日

（借）________　　　　总字第　号

（贷）库存现金　　　　字第　号

户名或账号	摘　要	金　额										
		亿	千	百	十	万	千	百	十	元	角	分
合　计												

会计　　出纳　　复核　　记账　　制票

表 2-6

××银行　转账借方传票

年　　月　　日

科目（借）________　　　　总字第　号

对方科目（贷）________　　　　字第　号

户名或账号	摘　要	金　额										
		亿	千	百	十	万	千	百	一	元	角	分
合　计												

会计　　出纳　　复核　　记账　　制票

表 2-7

××银行　转账贷方传票

年　　月　　日

科目（贷）________　　　　总字第　号

对方科目（借）________　　　　字第　号

户名或账号	摘　要	金　额										
		亿	千	百	十	万	千	百	一	元	角	分
合　计												

会计　　出纳　　复核　　记账　　制票

表2-8 **××银行 特种转账借方传票** 总字第 号

年 月 日 字第 号

<table>
<tr><td rowspan="3">付款人</td><td>全 称</td><td colspan="3"></td><td rowspan="3">收款人</td><td>全 称</td><td colspan="3"></td></tr>
<tr><td>账号或地址</td><td colspan="3"></td><td>账号或地址</td><td colspan="3"></td></tr>
<tr><td>开户银行</td><td></td><td>行号</td><td></td><td>开户银行</td><td></td><td>行号</td><td></td></tr>
<tr><td rowspan="2">金额</td><td colspan="7" rowspan="2">人民币
（大写）</td><td colspan="2">千 百 十 万 千 百 十 元 角 分</td></tr>
<tr><td colspan="2"></td></tr>
<tr><td colspan="2">原始凭证金额</td><td></td><td>赔偿金</td><td></td><td colspan="5" rowspan="2">科目（借）
对方科目（贷）</td></tr>
<tr><td colspan="2">原始凭证名称</td><td></td><td>号 码</td><td></td></tr>
<tr><td>转账原因</td><td colspan="4">银行盖章</td><td colspan="5">会计 复核 记账</td></tr>
</table>

会计 出纳 复核 记账 制票

表2-9 **××银行 特种转账贷方传票** 总字第 号

年 月 日 字第 号

<table>
<tr><td rowspan="3">收款人</td><td>全 称</td><td colspan="3"></td><td rowspan="3">付款人</td><td>全 称</td><td colspan="3"></td></tr>
<tr><td>账号或地址</td><td colspan="3"></td><td>账号或地址</td><td colspan="3"></td></tr>
<tr><td>开户银行</td><td></td><td>行号</td><td></td><td>开户银行</td><td></td><td>行号</td><td></td></tr>
<tr><td rowspan="2">金额</td><td colspan="7" rowspan="2">人民币
（大写）</td><td colspan="2">千 百 十 万 千 百 十 元 角 分</td></tr>
<tr><td colspan="2"></td></tr>
<tr><td colspan="2">原始凭证金额</td><td></td><td>赔偿金</td><td></td><td colspan="5" rowspan="2">科目（贷）
对方科目（借）</td></tr>
<tr><td colspan="2">原始凭证名称</td><td></td><td>号 码</td><td></td></tr>
<tr><td>转账原因</td><td colspan="4">银行盖章</td><td colspan="5">会计 复核 记账</td></tr>
</table>

会计 出纳 复核 记账 制票

表2-10　　**××银行　表外科目收入传票**　　总字第　号

年　月　日　　字第　号

户　名	摘　要	表外科目代号	金　额										
			亿	千	百	十	万	千	百	十	元	角	分

会计　　保管　　复核　　记账

表2-11　　**××银行　表外科目付出传票**　　总字第　号

年　月　日　　字第　号

户　名	摘　要	表外科目代号	金　额										
			亿	千	百	十	万	千	百	十	元	角	分

会计　　保管　　复核　　记账

2.特定凭证

特定凭证又称专用凭证，是银行根据某项业务的特殊需要而制定的凭证。特定凭证由按有关业务需要设计印制，提供客户使用，一般是一式数联套写，在套写凭证中，至少有一联是记账凭证。特定凭证种类繁多，如各种票据、进账单、联行报单、借贷款凭证等。

（三）按凭证的填制形式分类

1.复式记账凭证

复式记账凭证是一张传票上记载一个会计事项，而不论涉及多少科目，这张传票能反映出业务的全貌，且对应关系一目了然。

2.单式记账凭证

单式记账凭证是一张传票只记一个科目，如一笔业务牵涉多个科目，就需填制几张传票。单式记账凭证便于传递传票、加计金额和张数，以及填制“科目日结单”；其缺点在于难以了解业务全貌，不便于事后追查和调阅，所以在实务中要在对转的传票上列明对方科目及编列每套传票的分号。例如，第4笔交易有三张传票，分号应为$4\frac{1}{3}$、$4\frac{2}{3}$和$4\frac{3}{3}$。

二、会计凭证的要素

会计凭证种类繁多，特别是适用于各种业务的特定凭证，内容更不尽相同。但是，凭证都有其共性内容，也就是任何一种凭证都必须具备一定的要素。这些要素主要有：收、付款单位的开户名称和行号；凭证名称及编制和记账年、月、日；收、付款单位的名称和账号；人民币或外币符号和大小写金额；款项来源、用途、摘要及附件张数；按照有关规定应加盖的单位印章；会计科目和会计分录；凭证编号（总号或分号）；客户与有关工作人员签章等内容。

三、会计凭证的处理

会计凭证的处理，主要包括从填制、审核、签章、传递到整理、装订、保管的全部过程。

（一）会计凭证的填制

除外来的特定凭证由客户填写外，内部使用的基本凭证，由会计人员根据需要自行填制。

会计凭证是会计核算的起点，会计凭证填制是否正确会直接影响到会计核算的质量。因此，会计凭证必须根据业务事实和原始凭证填制，做到要素齐全、内容真实、数字准确、字迹清晰、填写规范。

1.现金传票的填制

现金收付业务，在凭证上只填写现金的对方科目，原因在于库存现金科目已在凭证左上方印明。

2.转账传票的填制

转账业务按照“有借必有贷，借贷必相等”的原则，每笔转账业务必须按一借一贷、一借多贷或一贷多借分别进行填制，即一个科目填制一张传票。

（二）会计凭证的审核和签章

受理凭证时，必须根据业务进行审核，审核时主要注意以下要点：

（1）是否属于本行受理的凭证，账号、户名是否相符；

（2）日期是否超期，有无涂改的现象；

（3）大、小写金额是否相符，有无涂改；

（4）凭证种类、联数的使用是否正确，附件是否齐全；

（5）款项来源和用途是否填写清楚，是否符合有关要求；

（6）印章、密押是否真实、齐全；

（7）内部科目的账户名称使用是否正确；

（8）计息、收费、赔偿金等的计算方法与数额是否正确。

经过审核，如发现问题则由填制者补正。审核无误并凭以处理业务的凭证，必须加盖有关人员名章或公章，以明确责任。

（三）会计凭证的传递

会计凭证传递是指从收到外来凭证或自制凭证开始到装订、保管为止，是会计核算处理的全部过程。传递凭证时应按照准确及时、手续严密、安全可靠、先外后内、先急后缓的原则传递，并建立严格的凭证签收制度。内部凭证不得通过客户传递。

（四）会计凭证的整理、装订、保管

各类会计凭证经明细核算、现金收付或转账处理，交由综合核算部门按会计科目编制“科目日结单”，轧平当日账务，最后由有关人员进行整理、装订、保管。

整理装订时，须按固定顺序排列，将凭证、附件整理齐全，并加具封面、封底，在装订处加封，由装订人员在加封处盖章，具体如下：

1.会计凭证的整理

整理装订时，会计凭证每日按各科目代号大小顺序排列。各科目凭证，按现金收入、现金付出，转账借方、转账贷方顺序排列；“科目日结单”分别放在各科目传票之前，各科目传票及附件的张数应与各“科目日结单”上的张数一致。最后，按凭证顺序编列总号。

2.会计凭证的装订

凭证经过整理后，加上传票封面、封底，并在封面上写明张数，之后在装订处加封，并由装订人员在加封处盖章。凭证过多可分若干册装订，每册凭证应在封面上编列号码，对每日分册装订的凭证，在凭证封面上应注明共几册、第几册。

3.会计凭证的保管

会计凭证是重要的会计档案，须按规定妥善保管。需要调阅传票及销毁超过规定保管年限的传票，必须按规定手续经批准后，方可进行。

第四节　账务组织和账务处理

一、账务组织

账务组织是指各种账簿设置、记账程序、核对方法相互配合的账务体系。账簿是以会计凭证为依据，全面地、连续地、科学地记录和反映各项经济业务的簿籍，它由具有专门格式的账页组成。

账务组织包括明细核算和综合核算两个系统。明细核算对综合核算起细化和补充作用，综合核算对明细核算起统驭作用。它们既相互配合、相互补充，又相互联系、相互制约，共同构成完整的会计核算账务组织体系。

（一）明细核算

明细核算由各种分户账、登记簿（卡）、余额表、现金收入（付出）日记簿组成，按户进行核算，它反映每一会计科目下各账户资金增减变化的详细情况。

1.分户账

分户账是明细核算的主要账簿，是总账各科目的详细记录，也是与单位对账的依据。分户账又分别设置甲、乙、丙、丁四种账簿格式。

（1）甲种账设置借方、贷方和余额三栏，适用于不计息或余额表计息以及内部财务核算的账户。甲种账见表2-12。

表2-12　甲种账　本账总页数

户名：　账号：　领用凭证记录　本户页数

年		摘要	凭证号码	对方科目代号	借方	贷方	借或贷	余额	复核盖章
月	日				（位数）	（位数）		（位数）	

会计　记账

（2）乙种账设置借方、贷方、余额和积数四栏，适用于计息的账户。乙种账见表2-13。

表2-13 **乙种账** 本账总页数

户名： 账号： 领用凭证记录 利率： 本户页数

<table>
<tr><td colspan="2">年</td><td rowspan="2">摘要</td><td rowspan="2">凭证号码</td><td rowspan="2">对方科目代号</td><td>借方</td><td>贷方</td><td rowspan="2">借或贷</td><td>余额</td><td rowspan="2">日数</td><td>积数</td><td rowspan="2">复核盖章</td></tr>
<tr><td>月</td><td>日</td><td>（位数）</td><td>（位数）</td><td>（位数）</td><td>（位数）</td></tr>
<tr><td></td><td></td><td></td><td></td><td></td><td></td><td></td><td></td><td></td><td></td><td></td><td></td></tr>
</table>

会计 记账

（3）丙种账设置借方发生额、贷方发生额、借方余额和贷方余额四栏，适用于借贷双方反映的往来账户。丙种账见表2-14。

表2-14 **丙种账** 本账总页数

户名： 账号： 领用凭证记录 利率： 本户页数

<table>
<tr><td colspan="2" rowspan="2">年</td><td rowspan="3">摘要</td><td rowspan="3">凭证号码</td><td rowspan="3">对方科目代号</td><td colspan="2">发生额</td><td rowspan="3">借或贷</td><td colspan="2">余额</td><td rowspan="3">复核签章</td></tr>
<tr><td rowspan="2">借方（位数）</td><td rowspan="2">贷方（位数）</td><td rowspan="2">借方（位数）</td><td rowspan="2">贷方（位数）</td></tr>
<tr><td>月</td><td>日</td></tr>
<tr><td></td><td></td><td></td><td></td><td></td><td></td><td></td><td></td><td></td><td></td><td></td></tr>
</table>

会计 记账

（4）丁种账设置借方、贷方、余额和销账四栏，适用于逐笔记账、逐笔销账，兼有分户核算的账户。丁种账见表2-15。

表2-15 **丁种账**

中国××银行（ ） 本账总页数

账户名： 本户页数

<table>
<tr><td colspan="2">年</td><td rowspan="2">账户</td><td rowspan="2">户名</td><td rowspan="2">摘要</td><td rowspan="2">凭证号码</td><td rowspan="2">对方科目代号</td><td>借方</td><td colspan="3">销账</td><td>贷方</td><td rowspan="2">借或贷</td><td>余额</td><td rowspan="2">复核签章</td></tr>
<tr><td>月</td><td>日</td><td>（位数）</td><td>年</td><td>月</td><td>日</td><td>（位数）</td><td>（位数）</td></tr>
<tr><td></td><td></td><td></td><td></td><td></td><td></td><td></td><td></td><td></td><td></td><td></td><td></td><td></td><td></td><td></td></tr>
</table>

会计 记账

2.登记簿（卡）

登记簿又称登记卡，是为适应某些业务的需要而设置的专用账簿。登记簿见表2-16。

表 2-16　　　　　　　　　　　　中国××银行（　　）

登记簿（卡）

户名：　　　　　　　　　　单位：

年		摘要	收入		付出		余额		复核盖章
月	日		数量	金额（位数）	数量	金额（位数）	数量	金额（位数）	

会计　　　　　　　　　　　　记账

3.余额表

余额表是核对总账与分户账余额和计算利息的重要工具，是明细核算的重要组成部分。余额表分为计息余额表和一般余额表。

1）计息余额表

本表适用于计息科目，每日营业终了，根据各科目分户账的最后余额抄列，当日没有发生额的账户及法定节假日，应根据上一日的余额填列。计息余额表见表 2-17。

表 2-17　　　　　　　　　　　　中国××银行（　　）

计息余额表

科目名称　　　　　　　　　　年　月　　　　　　　　　　共　页　第　页

科目代号　　　　　　　　　　利　率

账号 / 户名 / 余额 / 日期						复核盖章
	（位数）	（位数）	（位数）	（位数）	（位数）	
上月底累计应计息积数						
· · · 10天小计 11 · · · 20天小计 21 · · ·						
本月合计（本月计息积数）						
应加积数						
应减积数						
本期累计应计息积数						
合　计						

会计　　　　　　　　　　复核　　　　　　　　　　记账

2）一般余额表

本表适用于不计息的各科目，按科目当日的最后余额填列。一般余额表见表2-18。

表2-18

中国××银行（ ）

一般余额表

年 月 日 第 页 共 页

科目代号	户名	摘要	余额	科目代号	户名	摘要	余额

会计 复核 制表

4.现金收入（付出）日记簿

现金收入（付出）日记簿是一种序时和分类相结合的账簿，是现金收入和现金付出的明细记录，业务发生后，依据现金收入和现金付出传票分别序时、逐笔记载。库存现金当日的收付总数应与“库存现金”科目的借、贷方发生额核对一致。现金收入（付出）日记簿见表2-19。

机器点钞

表2-19

××现金收入（付出）日记簿

币种______柜组名称______ 年 月 日 第 页 共 页

传票号数	科目代号	户名或账号	摘要	金额
			合 计	

复核 出纳

（二）综合核算

综合核算又称总分类核算，是按会计科目进行的核算，包括科目日结单、总账、日计表。综合核算反映每一会计科目资金增减变化的总括情况。

1.科目日结单

科目日结单又称总传票，是将当日同一科目传票汇集在一起，分别加计借、贷方发生额及传票张数而填制的一张表。它是总账的记账凭证，也是相同名称科目传票的汇总。

手工点钞

科目日结单的格式见表2-20。

表2-20　　　　中国××银行（　　）

科目日结单

年　　月　　日

凭证种类	借方		贷方	
	传票张数	金额（位数）	传票张数	金额（位数）
现　金				
转　账				
合　计				

附件张数

事后监督　　　　复核　　　　记账　　　　制单

2. 总账

总账又称总分类账，是各科目的总括记录，也是编制会计报表的主要依据。总账根据按科目汇总编制的科目日结单记账，而非由传票或明细分户账过入。

总账按科目设置，记载方法是：逐日根据各科目日结单借、贷发生额填记，并结出借（贷）方余额。对于计息科目的账户，当日未变动的，应将上日余额填入当日余额栏内，以便于余额表核对积数。对于借、贷双方反映余额的科目，其本日余额应根据余额表或分户账各户的借、贷方余额加总填记。

总账账页每月更换一次，每到月底，应结计当月借、贷方发生额合计及全年截至本月底的自年初累计发生额合计以及累计计息积数和累计未计息积数，填记在有关栏目，并在下月总账的账首予以登记。

总账的格式见表2-21。

表2-21　　　　中国××银行（　　）

总　账

科目代号______

科目名称______　　　　　　　　　　　　第　　号

年　月份	借方（位数）	贷方（位数）
上年底余额		
本年累计发生额		
上月底余额		
上月底累计未计息积数		

日期	发生额		余额		核对盖章
	借方（位数）	贷方（位数）	借方（位数）	贷方（位数）	复核员

续表

1					
·					
·					
·					
10天小计					
11					
·					
·					
·					
16					
17					
·					
·					
·					
20天小计					
21					
·					
·					
·					
30					
31					
月计					
自年初累计					
本期累计计息积数					
本月累计计息积数					

会计　　　　　　　　　复核　　　　　　　　　记账

3. 日计表

日计表是反映当日业务活动和轧平全部账务的主要工具。日计表应每日编制，各科目当日发生额和余额根据总账填记，当天未发生借、贷业务的科目根据上日余额填记。科目按其代号顺序排列，设有借方发生额、贷方发生额和借方余额、贷方余额四栏。日计表借、贷方发生额和借、贷方余额的合计数，必须各自平衡。

日计表的格式见表2-22。

表2-22

中国××银行（　　）

日计表

年　月　日　　　　　　　　　　　　共　页第　页

科目代号	科目名称	本日发生额		余额	
		借方（位数）	贷方（位数）	借方（位数）	贷方（位数）
合　计					

行长　　　　　会计　　　　　复核　　　　　制表

二、账务处理

账务处理是指从办理业务、编制和审核凭证开始，经过账务记载和账务核对，直到轧平账务，编制日计表的全部过程。它主要包括记账、结账和对账三个环节。

（一）记账

记账是会计核算的主要内容。当业务发生时编制或审核凭证，一方面根据凭证记入分户账，按分户账的余额编制余额表；另一方面编制科目日结单登记总账，并根据总账编制日计表。

（二）结账

结账是指在会计期末将各科目余额结清或结转下期，使各科目记录暂时先告一段落的过程，也是会计核算的重要环节。账务记载到一定时期后，必须进行结账。

结账工作分为日结、月结和年度结转三种。其中，日结是结账的基础，也是会计的一个重要特征。

（三）对账

对账是保证账务记载正确的一项必要措施。通过对账，达到账账、账款、账据、账实、账表和内外账务六相符。

账务核对分为每日核对和定期核对。

1.每日核对

每日核对包括总分核对和账款核对，要求达到账账和账款两相符。

（1）总分核对。各科目的分户账或余额表的合计数应与同一科目总账余额核对相符。

（2）账款核对。现金收入、付出日记簿的总数，应与“库存现金”科目总账借方、贷方发生额核对相符；现金库存登记簿的库存数，应与“库存现金”科目总账借方余额核对相符，并与实际库存现金核对一致。

2.定期核对

定期核对主要是核对未纳入每日核对的账务，目的是达到账据、账实、账表以及内外账务四相符。

3.每日账务处理程序与核对的关系

（1）根据会计业务编制凭证。

（2）根据凭证登记分户账或现金收付日记簿。

（3）根据分户账编制余额表。

（4）根据凭证按科目编制科目日结单。

（5）根据科目日结单登记总账。

（6）根据总账编制日计表。

（7）将总账与分户账或与余额表进行余额核对。

（8）总账与现金收付日记簿和现金库存簿进行核对。

（9）现金库存簿与库存现金核对。

银行每日账务处理流程，如图2-1所示。

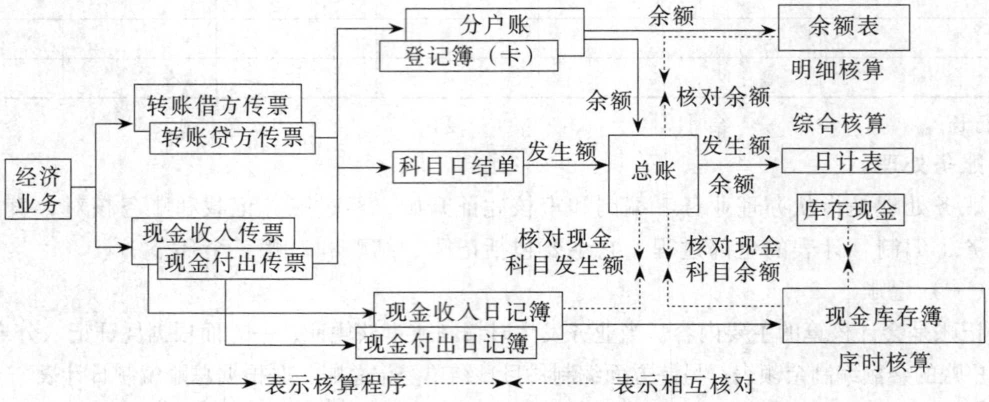

图2-1　银行每日账务处理程序与核对关系图

目前，银行普遍应用了计算机核算系统，在电算化条件下，柜员办理业务只要按照系统提示和有关规定在计算机中录入必要的原始信息，系统就会自动将有关数据结转到相应的会计科目上，并生成账簿。整个账务处理过程都是由系统自动完成的，柜员只是在上班、下班、中途交接班时打印柜员重要凭证日结表、柜员现金收付日结表，营业结束时打印交易流水和汇总传票。

在计算机操作环境下，商业银行明细核算、综合核算和账务核对系统的运行方式，如图2-2所示。

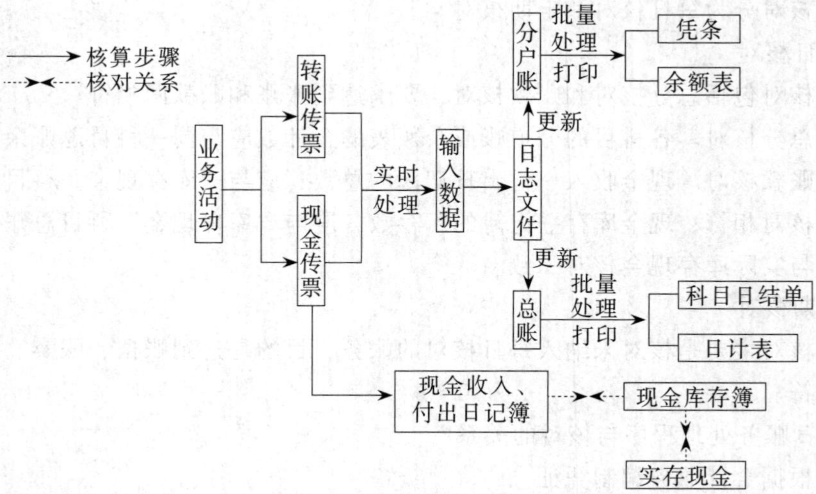

图2-2　商业银行明细核算、综合核算和账务核对系统运行方式

三、记账规则和错账冲正

（一）记账规则

记账是会计核算的主要内容，为了做到正确、完整、及时，必须遵循记账规则。

（1）各种账簿在启用时，应填写“账首”，包括会计科目、账号和户名全称等。

（2）账簿各项内容必须根据传票的有关事项记载，做到合法合规、内容完整、数字准确、摘要简明、字迹清晰。

（3）记账应用蓝黑墨水笔书写，复写账页可用蓝色圆珠笔、双面复写纸书写。红墨水笔只用于划线和冲账，以及按规定用红字批注的有关文字说明。

（4）账簿上所写文字及金额，一般占全格的1/2，摘要一格写不完可在次格填写，金额应记载在最后一个金额栏内。

（5）账簿上的一切记载，不得涂改、刮擦、挖补、用橡皮擦和药水销蚀。

（6）因漏记使账页发生空格时，应在空格的摘要栏内用红字注明“空格”字样，并由记账人员签章。

（7）账簿记录和凭证填写使用代用符号。

①人民币符号为“¥”，外币记账单位和外币符号按国际惯例。

②年、月、日的简写顺序是“年/月/日”。

③利率符号简写为年利率“年%”、月利率“月‰”、日利率“日‱”。

④人民币金额大写为壹、贰、叁、肆、伍、陆、柒、捌、玖、拾、佰、仟、万和亿。

（二）错账冲正

账簿记录发生错误时，应根据错误的性质和具体情况，按照下列更正错误方法进行更正：

（1）当日发生的错账，采取划线更正法。

账簿上日期和金额写错，用红线把全行数字划消，将正确数字写在划线数字上边，并由记账人员在红线左边盖章证明。文字写错，用一道红线划消，将正确文字写在划消文字上边。

如果是传票填错科目或账户，应先改正传票，并按上述划红线办法更正账簿。

（2）隔日或以后（但在本年度内）发现的错账，采用红蓝字冲正法。

如果是记账串户，应填制同方向红、蓝字冲正传票办理冲正，分别在红、蓝字传票摘要栏内注明“冲销×月×日错账”和“补记冲正×月×日账”字样，并据以记入有关账户内。

如果是传票金额、科目或账户错填，账簿随之记错，应填制借、贷方红字传票，将错账全数冲销，再按正确金额、科目、账户重新填制借、贷方蓝字传票补记入账，并在摘要栏内注明情况，同时在原错误传票上批注“已于×年×月×日冲正”字样。

（3）本年度发现上年度错账，应采用蓝字反方向冲正法，因上年度报表已上报，所以不能用红蓝字冲账法，不更改决算报表。

（4）冲正传票，必须经会计主管人员审核盖章，并登记以备考核；因冲正错账影响利息计算时，则将应加、应减积数在余额表上填记。

四、计算机操作的记账、对账和错账处理

（一）账务处理

（1）各科目日结单，由电子计算机按日打印输出。

（2）增设日记账（以日志文件代替），可每日打印，或存储软盘、磁带，以备检查。

（3）明细账，满页打印。客户明细账满页打印时，应多打一份供客户核对账目，收付较少记不满页的账户，应按对账期打印一份供客户核对。

（4）总账，逐日在机内储存，月末日打印输出。

（5）各种登记簿，按会计制度规定区分登记簿种类，月末日打印输出。

（二）记账输入

账务数据必须根据合法、有效的会计凭证记载。发现凭证内容不全或有错误时，应交由制票人更正、补充或更换，并加盖印章后，再行记账。

（1）操作员输入的账务数据，必须换人复核。重大会计事项应经有权人员审批后办理，必须由指定的终端操作员办理，对操作员要分别编列代号和启动机器密码，非指定人员不得启动机器、输入数据。凭证必须合法有效，每笔输入均要记录操作员代号，操作员不得自制凭证或将未经审核的凭证上机处理。凡上机的凭证，必须编列顺序号，控制核对张数，防止凭证的遗漏丢失。

（2）打印输出的账务信息应符合规定的格式，不得进行手工修改，应注明操作员代号、打印份数、打印日期及时间。打印输出的报表和单证，均应加盖操作员名章。打印的凭证、账表等，应及时登记，送交有关人员，交接时要有签收手续。

（3）账簿记载错误，应及时按规定方法更正。

（4）对红字凭证，记账时按同方向负数处理，即用“-”号表示。

（5）计算机自动生成的凭证，其转账金额必须经有关人员复核无误后记账。

（三）对账

在计算机操作下，“科目日结单”无须通过换人再输入原始凭证信息而产生，而是根据明细核算时录入的初始数据，自动汇总生成。

在此情况下，初始数据就显得至关重要，不论初始数据是否与凭证相符，明细核算与综合核算的数字总是相等的，分户账合计恒等于其总账。

计算机打印的“科目日结单”与人工制作的“科目日结单”的各项内容应逐项勾对；计算机打印输出的日记账凭证总张数应与当天实际凭证总张数核对；计算机输出的现金科目余额应与出纳现金库存核对。

（四）错账处理

当日发现的错账（包括即时、复核和轧账时发现的错账），可以消除错账，重新输入。隔日发现的错账，应按会计制度规定的方法处理，不得将上一日的账目消除更正，以免造成账务混乱。

除当日更正输入的错账外，其他要求通过输入计算机冲正错账的情况，必须经会计负责人出具书面通知并填制冲正凭证办理。

五、财务会计报告

财务会计报告是会计核算的重要环节，是向信息使用者提供相关经营信息的重要途径。

（一）财务会计报告的概念及编制目的

1.概念

财务会计报告是指反映财务成果（或损失）的报告，由会计报表、会计报表附注（会计报表的补充说明）所组成。其中，会计报表是指对外提供的反映某一特定日期财务状况和某一会计期间经营成果、现金流量的文件，由资产负债表、利润表、现金流量表、所有者权益变动表等构成。

2.编制目的

会计与报告系统提供的财务报表信息主要包括：财务状况、经营成果、现金流量，其目的有以下四个方面：

（1）向债权人和投资者提供有用信息；

（2）向高级管理层提供对决策有用的相关信息；

（3）满足监督管理委员会的要求；

（4）满足政府及有关部门和社会公众的需求。

（二）财务会计报告的报送时间

（1）月度财务会计报告应当于月度终了后6天内（节假日顺延，下同）对外提供。

（2）季度财务会计报告应当于季度终了后15天内对外提供。

（3）半年度财务会计报告应当于半年度中期结束后60天内（相当于两个连续的月份）对外提供。

（4）年度财务会计报告应当于年度终了后4个月内对外提供。

法律、法规另有规定的从其规定。

思考题

1.会计科目包括哪些类型？

2.会计凭证主要有哪些分类？

3.账务组织包括哪些内容？

练习题

1.单项选择题

（1）记录经济业务、明确经济责任的书面证明是（　　）。

A.会计科目　　B.会计凭证　　C.会计账簿　　D.会计报表

（2）对于每一笔经济业务只在一个会计科目中进行登记的是（　　）。

A.借贷记账法　　B.收付记账法　　C.复式记账法　　D.单式记账法

（3）根据某项业务的特殊需要而制定的凭证是（　　）。

A.特定凭证　　B.基本凭证　　C.单式凭证　　D.复式凭证

（4）明细核算的主要形式是（　　）。

A.分户账　　B.登记簿　　C.科目日结单　　D.余额表

（5）综合核算的主要形式是（　　）。

A.日计表　　B.科目日结单　　C.总账　　D.余额表

（6）属于重要空白凭证的是（　　）。

A.国库券　　B.支票　　C.现金缴款单　　D.转账借方传票

（7）表外科目采用的记账方法是（　　）。

A.单式记账法　　B.复式记账法　　C.借贷记账法　　D.增减记账法

(8) 余额表的主要作用是（　　）。

A.计息工具　　B.核对总账与分户账余额

C.记账　　D.计算余额

(9) 银行会计登记总账的直接依据是（　　）。

A.分户账　　B.余额表　　C.科目日结单　　D.传票

(10) 设置借方、贷方、余额和积数四栏的分户账是（　　）。

A.甲种账　　B.乙种账　　C.丙种账　　D.丁种账

(11) 统驭明细分户账，进行综合核算与明细核算相互核对的主要工具是（　　）。

A.余额表　　B.科目日结单　　C.日计表　　D.总账

(12) 需要根据期末科目总账的余额方向确定其资金性质的会计科目是（　　）。

A.库存现金　　B.吸收存款　　C.贷款　　D.清算资金往来

(13) 下列各项中，被会计科目进一步分类的是（　　）。

A.会计对象　　B.会计账簿　　C.会计要素　　D.资金运动

(14) 用于反映权责已经形成，但尚未涉及资金增减变化的会计事项，应列入（　　）核算。

A.表内科目　　B.表外科目　　C.资产类科目　　D.负债类科目

(15)“货币兑换”属于资产负债共同类科目，其余额一般（　　）。

A.在借方　　B.在贷方　　C.为零　　D.在借或贷方

(16) 如要查询某单位的存款详细情况，应查看该单位的（　　）。

A.总账　　B.分户账　　C.余额表　　D.日计表

2.实训练习

中国工商银行某市某支行2020年11月15日发生如下业务：

(1) 市机械厂（账号221003）签发现金支票一张，支取现金50 000元。银行经审核无误后，办理支付现金手续。其账务处理如下：

借：吸收存款——单位活期存款——机械厂　　50 000

　贷：库存现金　　50 000

(2) 市印染厂（账号221004）提交市百货商城（账号225008）开出转账支票及进账单一份，金额40 000元。银行经审核无误后，办理转账。其账务处理如下：

借：吸收存款——单位活期存款——百货商城　　40 000

　贷：吸收存款——单位活期存款——印染厂　　40 000

(3) 市五金商城（账号225009）将现金缴款单及现金提交银行，存入销货收入15 000元。银行经审核无误后，办理收款手续。其账务处理如下：

借：库存现金　　15 000

　贷：吸收存款——单位活期存款——五金商城　　15 000

(4) 市百货商城提交由市机械厂签发的转账支票及自身填制的进账单，金额为28 000元，委托银行为其办理收款手续。银行经审核无误后，为其办理转账手续。其账务处理如下：

借：吸收存款——单位活期存款——机械厂　　28 000

　贷：吸收存款——单位活期存款——百货商城　　28 000

(5) 市百货商城签发转账支票给市广告公司（账号221005）支付印刷费25 000元。

银行经审核无误后，为其办理转账手续。其账务处理如下：

借：吸收存款——单位活期存款——百货商城　　25 000

　贷：吸收存款——单位活期存款——广告公司　　25 000

注：假设以上收、付款单位均在同一银行开户。

实训要求：根据实训资料填写有关凭证。

（1）根据上述业务登记各单位分户账和库存现金日记簿。

（2）根据会计分录填写科目日结单，登记总账，填写日计表。

活期存款分户账

户名：机械厂

账号：221003

11月15日		摘要	凭证号码	对方科目	借方	贷方	借或贷	余额
月	日							
11	14	承前页					贷	300 000.00
	15							
合计								

活期存款分户账

户名：印染厂

账号：221004

11月15日		摘要	凭证号码	对方科目	借方	贷方	借或贷	余额
月	日							
11	14	承前页					贷	200 000.00
	15							
合计								

活期存款分户账

户名：广告公司

账号：221005

11月15日		摘要	凭证号码	对方科目	借方	贷方	借或贷	余额
月	日							
11	14	承前页					贷	250 000.00
	15							
合计								

活期存款分户账

户名：百货商城

账号：225008

11月15日		摘要	凭证号码	对方科目	借方	贷方	借或贷	余额
月	日							
11	14	承前页					贷	400 000.00
	15							
合计								

活期存款分户账

户名：五金商城

账号：225009

11月15日		摘要	凭证号码	对方科目	借方	贷方	借或贷	余额
月	日							
11	14	承前页					贷	350 000.00
	15							
合计								

中国工商银行现金收入日记簿

币种____柜组名称____　　2020年11月15日　　第　页　共　页

传票号数	科目代号	户名或账号	摘要	金额
			合　计	

复核　　出纳

中国工商银行现金付出日记簿

币种____柜组名称____　　2020年11月15日　　第　页　共　页

传票号数	科目代号	户名或账号	摘要	金额
			合　计	

复核　　出纳

中国工商银行（　　）

库存现金科目日结单

2020年11月15日

凭证种类	借方		贷方		附件张数
	传票张数	金额（位数）	传票张数	金额（位数）	
现　金					
转　账					
合　计					

中国工商银行（　　）

吸收存款科目日结单

2020年11月15日

凭证种类	借方		贷方		附件张数
	传票张数	金额（位数）	传票张数	金额（位数）	
现　金					
转　账					
合　计					

科目代号 1001　　　　总　账

科目名称 库存现金　　　　2020年11月

日期	发生额		余额	
	借方	贷方	借方	贷方
·				
·				
·				
14			1 497 000.00	
15				

科目代号 2011　　　　总　账

科目名称 吸收存款　　　　2020年11月

日期	发生额		余额	
	借方	贷方	借方	贷方
·				
·				
·				
14				1 500 000.00
15				

中国工商银行（　　）

日计表

2020年11月15日填制　　　　共　页　第　页

科目代号	科目名称	本日发生额		余额	
		借方（位数）	贷方（位数）	借方（位数）	贷方（位数）
1001	库存现金				
2011	吸收存款				
合　计					

行长　　　　会计　　　　复核　　　　制表

第三章

存款业务

学习目标

1. 了解银行存款的种类；
2. 熟悉银行存款账户的种类及管理；
3. 掌握单位和个人存款业务的基本会计处理方法；
4. 掌握存款利息的计算及核算方法。

第一节　存款业务概述

存款是商业银行以信用方式吸收社会闲置资金的活动，是银行主要的负债业务，也是银行信贷资金的重要来源。

一、存款的种类

银行存款主要有以下几种分类：

（一）单位存款和个人存款

银行存款按吸收对象不同可分为单位存款和个人存款（又称居民储蓄存款）。单位存款主要是吸收企事业单位及机关、社会团体和部队等单位形成的存款；居民储蓄存款主要是吸收城乡居民个人的资金形成的存款。

（二）活期存款和定期存款

银行存款按期限不同可分为活期存款和定期存款。活期存款是存入时不约定存期，可以随时存取的存款，其利率较低，主要包括单位活期存款和个人活期存款；定期存款是存款时约定存期，到期支取的存款，其利率较高，主要包括单位定期存款和个人定期存款。

（三）财政性存款和一般性存款

银行存款按资金性质不同可分为财政性存款和一般性存款。财政性存款是指银行经办的各级财政拨入的预算资金或应上缴财政的各项资金，以及财政安排的专项资金形成的存款；一般性存款是指企事业单位、部队、机关团体及个人存入的各种资金形成的存款。

二、存款账户的种类与管理

（一）存款账户的种类

1.单位存款账户

单位存款账户是以单位名称开立的银行结算账户，单位存款账户按资金用途和账户类别不同可分为基本存款账户、一般存款账户、临时存款账户、专用存款账户。

（1）基本存款账户。

基本存款账户是存款人因办理日常转账结算和现金收付需要而开立的银行存款账户，是存款人的主办账户。存款人只能选择一家银行营业机构开立一个基本存款账户。存款人日常经营活动的资金收付及其工资、奖金和现金的支取，只能通过该账户办理。

（2）一般存款账户。

一般存款账户是存款人因借款或其他结算需要，在基本存款账户以外的银行开立的银行存款账户。一般存款账户只能用于办理存款人借款转存、借款归还和其他结算的资金收付。该账户可以办理现金缴存，但不得办理现金支取。

（3）临时存款账户。

临时存款账户是存款人因临时需要并在规定期限内使用而开立的银行存款账户。临时存款账户主要用于办理临时机构及存款人临时经营活动发生的资金收付。该账户开立时可按规定或所需确定其有效期，该有效期到期之前可以申请展期，但最长不得超过2年。

（4）专用存款账户。

专用存款账户是存款人按照法律、行政法规和规章对其特定用途资金进行专项管理和使用而开立的银行存款账户，如基本建设资金、更新改造资金、政策性房地产开发资金以及同业存放资金等。专用存款账户只能用于办理各项专用资金的收付。

2.个人存款账户

个人存款账户是自然人因投资、消费、结算等需要，凭个人有效证件以自然人名称开立的银行结算账户。

个人开卡

根据央行《关于改进个人银行账户服务 加强账户管理的通知》的规定，将个人银行账户分为Ⅰ类银行账户、Ⅱ类银行账户和Ⅲ类银行账户（以下简称Ⅰ类户、Ⅱ类户和Ⅲ类户）。

Ⅰ类户为存款人提供存款、购买投资理财产品等金融产品、转账、消费和缴费支付、支取现金等服务。

Ⅱ类户为存款人提供存款、购买投资理财产品等金融产品、限定金额的消费和缴费支付等服务。

Ⅲ类户为存款人提供限定金额的消费和缴费支付服务。

银行不得通过Ⅱ类户和Ⅲ类户为存款人提供存取现金服务，不得为Ⅱ类户和Ⅲ类户发放实体介质（指配发存折和银行卡）。

（二）单位存款账户的管理

对单位开立的存款账户要加强管理，以强化信贷、结算监督和现金管理。

（1）一个单位只能在一家银行开立一个基本存款账户。

（2）存款人开立基本存款账户、临时存款账户和专用存款账户实行核准制度。

（3）存款人可以自主选择银行开立结算账户。

（4）存款人开立和使用银行结算账户应当遵守法律、行政法规，不得利用银行结算账户进行偷逃税款、套取现金及其他违法犯罪活动，也不允许出租和转让他人。

三、会计科目设置

1.“吸收存款”科目

“吸收存款”属于负债类科目，核算商业银行吸收的除同业存放款项以外的其他各种存款的增减变动情况。本科目可按存款类别及存款单位，分别设置“本金”“利息调整”等科目进行明细核算。该科目期末余额在贷方，反映商业银行吸收的除同业存放款项以外的其他各项存款。

2.“应付利息”科目

“应付利息”属于负债类科目，核算商业银行按照合同约定应支付的利息，包括一般性存款、长期借款、应付债券等应付未付的利息。本科目可按存款人或债权人进行明细核算。该科目期末余额在贷方，反映商业银行应付未付的利息。

3.“利息支出”科目

“利息支出”属于损益类科目，核算商业银行在吸收存款及借款中所发生的利息支出。本科目可按利息支出项目进行明细核算。该科目期末结转以后无余额。

第二节　单位存款

一、单位活期存款

单位活期存款的存取方式主要有两种，即现金存取和转账存取，其中，转账存取款主要是通过办理各种结算方式和运用支付工具来实现的，具体处理方法详见第五章支付结算业务所述内容，本节只讲述现金存取业务。

（一）存入现金的核算

单位存入现金时，应填制一式两联的现金缴款单（见表3-1），连同现金一并交银行柜台。银行柜员审查凭证并点收现金无误后，在缴款单上加盖“现金收讫”戳记和柜员名章，登记现金收入日记簿。第一联缴款单作回单退交存款人；第二联缴款单交会计部门，凭以代现金收入传票登记单位活期存款分户账。其会计处理为：

借：库存现金

　　贷：吸收存款——单位活期存款——××单位

表3-1　　　　　　中国××银行现金缴款单（回单联）

账别：　　　　　　　　　　　　　　　　年　　月　　日

缴款单位		收款单位											
款项来源		账号				开户银行							
大写金额	（币种）	十	亿	千	百	十	万	千	百	十	元	角	分
卷别		合计金额											
整把卷		收款银行盖章											
整张卷		年　月　日											

第一联：银行盖章后退缴款人

复核　　　　　　　　　　　　　　经办

（二）支取现金的核算

单位向其开户银行支取现金时，应在存款账户余额内签发现金支票，填明支取金额和款项用途，加盖银行预留印鉴，背书后提交银行柜员。

银行柜员应对现金支票进行审核，经审核无误后，以现金支票代现金付出传票登记单位分户账，并凭以付款。其会计处理为：

借：吸收存款——单位活期存款——××单位

　贷：库存现金

银行柜员依据支票配款复核后，向取款人支付现金。

二、单位定期存款

单位定期存款是单位在存入时约定存期，到期支取本息的一种存款业务。

定期存款的起存金额为10 000元，多存不限，存期分3个月、6个月、1年、2年、3年和5年六个档次。

单位办理定期存款时，只能以转账方式转入和转出。

（一）存入款项的核算

单位向银行申请办理定期存款时，应按存款金额签发转账支票交银行，银行按规定审核无误后，以支票代转账借方传票登记单位活期存款分户账，并据此为存款人开具一式三联的存款开户证实书（见表3-2）。经复核后，第一联代转账贷方传票；第二联加盖业务公章及经办人名章后交给存款人收执；第三联作卡片账。其会计处理为：

借：吸收存款——单位活期存款——××单位

　贷：吸收存款——单位定期存款——××单位

表3-2　　**中国××银行存款开户证实书**

年　月　日　　　　NO.

<table>
<tr><td colspan="3">你单位已在中国××银行____行开立（☑单位定期存款☐信用卡保证金存款☐外币七天通知存款☐人民币一天通知存款☐人民币七天通知存款）账户。
户名：
账号：　　　　对应卡号：
开户行：
大写金额：（币种）
存入日期：　年　月　日　　期限：　　利率：
是否续存：☐是☐否　　存款期次：
支取转入账户：户名　　账号　　户行</td></tr>
<tr><td>备注</td><td>1.本证实书用于单位定期存款、信用卡保证金存款、外币七天通知存款、人民币一天通知存款和人民币七天通知存款开户使用。
2.本证实书仅对存款人开户证实、不得作为质押和支取存款的权利凭证。
3.支取存款时，须交回本证实书。
4.本证实书最高限额为人民币（　　）或等额外币。
5.本证实书印鉴卡片____账户印鉴卡片相同。</td><td>换开单位定期存单号码：

经办行（盖章）</td></tr>
<tr><td colspan="3">复核　　　　记账</td></tr>
</table>

1.第一联：经办行留底（白纸印黑字）。

2.第二联：经办行盖章后交单位，单位提取存款时交回。

3.本行为客户办理单位定期存款、信用卡保证金存款、外币七天通知存款、人民币一天通知存款、人民币七天通知存款业务时使用。

（二）支取款项的核算

1.到期支取的核算

单位定期存款到期办理支取时，存款人应在开户证实书背面加盖公章后持其向开户银行办理。

银行接到存款人提交的开户证实书，应抽出专夹保管的卡片联核对无误后，按规定计付利息，填制利息清单，并在证实书上加盖“结清”戳记。以证实书作转账借方传票，卡片账作附件，另填制三联特种转账传票，其中，一联代利息科目转账借方传票，一联代活期存款转账贷方传票，一联作收账通知交存款人。其会计处理为：

借：吸收存款——单位定期存款——××单位

　　应付利息

　贷：吸收存款——单位活期存款——××单位

定期存款到期后，如果单位要求续存，可以按结清旧户另开新户办理。

2.提前支取的核算

提前支取包括全部或部分提前支取，若办理部分提前支取，则以一次为限。部分提前支取时，若剩余定期存款低于起存金额，银行根据全部提前支取的规定计算利息，并对该项定期存款予以清户。

（1）全部提前支取。

在办理单位定期存款全部提前支取时，银行应根据提前支取存款利息计算的有关规定，计算单位定期存款全部提前支取利息，并在卡片账及审查无误的存单上加盖“提前支取”戳记，办理转账。其会计处理为：

借：吸收存款——单位定期存款——××单位

　　利息支出（活期利息）

　贷：吸收存款——单位活期存款——××单位

（2）部分提前支取。

在办理单位定期存款部分提前支取时，若剩余定期存款不低于起存金额，银行应根据提前支取存款利息计算的有关规定，计算提前支取部分利息，填制利息清单。

银行采取“满付实收”、更换证实书的做法，即视同原本金一次性的全部支取。对实际未支取部分仍按原存期、原利率和原到期日，另开新证实书三联，注明“由××号证实书部分转存”字样，同时在开销户登记簿上作相应注明。

以原证实书代定期存款转账借方传票，原卡片账作附件，以新证实书第一联代转账贷方传票，另编制三联特种转账传票，其中，一联作转账借方传票，一联作贷方传票，一联作收账通知，办理转账。其会计处理为：

借：吸收存款——单位定期存款——××单位（原证实书）

　　利息支出（活期利息）

　贷：吸收存款——单位活期存款——××单位

同时，

借：吸收存款——单位活期存款——××单位

　贷：吸收存款——单位定期存款——××单位（新证实书）

新证实书第二联加盖专用章和经办人员名章后，作定期存款的凭据，与利息清单及作收账通知的特种转账传票一起交存款人，新证实书第三联作卡片账留存。

新证实书待存款到期时再按到期支取的方式办理支取手续。

【例3-1】××电力公司于202×年7月5日转账存入一年期定期存款500 000元，年利率为3.5%。该公司因业务经营需要于当年11月3日支取其中的200 000元，支取日挂牌公告的活期利率为0.5%，其余存款到期支取，利息计提略。

其会计处理为：

（1）202×年7月5日转账存入。

借：吸收存款——单位活期存款——××公司　　500 000

　贷：吸收存款——单位定期存款——××公司　　500 000

（2）202×年11月3日提前支取。

提前支取部分存款的存期只有3个月零29天，按照活期利率计息。

3个月利息=200 000×3×0.5%÷12=250（元）

29天利息=200 000×29×0.5%÷360=80.56（元）

利息合计=250+80.56=330.56（元）

借：吸收存款——单位定期存款——××电力公司　　500 000

　　利息支出　　330.56

　贷：吸收存款——单位活期存款——××电力公司　　500 330.56

同时，

借：吸收存款——单位活期存款——××电力公司　　300 000

　贷：吸收存款——单位定期存款——××电力公司　　300 000

（3）次年7月5日到期。

应付利息=300 000×1×3.5%=10 500（元）

借：吸收存款——单位定期存款——××电力公司　　300 000

　　应付利息　　10 500

　贷：吸收存款——单位活期存款——××电力公司　　310 500

3.逾期支取的核算

单位定期存款若逾期支取，银行除计算到期利息外，按计息规定还应计算逾期期间的利息。其会计处理为：

借：吸收存款——单位定期存款——××单位

　　应付利息（已计息的合同利息）

　　利息支出（未计息的逾期利息）

　贷：吸收存款——单位活期存款——××单位

【例3-2】接【例3-1】，如果××电力公司于次年7月10日来行支取。

其会计处理为：

逾期利息=300 000×5×0.5%÷360=20.83（元）

借：吸收存款——单位定期存款——××电力公司　　300 000

　　应付利息　　10 500

　　利息支出　　20.83

　贷：吸收存款——单位活期存款——××电力公司　　310 520.83

三、单位通知存款

单位通知存款是存款人存入款项时不约定存期，支取时需提前通知银行，约定支取存款日期和金额后方能支取的存款。

单位通知存款的有关规定如下：

（1）单位通知存款必须一次性全额存入，最低起存金额为50万元。

（2）单位通知存款不论存期长短，按存款人提前通知的期限划分，分为1天通知存款和7天通知存款两类。

（3）单位通知存款可以一次或分次支取，部分支取时账户留存金额不得低于50万元，低于50万元起存金额的，作一次性清户处理，并按清户日挂牌活期利率计息办理支取手续并销户。支取的存款本息只能转入存款单位的其他同名存款账户。单位通知存款账户不能作为结算账户使用，不得支取现金。

单位通知存款业务的会计核算比照单位定期存款处理。

第三节　个人存款

一、个人存款种类

个人存款也称居民储蓄存款，主要由居民货币收入的节余和待用部分组成，存取款项多为现金，并呈小额、零星的特点。我国个人存款种类主要有：

（一）活期存款

活期存款是零星存入，并随时存取的存款。活期存款是一种最基本的存款形式，其存取方便灵活，存期不受限制。

（二）定期存款

定期存款是储户在存款时约定存期，一次或在存期之内按期分次存入本金，整笔或分期、分次支取本金或利息的存款。定期存款包括整存整取、零存整取、存本取息、整存零取四种形式。

（三）定活两便存款

定活两便存款是以存单为存取款凭证，存入时不约定存期，随时可以提取，利率随存期长短而变动的一种存款。它既有活期存款随时可取的灵活性，又具有达到一定期限可享有同档次定期存款一定折扣利率的优惠，是介于活期存款和定期存款之间的一种存款。

二、个人活期存款

个人活期存款1元起存，多存不限，存取灵活方便。储户凭存折或借记卡办理业务，凭密码支取。

（一）开户

储户第一次存入活期储蓄存款，应填写存款凭条，连同存款人的有效身份证件和现金一并交存银行。银行柜员审核凭条和清点现金无误后，开立并登记个人活期存款分户账，并为储户开立存折或借记卡，登记开销户登记簿。其会计处理为：

借：库存现金

　贷：吸收存款——个人活期存款——××存款人

存款人可以为自己的活期存折或借记卡设定密码。

（二）续存

储户续存时，将存折或借记卡和现金一并交银行柜员，口述存入金额，柜员检验折或卡、点收款项无误后，调出储户分户账，录入存款金额并打印存款凭证交储户签字确认。其会计处理与开户时相同。

（三）支取

储户持存折或借记卡支取现金时，直接将折或卡交银行柜员，口述支取金额，据柜员提示输入预留密码，办理支取手续。其会计处理为：

借：吸收存款——个人活期存款——××存款人

　贷：库存现金

经复核无误后，将打印凭条交取款人签字确认，在回执上加盖业务章，将回执、现金或卡（折）一并交储户。

（四）销户

储户支取全部存款不再续存时，称为销户。储户应将存折或借记卡交银行，银行核对密码或印鉴后，计算销户利息，打印取款凭证和利息清单交储户签字确认，交付现金给储户，收回存折或借记卡，并登记开销户登记簿。其会计处理为：

借：吸收存款——个人活期存款——××存款人

　　利息支出

　贷：库存现金

三、个人定期存款

个人定期存款根据存取方式的不同分为整存整取、零存整取、存本取息、整存零取四种。

（一）整存整取的核算

整存整取定期储蓄存款是一次存入一定数额，约定存期，到期一次支取本息的储蓄存款。整存整取50元起存，多存不限，分为3个月、6个月、1年、2年、3年、5年六个档次，不同存期对应不同的利率，期限越长，利率越高。

储户可与银行约定，存款到期时自动转存，也可提前支取，并采用利随本清的计息方法。

1.开户

储户来行开户时，应提交本人有效身份证件，填写有关凭证，连同现金一起交银行。银行经办人员收妥现金，审核储户身份证件、凭证无误后，为储户开立定期储蓄存款账户（存单、定期一本通或银行卡）。

个人储蓄业务银行要求储户凭密码支取，由储户预留密码。其会计处理为：

借：库存现金

　贷：吸收存款——定期储蓄存款——整存整取——××存款人

经复核无误后，在打印存单上加盖业务章后将存单交储户收执，并登记开销户登记簿。

2.到期支取

存款到期，储户持存单或定期一本通来行支取存款时，银行经办人员应根据储户提交的存单记账，经核对无误后，在存单上加盖支付日期和“结清”戳记。同时，销记开销户登记簿，然后按规定计算应付利息，并填制一式两联的储蓄存款利息清单，以存单和利息清单作转账借方传票。其会计处理为：

借：吸收存款——个人定期存款——整存整取——××存款人

　　应付利息

　贷：库存现金

记账后，在存单、利息清单上加盖“现金付讫”戳记和经办人名章，将一联利息清单连同本息交给储户，另一联利息清单由储户签收后作利息支出汇总传票的附件。

3.提前支取

提前支取时，银行要求储户提交本人有效身份证件，验证后将发证机关、证件名称及号码记录在存单背面，并由储户签章，然后在存单上加盖“提前支取”戳记，办理付款手续，并按提前支取的计息规定计付利息。

提前支取的会计处理与单位定期存款提前支取的处理方法相同。

4.逾期支取

逾期支取时，银行应按规定计算逾期利息，其余手续与到期支取的手续相同。

（二）零存整取的核算

零存整取定期储蓄存款是储户每月存入固定数额的款项，约定存期，到期一次支取本息的储蓄存款。零存整取的存期分为1年、3年、5年三个档次，每月按固定存款金额存入一次，中途如有漏存，可在次月补存，到期支取存款本息。

1.开户

储户开户时，应提交本人有效身份证件，填写有关凭证，将存款凭证连同现金一并交银行经办人员。银行经办人员收妥现金，审查储户身份证件、存款凭证并与点收现金核对无误后，根据存款凭证记账并打印零存整取储蓄存折，登记开销户登记簿，复核无误盖章后，将存折交储户收执。其会计处理为：

借：库存现金

　贷：吸收存款——个人定期存款——零存整取——××存款人

2.续存

储户续存时，可在每月向银行存入约定金额，中途如有漏存，次月仍可续存，存期已满或存满应存次数，均不再办理续存手续。其会计处理与开户相同。

3.支取

零存整取定期储蓄存款办理到期支取、提前支取（但不能办理部分提前支取）或逾期支取时，其会计处理为：

借：吸收存款——个人定期存款——零存整取——××存款人

　　应付利息

　　利息支出

　贷：库存现金

（三）存本取息的核算

存本取息定期储蓄存款是一次存入本金，分期支取利息，到期归还本金的一种定期储蓄方式。存本取息的存期分为1年、3年、5年三个档次。支取利息的期次可以是一个月一次，也可以是几个月一次，由储户选择。若储户在取息日未支取利息，以后可随时支取，但不计复利。

存本取息存入和支取的账务处理同零存整取存款。

（四）整存零取的核算

整存零取定期储蓄存款是一次存入较大数额的本金，在存期内分次等额支取本金，到期一次支付利息的储蓄存款。整存零取的存期分为1年、3年、5年三个档次，存期的档次、利率与零存整取定期储蓄存款相同。

储户存入款项时由银行发给存单，以后凭存单分期支取本金，支取期分每1个月、3个月、6个月各一次，利息于到期结清时一次支付。

整存零取存入和支取的账务处理同零存整取存款。

四、定活两便存款

定活两便储蓄存款采用存单的形式，储户来行办理存款时开立存单，支取时凭存单办理。

定活两便储蓄存款利率随实际存期而定，具体规定如下：

（1）存期不足3个月的，按支取日挂牌公告的活期利率计息。

（2）存期在3个月以上（含3个月）、不满半年的，整个存期按支取日整存整取3个月利率打六折计息。

（3）存期在半年以上（含半年）、不满1年的，整个存期按支取日整存整取半年期利率打六折计息。

（4）存期在1年以上（含1年）的，无论存期多长，整个存期一律按支取日整存整取1年期利率打六折计息。

定活两便储蓄存款的账务处理同定期和活期储蓄存款。

【例3-3】储户王丽于202×年6月2日持现金向××银行开户存入定活两便储蓄存款200 000元，房产开发商于当年12月10日通知其交纳房款，王丽于当日办理了现金支取手续，支取时整存整取6个月年利率为2.85%。

其会计处理为：

（1）存入。

借：库存现金　　200 000

　贷：吸收存款——定活两便存款——王丽　　200 000

（2）支取。

存款利息=200 000×（2.85%÷12×6+2.85%÷360×8）×0.6=1 786（元）

借：吸收存款——定活两便存款——王丽　　200 000

　　利息支出　　1 786

　贷：库存现金　　201 786

第四节　存款利息

一、活期利息

根据有关规定，除财政存款及有特殊规定的款项不计息外，其他存款都应按规定计付利息。

（一）利息计算的一般规定

（1）计息本金以元为单位，元以下不计息；利息计算到分，分以下四舍五入。

（2）活期存款按日计息，按季度结息。

活期存款按季度定期结息，每一结息期从上季末月21日起至本季末月20日止（包括20日），每季结息期具体为：

第一季度从12月21日起至3月20日止（共90天或91天）；

第二季度从3月21日起至6月20日止（共92天）；

第三季度从6月21日起至9月20日止（共92天）；

第四季度从9月21日起至12月20日止（共91天）。

其中，每季末月20日为结息日。

（3）计息期间遇利率调整，不分段计息。

（二）利息计算的方法

活期存款可以随时存取，其余额经常变化，因此，利息计算一般采用积数法。其计算公式为：

活期利息=累计计息积数×日利率

其中，累计计息积数是计息期间每日存款余额相加之和；利率是日利率，不是日利率的要进行换算，方法是“年利率÷360”或“月利率÷30”。

利率的表示方法有：年利率%、月利率‰、日利率‱。

目前，单位和个人活期计息方法相同，下面仅以单位为例介绍活期存款利息的计算。

活期计息的方法主要有两种，分别是余额表计息法和分户账页计息法。

1.余额表计息法

采用该方法计息，银行会计部门每日营业终了，将各计息分户账最后余额按户分别过入计息余额表内（当日余额没有变动的，参照上日余额抄列），各日余额相加之和，即为计息积数，每旬、每月和结息期，应结出累计计息积数。

如遇错账冲正涉及利息的，应根据其发生额和天数，计算出应加或应减积数，填入余额表相关栏内进行调整。每到结息日，以调整后的累计计息积数乘以日利率，计算出本季应付利息。

该方法适用于单位存款余额变动较多的情况。

【例3-4】利信公司银行计息余额表见表3-3。202×年6月12日，银行工作人员对利信公司账户审查时，发现两笔错账：一是5月25日利信公司的一笔应付款项，金额100 000元，误记入利明公司账户；二是6月2日利信公司的一笔货款，金额150 000元，银行未及时入账。

本季度利信公司由于错账影响到了利息计算的准确性，需要对已有积数进行调整，积数调整如下：

应减积数=100 000×18①=1 800 000

应加积数=150 000×10②=1 500 000

表3-3　　　　　　　　　　××银行计息余额表

科目：2011　　　　　　　　202×年6月　　利率：0.5%　币种：人民币　单位：元

日期 \ 户名 \ 账号	20115636 利信公司	
至上月底累计未计息积数	8 957 863.56	
1	126 102.88	
2	101 345.20	
3	98 584.00	
⋮		
10天小计	962 938.59	
11	100 000.00	
⋮		
20天小计	2 028 765.99	
⋮		
本月合计	4 326 356.10	
应加积数	1 500 000.00	
应减积数	1 800 000.00	
至结息日累计应计息积数③	10 686 629.55	
至本月底未计息积数④	2 297 590.11	

本季度应付利息=10 686 629⑤×0.5%÷360=148.43（元）

注：

①18天是从上月5月25日起至本月6月12日止，按实际天数（日历天数），算头不算尾计算。

②10天是从本月6月2日起至本月6月12日止，按实际天数（日历天数），算头不算尾计算。

③至结息日累计应计息积数=至上月底累计未计息积数+20天小计+应加积数−应减积数

=8 957 863.56+2 028 765.99+1 500 000−1 800 000

=10 686 629.55

④至本月底未计息积数=本月合计−20天小计

=4 326 356.10−2 028 765.99=2 297 590.11

⑤用10 686 629计算利息而非10 686 629.55，其原因是根据规定元以下不计息。

（1）结息日会计处理为：

借：利息支出　　148.43

　贷：应付利息　　148.43

（2）次日，利息自动转存单位活期存款账户。

借：应付利息　　148.43

　贷：吸收存款——单位活期存款——利信公司　　148.43

2.分户账页计息法

采用分户账页计息的，一般使用带积数的乙种账页。在发生收付业务时，按上次最后余额乘以该余额的实存日数计算出积数，记入分户账的积数栏内。如更换账页，应将累计积数过入新账页的第一行内。如遇错账冲正，应调整积数，然后以加减调整后的积数乘以日息率，得出本季度应付利息。

该方法适用于单位存款余额变动不多的情况。

【例3-5】远大公司活期存款计息分户账见表3-4。

表3-4 ××银行活期存款分户账

账号：30790111114567　　户名：远大公司　　利率：0.5%　　单位：元

202×年		摘要	借方	贷方	借或贷	余额	日数	积数	复核盖章
月	日								
6	1	承前页			贷	560 000.00	72	50 656 700.00	
		转收		100 000.00	贷	660 000.00	6	3 960 000.00	
6	7	汇出	20 000.00		贷	640 000.00	3	1 920 000.00	
6	10	冲销1日错账	100 000.00				9	−900 000.00	
		转付	500 000.00		贷	40 000.00	8	320 000.00	
6	18	汇入		800 000.00	贷	840 000.00	3	2 520 000.00	
6	21	利息转入		812.18	贷	840 812.18			

分户账页计息法的利息计算和转账会计分录与余额表计息法相同。

二、定期利息

（一）一般规定

（1）定期存款在原定存期内的利息，按存入日（开户日）挂牌公告的利率计息，存期内遇利率调整，不分段计息。

（2）定期存款全部提前支取时，按活期存款利率计息，不分段计息。

（3）定期存款部分提前支取时，提前支取部分按活期利率计息，未支取部分按原利率计息。

（4）定期存款逾期支取时，逾期部分按活期存款利率计息。

（5）定期存款的到期日若为节假日，可于节假日前最后一个营业日办理支取手续，银行扣除提前支取天数后，按原利率计息；节假日后支取的，按逾期规定计息。

（6）定期存款采用利随本清逐笔计息法。

（二）计息公式

定期存款利息在不同情况下可以选择不同的计息公式。

（1）计息期为整年（月）时，计息公式为：

利息=本金×年（月）数×年（月）利率

（2）计息期有整年（月）又有零头天数时，计息公式为：

利息=本金×年（月）数×年（月）利率+本金×零头天数×日利率

（3）计息期只有零头天数时，计息公式为：

利息=本金×零头天数×日利率

上述公式中，整年（月）天数按对年、对月、对日计算，即月按30天、年按360天计算，零头天数按实际天数计算，算头不算尾。如果存入日到了而到期月份没有该日期的，以到期月的月末日为到期日（如3月31日存入，6个月的定期存款到期日应为9月30日）。

定期存款提前支取和逾期支取计算利息时，其利息计算方法与此相同。

（三）利息计提

按照权责发生制原则，银行应于期末（月、季或年）对定期存款计提利息，计入当期损益。

（1）当利率没有变动或变动较小时，期末按照合同本金和合同利率计提利息。其会计处理为：

借：利息支出

　贷：应付利息

（2）当利率变动且合同利率与实际利率差异较大时，期末按照实际利率与摊余成本计算利息支出，按照合同利率与合同本金计算应付利息，差额记入“吸收存款——利息调整”账户的借方或贷方。其会计处理为：

借：利息支出

借或贷：吸收存款——利息调整

　贷：应付利息

（四）单位定期利息的计算及核算

1.存期内利率不变或变动较小

【例3-6】华利公司于202×年3月1日开户存入6个月定期存款6 000 000元，年利率为3.05%，利息按月计提，到期付息。

每月应计利息=6 000 000×3.05%÷12=15 250（元）

（1）3月31日计提利息费用。

借：利息支出	15 250	
贷：应付利息		15 250

（2）以后各月的利息费用计提处理同（1）。

（3）存款到期。

借：吸收存款——单位定期存款——华利公司	6 000 000	
应付利息	91 500	
贷：吸收存款——单位活期存款——华利公司		6 091 500

2.存期内利率变动较大

如存期内利率变动较大，为准确核算各会计期间的损益状况，按新会计准则规定，应按变动后的实际利率计算各期利息。

按摊余成本和实际利率计算的利息，借记“利息支出”账户，按存款金额和合同利率计算的利息，贷记“应付利息”账户，按其差额，借记或贷记“吸收存款——利息调整”账户。

（五）个人定期利息的计算及核算

个人定期存款有四种类型，下面仅讲述整存整取、零存整取存款利息的计算及核算。

1.整存整取

个人整存整取存款利息的计算及核算同单位定期存款，主要有到期支取、提前支取和逾期支取三种情形。

【例3-7】储户徐林202×年8月1日持现金开户存入定期储蓄存款100 000元，期限1年，利率为3.25%。支取日挂牌公告的活期利率为0.5%，利息计提略。

假设：（1）徐林于到期日来行办理取款手续。

（2）徐林于当年10月6日来行提前支取20 000元。

（3）剩余本金80 000元徐林于次年9月8日来行支取。

其会计处理如下：

（1）8月1日存入。

借：库存现金　　100 000

　贷：吸收存款——个人定期存款——徐林　　100 000

（2）次年8月1日到期支取。

计提利息=100 000×3.25%=3 250（元）

借：吸收存款——个人定期存款——徐林　　100 000

　　应付利息　　3 250

　贷：库存现金　　103 250

（3）当年10月6日提前支取。

提前支取部分的存款在银行只存了2个月零5天：

2个月利息=20 000×2×0.5%÷12=16.67（元）

5天利息=20 000×5×0.5%÷360=1.39（元）

提前支取利息合计=16.67+1.39=18.06（元）

借：吸收存款——个人定期存款——徐林　　20 000

　　利息支出　　18.06

　贷：库存现金　　20 018.06

同时，

借：库存现金　　80 000

　贷：吸收存款——个人定期存款—徐林　　80 000

（4）次年9月8日逾期支取。

到期利息=80 000×3.25%=2 600（元）

逾期天数是1个月零7天：

逾期1个月利息=80 000×0.5%÷12=33.33（元）

逾期7天利息=80 000×7×0.5%÷360=7.78（元）

利息合计=2 600+33.33+7.78=2 641.11（元）

借：吸收存款——个人定期存款——徐林　　80 000

　　应付利息　　2 600

　　利息支出　　41.11

　贷：库存现金　　82 641.11

2.零存整取

零存整取定期储蓄存款的计息方法有其自身的业务特点，主要有以下两种：

（1）固定基数计息法。

该方法是先计算出1元存款存满约定的期限，按规定利率计算出应支付的利息作为基数，到期支取时，以1元存款利息基数乘以最后的存款余额即得出应付利息的一种计息方法。

其计算公式如下：

应付利息=1元利息基数×最后余额

$$1\text{元利息基数}=\frac{1\times(1+\text{存期月数})}{2}\times\text{月利率}$$

（2）月积数计息法。

该方法是根据等差数列公式，将分户账上的每月余额相加计算累计月积数，再乘以月利率，从而计算利息的一种计息方法。

其计算公式如下：

$$\text{应付利息}=\frac{(\text{首次余额}+\text{最后余额})\times\text{存款次数}}{2}\times\text{月利率}$$

【例3-8】储户李明202×年6月1日开户办理了零存整取的定期储蓄存款，以后每月1日从其工资收入中拿出1 000元存入银行，存期1年，年利率为2.85%，期间无漏存情况。

其会计处理为：

（1）6月1日开户存入。

借：库存现金　　1 000

　贷：吸收存款——个人定期存款——零存整取——李明　　1 000

（2）以后各月存入的会计处理同（1）。

（3）次年6月1日存款到期支取本息。

①固定基数法：

$$1\text{元利息基数}=\frac{1\times(1+12)}{2}\times2.85\%\div12=0.0154375$$

应付利息=0.0154375×12 000=185.25（元）

②月积数法：

$$\text{应付利息}=\frac{(1000+12\,000)\times12}{2}\times2.85\%\div12=185.25\text{（元）}$$

借：吸收存款——个人定期存款——零存整取——李明　　12 000

　　应付利息　　185.25

　贷：库存现金　　12 185.25

思考题

1.存款主要有哪几种分类？

2.单位存款账户主要有哪些？

3.如何加强对单位存款账户的管理？

练习题

1.单项选择题

(1) 适用于余额变动不多的单位活期存款的计息方法是（　　）。

A.月积数计息法　　B.固定积数计息法

C.余额表计息法　　D.分户账页计息法

(2) 关于单位定期存款利息计算不正确的表述是（　　）。

A.采取利随本清的办法

B.存期按对年、对月、对日计算

C.零头天数按实际天数计算，跨月的一律按30天计算

D.遇利率调整按原定利率计息

(3) 存入时不约定存期，可以随时支取，按实际存期确定利率的储蓄存款是（　　）。

A.定活两便储蓄存款　　B.定期储蓄存款

C.活期储蓄存款　　D.个人通知储蓄存款

(4) 存款人因结算需要而在基本账户之外开立的账户是（　　）。

A.一般存款账户　　B.临时存款账户

C.专用存款账户　　D.基本存款账户

(5) 存款单位的工资、奖金等现金的提取只能通过（　　）来办理。

A.基本存款账户　　B.一般存款账户

C.临时存款账户　　D.专用存款账户

(6) 存款按资金性质不同，可分为财政性存款和（　　）。

A.单位存款　　B.人民币存款　　C.计息存款　　D.一般性存款

(7) 若月利率为1‰，计息积数为1 000 000，存入45天，则利息为（　）元。

A.1 000　　B.1 500　　C.4 500　　D.33.33

(8) 若202×年6月2日存入，次年7月3日支取的定期储蓄存款，其实存天数为（　　）天。

A.390　　B.391　　C.392　　D.389

(9) 202×年12月6日，银行为某客户办理零存整取业务，每月存入3 000元，存期1年，利率为1.98%，则存款到期时银行应支付的利息为（　　）元。

A.4 633.20　　B.386.10　　C.712.80　　D.1 269.40

(10) 202×年6月21日至9月18日，银行某公司的累计计息积数为9 000 000，9月19日和20日该公司的存款余额分别为200 000元与300 000元，则该公司第三季度的计息积数为（　　）。

A.9 000 000　　B.9 500 000　　C.8 800 000　　D.8 700 000

2.业务题

(1) 202×年9月，××银行的开户单位发生如下经济业务，请根据这些业务编制相关会计分录。

①9月3日，新天地百货公司存入现金，现金缴款单上的合计数为80 000元。

②9月5日，嘉怡乳品厂开出现金支票提取现金，金额为30 000元。

③9月20日，凯龙电子厂活期存款账户累计积数为860 000，由于错账更正应冲减积数5 000，活期存款年利率为0.5%。

（2）××银行的储户王莉于202×年（闰年）在该行分别办理如下存取款业务，请根据这些业务计算积数的变化情况及结息日和销户时的利息金额，并编制有关会计分录，假定活期利率为0.5%。

①1月5日，开户，存入现金10 000元。

②2月18日，支取现金1 500元。

③3月20日，结息，次日自动转存账户。

④3月26日，存入现金4 000元。

⑤4月15日，销户。

（3）宏鑫机械厂于202×年5月开出转账支票一张，金额1 000万元，要求存为1年期定期存款，存入时利率为3.25%。请根据该业务做出存入和到期支取的有关会计分录。

（4）储户王平于202×年3月5日到银行存入1年期定期储蓄存款150 000元，存入时利率为3.25%。王平于当年11月2日提前支取50 000元，提前支取时挂牌公告的活期利率为0.35%，其余到期支取。请根据该业务计算利息并做出有关会计分录。

（5）××银行××支行开户单位中央百货第三季度计息资料如下：

至上月底累计计息积数：38 566 956.32

本月20天小计积数：324 356.19

经核对，还发现以下几个问题：

①9月2日，发现8月26日通过交换提入的一张转账支票，金额230 000元，误记入其他单位账户。

②9月15日，发现9月10日一笔32 000元的银行汇票多余款，未及时退还该单位。

请根据上述资料，计算该单位的活期利息，假设利率为0.35%。

（6）请根据以下资料填表（见表3-5），计算利息并编制相关会计分录。

表3-5　　××银行活期存款分户账

账号：30790111115689　　户名：华通公司　　利率：0.5%　　单位：元

202×年		摘要	借方	贷方	借或贷	余额	日数	积数	复核盖章
月	日								
3	5	开户		1 000 000	贷				
3	8	现收		80 000	贷				
3	12	转付	50 000		贷				
3	17	转收		250 000	贷				
3	20	取现	100 000		贷				
3	21	利息转入			贷				

3.实训练习

实训要求：根据实训资料填写有关凭证。

（1）华宇经贸有限公司签发现金支票一张，向建行解放路支行提取备用金100 000元。

中国建设银行（鲁）
现金支票存根
支票号码016686
附加信息

出票日期
2020年6月20日

收款人：	华宇经贸有限公司
金　额：	100 000.00
用　途：	备用金

单位主管　会计

本支票付款期限十天

中国建设银行　**现金支票**（鲁）　支票号码：016686

出票日期（大写）贰零贰零年零陆月零贰拾日　付款行名称：建行解放路支行

收款人：华宇经贸有限公司　出票人账户：37001616108050003236

人民币（大写）	人民币壹拾万元整	亿	千	百	十	万	千	百	十	元	角	分
				¥	1	0	0	0	0	0	0	0

用途 备用金
上列款项请从
我账户内支付
出票人签章

016534000679

复核　记账

中国建设银行　**转账借方传票**

年　月　日

科目（借）		对方科目（贷）										
户名或账号	摘　要	金　额										
		亿	千	百	十	万	千	百	十	元	角	分
合　计												

会计　出纳　复核　记账　制票

（2）飞翔技校收到一张转账支票，金额56 000元，系本行开户单位常青生态园大酒店支付的培训费用。飞翔技校填写进账单提交开户行转账入户。

中国建设银行　**转账支票**（鲁）　支票号码：016459

出票日期（大写）贰零贰零年零陆月零贰拾日　付款行名称：建行解放路支行

收款人：飞翔技校　出票人账户：37001616108050005632

人民币（大写）	人民币伍万陆仟元整	亿	千	百	十	万	千	百	十	元	角	分
					¥	5	6	0	0	0	0	0

用途 培训费
上列款项请从
我账户内支付
出票人签章

015533321456

复核　记账

中国建设银行 **进账单**（回单）1

2020年6月20日

出票人	全　称	常青生态园大酒店	收款人	全　称	飞翔技校
	账　号	37001616108050005632		账　号	37001616108050001116
	开户银行	建行解放路支行		开户银行	建行解放路支行
金额	人民币（大写）	人民币伍万陆仟元整		亿千百十万千百十元角分	¥5600000
票据种类	转支	票据张数	1		
票据号码	016459				
复核　记账					开户银行签章

此联由收款人开户银行作贷方凭证

中国建设银行 **进账单**（收账通知）3

2020年6月20日

出票人	全称		
	账号		
	开户银行		
金额	人民币（大写）	位　数	
收款人	全称		
	账号		
	开户银行		
票据号码			
收款人开户行签章			
复核　记账			

中国建设银行 **进账单**（贷方凭证）2

2020年6月20日

出票人	全称		收款人	全称	
	账号			账号	
	开户银行			开户银行	
金额	人民币（大写）			亿千百十万千百十元角分	
票据种类		票据张数			
票据号码					
备注				复核　记账	

（3）建行解放路支行从工行交换提入进账单一份，金额7 800 000元，系本行开户单位华通房地产股份有限公司的售房款，银行审核无误后入账并通知该公司。

中国建设银行 **进账单**（收账通知）3

2020年6月20日

出票人	全称	**恒通医药公司**
	账号	**37003221108050004578**
	开户银行	**工行文化路支行**
金额	人民币（大写）	位 数
		柒佰捌拾万元整
收款人	全称	**华通房地产股份有限公司**
	账号	**37001616108050003288**
	开户银行	**建行解放路支行**
票据号码		**078456**
收款人开户行签章		
复核 记账		

中国建设银行 **进账单**（贷方凭证）2

2020年6月20日

出票人	全称	**恒通医药公司**	收款人	全称	**华通房地产股份有限公司**									
	账号	**37003221108050004578**		账号	**37001616108050003288**									
	开户银行	**工行文化路支行**		开户银行	**建行解放路支行**									
金额	人民币（大写）	**人民币柒佰捌拾万元整**			亿	千	百	十	万	千	百	十	元	角	分
						¥	**7**	**8**	**0**	**0**	**0**	**0**	**0**	**0**	**0**
票据种类	**转支**	票据张数	**1**											
票据号码	**078456**													
备注														
				复核 记账										

中国建设银行 **转账借方传票**

年 月 日

科目（借）		对方科目（贷）										
		金 额										
户名或账号	摘 要	亿	千	百	十	万	千	百	十	元	角	分
合 计												

会计 出纳 复核 记账 制票

（4）明达化工公司向开户行建行解放路支行存入一年期定期存款，金额10 000 000元，年利率3.25%。

中国建设银行　**转账支票**（鲁）　　　支票号码：086879

出票日期（大写）贰零贰零年零陆月零贰拾日　　　付款行名称：建行解放路支行

收款人：明达化工公司　　　出票人账户：370016161080500034 33

人民币（大写）	人民币壹仟万元整	亿	千	百	十	万	千	百	十	元	角	分
		¥	1	0	0	0	0	0	0	0	0	0

用途 活转定

上列款项请从　　　014534351594

我账户内支付

出票人签章　　　复核　　记账

中国建设银行单位定期存款开户证实书1　　　NO（鲁）Ⅷ0156489

户名________　　　账号________

币种________　　　金额（六写）________

开户行名称________　　　银行签章

存入日期	存入金额（小写）	存期	年利率（%）	起息日	到期日	支取方式	经办柜员

制票：　　　复核：

中国建设银行单位定期存款开户证实书2　　　NO（鲁）Ⅷ0156489

户名________　　　账号________

币种________　　　金额（大写）________

开户行名称________　　　银行签章

存入日期	存入金额（小写）	存期	年利率（%）	起息日	到期日	支取方式	经办柜员

制票：　　　复核：

中国建设银行单位定期存款开户证实书3　　　NO（鲁）Ⅷ0156489

户名________　　　账号________

币种________　　　金额（大写）________

开户行名称________　　　银行签章

存入日期	存入金额（小写）	存期	年利率（%）	起息日	到期日	支取方式	经办柜员

制票：　　　复核：

定期存款开销户登记簿

开户日期			账号	户名	销户日期			备注
年	月	日			年	月	日	
2020	6	20	37001616108050003433	明达化工公司				

(5) 储户王军现金续存个人活期存款35 000元。

中国建设银行 **个人业务交易单**

交易类型 现存

交易代码 0320

存入账号 37001616108050003321 货币 人民币 金额 ¥35 000.00

客户证件 身份证 代理人证件

联系方式 联系方式

本人确认所办业务与银行记录相符。

客户（代理人）签字：王军

核准 经办 交易流水号 交易机构

中国建设银行 **转账贷方传票**

年 月 日

科目（贷）		对方科目（借）										
户名或账号	摘要	金额										
		亿	千	百	十	万	千	百	十	元	角	分
合计												

会计 出纳 复核 记账 制票

第四章

贷款和票据贴现业务

学习目标

1. 了解贷款的概念和种类；
2. 掌握各类贷款的核算方法；
3. 掌握贷款利息的计算方法；
4. 掌握贷款减值的核算方法；
5. 掌握票据贴现业务的概念及贴现息的计算方法。

第一节　贷款业务概述

一、贷款的含义与种类

（一）贷款的含义

贷款也称放款，是指商业银行将其所吸收的资金，按一定的利率贷给客户，并约定一定期限归还贷款本息的经济行为。贷款是银行的主要资产业务之一，是银行资金运用的主要途径，也是银行收入的主要来源。

（二）贷款的种类

贷款可按不同的标准分类：

（1）按贷款的偿还期限不同，可分为短期贷款、中期贷款和长期贷款。

短期贷款的期限在1年以下（含1年）；中期贷款的期限在1年以上5年以下（含5年）；长期贷款的期限在5年以上。

（2）按银行的承担责任不同，可分为自营贷款和委托贷款。

自营贷款是指贷款人以合法方式筹集资金并自主发放的贷款，其风险由贷款人承担，并由贷款人收取本金和利息。

委托贷款是指由委托人提供资金，由贷款人（受托人）根据委托人确定的贷款对象、用途、金额、期限、利率等而代理发放、监督使用并协助收回的贷款，其风险由委托人承担，银行只收取手续费。

（3）按贷款的保障程度不同，可分为信用贷款、担保贷款和票据贴现。

信用贷款是指银行完全凭借客户的信用而发放的贷款。该方式贷款风险较大，利率较高。

担保贷款是指客户以一定的财产或信用作为还款保证的贷款。按担保方式的不同，其又分为保证贷款、抵押贷款和质押贷款。

票据贴现是指持票人向银行贴付一定利息的票据转让行为。

（4）按贷款的风险程度不同，可分为正常类贷款、关注类贷款、次级类贷款、可疑类贷款和损失类贷款。

正常类贷款是指借款人能够严格履行合同，没有足够理由怀疑贷款本息不能按时足额偿还的贷款。

关注类贷款是指尽管借款人目前有能力偿还贷款本息，但存在一些可能对偿还产生不利影响的因素的贷款。这些因素的变化足以引起银行的密切关注。

次级类贷款是指借款人的还款能力出现明显问题，完全依靠其正常经营收入已无法保证足额偿还贷款本息，即使执行担保，也可能会造成一定损失的贷款。

可疑类贷款是指借款人无法足额偿还贷款本息，即使执行担保，也肯定会造成较大损失的贷款。

损失类贷款是指银行在采取所有可能的措施或一切必要的法律程序之后，本息仍然无法收回的贷款。

其中，次级类贷款、可疑类贷款和损失类贷款属于银行的不良贷款。

（5）按贷款的核算要求不同，可分为应计贷款和非应计贷款。

非应计贷款是指贷款本金或利息逾期90天没有收回的贷款。

应计贷款是指非应计贷款以外的贷款。

二、贷款业务的核算要求

商业银行发放的贷款，其核算应当遵循以下基本原则和要求：

（一）本息分别核算

商业银行发放的各类贷款，应当按照实际贷出的贷款金额入账。期末，应当按照贷款本金和适用的利率计算应收取的利息，并分别贷款本金和利息进行核算。

（二）商业性贷款和政策性贷款分别核算

商业性贷款是指商业银行自主发放的贷款；政策性贷款是指商业银行按照国家或有关政府部门规定，限定用途、限定贷款对象而发放的贷款。由于两者性质不同，应当分别进行核算。

（三）自营贷款与委托贷款分别核算

自营贷款由银行自主发放，风险由商业银行承担，并由商业银行收取本金和利息；委托贷款风险由委托人承担，商业银行发放委托贷款时，只收取手续费，不代垫资金。由于两者承担风险不同，应当分别进行核算。

（四）应计贷款和非应计贷款分别核算

当贷款的本金或利息逾期90天时，应单独核算。当应计贷款转为非应计贷款时，应将已入账的利息收入和应收利息予以冲销。应计贷款转为非应计贷款后，在收到该笔贷款的还款时，首先应冲减本金，本金全部收回后，再收到的还款则确认为当期利息收入。

三、会计科目的设置

（1）“贷款”属于资产类科目，核算银行按规定发放的各种客户贷款，包括质押贷款、抵押贷款、保证贷款、信用贷款等。本科目可按贷款类别、客户，分别设置“本金”“利息调整”等科目进行明细核算。期末余额在借方，反映商业银行已发放但尚未收回的贷款。

（2）“贴现资产”属于资产类科目，核算银行办理票据的贴现、转贴现等业务所融出的资金。本科目可按贴现类别和贴现申请人进行明细核算。期末余额在借方，反映银行办理的贴现、转贴现等业务融出的资金。

（3）“应收利息”属于资产类科目，核算银行发放贷款、交易性金融资产、债权投资、可供出售金融资产、存放中央银行款项、拆出资金、买入返售金融资产等应收取的利息。本科目可按借款人或被投资单位进行明细核算。期末余额在借方，反映尚未收回的利息。

（4）“利息收入”属于损益类科目，核算银行确认的利息，包括发放的各类贷款、与其他金融机构之间发生的资金往来业务、买入返售金融资产等实现的利息收入。本科目可按业务类别进行明细核算。期末，应将本科目余额转入‘本年利润”科目，结转后该科目无余额。

（5）“资产减值损失”属于损益类科目，核算企业（银行）根据资产减值等会计准则计提各项资产减值准备所形成的损失。期末，应将本科目余额转入“本年利润”科目，结转后该科目无余额。

第二节　贷款业务

一、信用贷款

信用贷款一般采用逐笔核贷的方式发放。这种审贷方式的做法是：由借款单位根据借款合同逐笔填写借据，经银行信贷部门逐笔审核，一次发放，约定期限，一次或分次归还的一种贷款方式。信用贷款没有实物、有价证券和第三方作担保，因此属于银行的高风险资产。

信用贷款

（一）贷款发放

借款人申请贷款时，首先向银行信贷部门提交贷款申请书（见表4-1），经银行信贷部门审核批准后，双方商定贷款的额度、期限、用途、利率等，并签订借款合同或协议。

借款合同签订后，借款人用款时，应填写一式五联的借款凭证（见表4-2）。其中，第一联借据，由会计部门留存，按贷款种类、到期日的先后顺序排列保管；第二联代转账借方传票；第三联代转账贷方传票；第四联回单，退还客户；第五联由信贷部门留存备查。

经信贷部门审查同意后，在借款借据上加注贷款编号、贷款种类、贷款期限、贷款利率等项目，加盖“贷款审查发放专用章”后，送会计部门凭以办理贷款的发放手续。

会计部门接到借款凭证后，审核无误，办理转账。其会计处理为：

借：贷款——信用贷款——××户

　贷：吸收存款——单位或个人活期存款——××户

表4-1 **借款合同申请书**

<table>
<tr><td>借款人</td><td></td><td>账 号</td><td></td><td>已借款金额</td><td></td></tr>
<tr><td>申请贷款金额</td><td></td><td>还款日期</td><td></td><td>借款利息（月息）</td><td></td></tr>
<tr><td>借款用途及理由</td><td colspan="5"></td></tr>
<tr><td colspan="2">借款方
借款单位（章）
负责人（章）
经办人（章）</td><td colspan="2">借款担保方
担保单位（章）
负责人（章）</td><td colspan="2">贷款方
贷款银行（章）
经办人（章）</td></tr>
<tr><td colspan="6">银行审核意见：</td></tr>
<tr><td colspan="6">上列贷款按银行核定金额，双方商定如下合同条款，共同遵守：
1.贷款方应按核定的贷款金额用途，保证按计划提供贷款；否则，应按规定付给借款方违约金。
2.借款单位保证按规定的用途使用贷款，未经贷款方的同意，不得挪作他用。如转移贷款用途，贷款方有权进行处罚，实施收取罚息、提前收回贷款、停止发放新的贷款等信用制裁。
3.上列借款，借款方应保证按期归还。如需延期使用，借款方最迟在贷款到期前3天提出延期使用申请，经贷款方同意办理延期手续。贷款方未同意延期或未办理延期手续的逾期贷款，按政策规定加收30%~50%的罚息。
4.贷款到期1个月后，如借款方未按期归还贷款本息，由担保单位负责为借款方偿还本息和逾期罚息。
5.本合同一式三份，借款方、贷款方、担保方各持一份。</td></tr>
</table>

表4-2 **银行（贷款）借款凭证**

单位编号： 年 月 日 银行编号：

<table>
<tr><td rowspan="3">收款单位</td><td>名 称</td><td></td><td rowspan="3" colspan="2">借款单位</td><td colspan="3">名 称</td><td colspan="6"></td></tr>
<tr><td>往来户账号</td><td></td><td colspan="3">放款户账号</td><td colspan="6"></td></tr>
<tr><td>开 户 银 行</td><td></td><td colspan="3">开 户 银 行</td><td colspan="6"></td></tr>
<tr><td>借款期限</td><td></td><td>利 率</td><td colspan="2"></td><td colspan="3">起息日</td><td colspan="6"></td></tr>
<tr><td colspan="2" rowspan="2">借款申请金额</td><td rowspan="2">人民币
（大写）</td><td>亿</td><td>千</td><td>百</td><td>十</td><td>万</td><td>千</td><td>百</td><td>十</td><td>元</td><td>角</td><td>分</td></tr>
<tr><td></td><td></td><td></td><td></td><td></td><td></td><td></td><td></td><td></td><td></td><td></td></tr>
<tr><td colspan="2" rowspan="2">借款原因及用途</td><td rowspan="2">银行核定金额</td><td>亿</td><td>千</td><td>百</td><td>十</td><td>万</td><td>千</td><td>百</td><td>十</td><td>元</td><td>角</td><td>分</td></tr>
<tr><td></td><td></td><td></td><td></td><td></td><td></td><td></td><td></td><td></td><td></td><td></td></tr>
<tr><td colspan="3" rowspan="2">银行审批
负责人 借款部门主管 信贷员</td><td colspan="2">期限</td><td colspan="3">计划还款日期</td><td colspan="6">计划还款金额</td></tr>
<tr><td colspan="2"></td><td colspan="3"></td><td colspan="6"></td></tr>
<tr><td colspan="3">兹根据你行贷款办法规定，申请办理上述借款，请核定贷给。
此致
（借款单位预留印鉴）</td><td colspan="11">会计分录：借：
对方科目： 贷：
会计 复核 记账</td></tr>
</table>

第四联回单加盖“转讫”章后，交给借款人，作为其存款账户的收账通知；第五联加盖“转讫”章后，送信贷部门留存备查；第一联借据则由会计部门留存。

（二）贷款收回

银行会计部门应经常查看借款借据的到期情况，及时与信贷部门联系，在贷款到期前3天，由信贷部门通知借款人筹措还款资金，以备按时还款。还款的方式根据合同约定分为借款人主动归还和银行主动扣收两种。

1.借款人主动归还的核算

借款人以其存款户资金主动归还到期或将要到期的贷款时，应签发转账支票并填写一式四联的还款凭证（见表4-3），办理还款手续。

表4-3　　**银行（××贷款）还款凭证（借方凭证）**

年　月　日　　　　合同编号：

<table>
<tr><td rowspan="3">借款单位</td><td>名　　称</td><td></td><td rowspan="3" colspan="2">付款单位</td><td colspan="3">名　　称</td><td colspan="6"></td></tr>
<tr><td>放款户账号</td><td></td><td colspan="3">往来户账号</td><td colspan="6"></td></tr>
<tr><td>开户银行</td><td></td><td colspan="3">开户银行</td><td colspan="6"></td></tr>
<tr><td colspan="2">还款日期</td><td>年　月　日</td><td colspan="5">还款次序</td><td colspan="6">第　　次还款</td></tr>
<tr><td colspan="2" rowspan="2">偿还金额</td><td rowspan="2">人民币
（大写）</td><td>亿</td><td>千</td><td>百</td><td>十</td><td>万</td><td>千</td><td>百</td><td>十</td><td>元</td><td>角</td><td>分</td></tr>
<tr><td></td><td></td><td></td><td></td><td></td><td></td><td></td><td></td><td></td><td></td><td></td></tr>
<tr><td colspan="14">还款内容：</td></tr>
<tr><td colspan="3">由我单位往来划款归还上述借款。
（借款单位预留印鉴）
（银行主动收贷时免盖）</td><td colspan="11">会计分录：借：
对方科目：　贷：
会计　　复核　　记账</td></tr>
</table>

会计部门收到借款人还款凭证，审查无误后，以转账支票代转账借方传票办理转账。其会计处理为：

借：吸收存款——单位或个人活期存款——××户

　贷：贷款——信用贷款——××户

　　　应收利息（利息收入）

2.银行主动扣收的核算

贷款到期，借款人存款账户中的存款足够还款的，由信贷部门填制贷款收回通知单，加盖信贷部门业务公章交会计部门，会计部门凭此填具三联特种转账借、贷方传票，办理转账。

其会计处理同上。

3.贷款展期

借款人因故不能按期归还贷款时，可以申请办理展期。贷款在到期之前，在规定时间内，借款人向信贷部门提出展期的书面申请，银行信贷部门视情况决定是否展期，同意展期的，应在展期申请书上签署意见，交给会计部门，办理展期。贷款展期的具体规定如下：

短期贷款不得超过原贷款期限，中期贷款不得超过原贷款期限的一半，长期贷款最长不得超过3年。每一笔贷款只能展期一次。

办理完展期后，会计部门在原借款凭证上注明展期日期，不必另办理转账手续。

4.逾期贷款

贷款到期（含展期后到期），借款人无力归还贷款，其全部或部分贷款应转作逾期贷款处理。银行会计部门在贷款到期当日营业终了前，根据原借据，分别编制特种转账借、贷方传票办理转账。其会计处理为：

借：贷款——逾期贷款——××户

　贷：贷款——信用贷款——××户

同时，将应收未收贷款利息计入损益。其会计处理为：

借：应收利息

　贷：利息收入

贷款转入逾期贷款账户后，应将逾期的贷款借据注明“××年×月×日转入逾期贷款”字样后另行保管。

5.非应计贷款

当贷款逾期90天仍未收回时，应转入“非应计贷款”明细科目核算。其会计处理为：

借：贷款——非应计贷款——××户

　贷：贷款——逾期贷款——××户

同时，冲减原已入账但实际尚未收回的利息收入，并将利息转入表外核算。其会计处理为：

借：利息收入

　贷：应收利息

将利息纳入“应收未收贷款利息”表外科目核算：

收入：应收未收贷款利息

6.非应计期间收回本息

已计入表外业务核算的利息在非应计期间全部收回和部分收回的，按规定应直接计入当期损益。

（1）本息全部收回。其会计处理为：

借：吸收存款——单位或个人活期存款——××户

　贷：贷款——非应计贷款——××户

　　　利息收入（表外利息和逾期利息之和）

付出：应收未收贷款利息

（2）收回金额大于本金小于本息。其会计处理为：

借：吸收存款——单位或个人活期存款——××户

　贷：贷款——非应计贷款——××户

　　　利息收入（部分表外利息）

付出：应收未收贷款利息

（3）本金不能全额收回。其会计处理为：

借：吸收存款——单位或个人活期存款——××户

借：贷款损失准备

　贷：贷款——非应计贷款——××户

付出：应收未收贷款利息

【例4-1】××公司于202×年3月7日申请3个月信用贷款3 000 000元，合同利率5%，合同约定到期一次性还本付息，经信贷部门批准办理贷款发放手续。该笔贷款于6月7日到期，银行只收回其中的1 000 000元本金，剩余本息于当年9月12日才全部收回（假设逾期利率按合同利率加成40%，利息逾期计复利略）。

其会计处理为：

（1）3月7日贷款发放。

借：贷款——信用贷款——××公司　3 000 000

　贷：吸收存款——单位活期存款——××公司　3 000 000

（2）6月7日贷款到期。

借：吸收存款——单位活期存款——××公司　1 000 000

　　贷款——逾期贷款——××公司　2 000 000

　贷：贷款——信用贷款——××公司　3 000 000

同时，确认合同利息：

3 000 000×3×5%÷12=37 500（元）

借：应收利息　37 500

　贷：利息收入　37 500

（3）9月7日转非应计贷款。

借：贷款——非应计贷款——××公司　2 000 000

　贷：贷款——逾期贷款——××公司　2 000 000

同时，冲销表内利息转表外核算：

借：利息收入　37 500

　贷：应收利息　37 500

收入：应收未收贷款利息——××公司　37 500

（4）9月12日全部收回。

逾期利息=2 000 000×97×5%×（1+40%）÷360=37 722.22（元）

注：逾期天数97天是按实际天数计算的，算头不算尾。

借：吸收存款——单位活期存款——××公司　2 075 222.22

　贷：贷款——非应计贷款——××公司　2 000 000

　　　利息收入　75 222.22

付出：应收未收贷款利息——××公司　37 500

二、抵押贷款

抵押贷款是担保贷款的一种，是银行对借款人以一定财产作为抵押而发放的贷款。借款人到期不能归还贷款本息时，银行有权依法处置抵押品，并从所得价款收入中收回贷款本息。

（一）抵押贷款发放

抵押贷款由借款人向银行提出申请，并向银行提交“抵押贷款申请书”，写明借款用途、金额、还款日期、抵押品名称、数量、价值、存放地点等有关事项，同时提交有权处分人的同意抵押（质押）的证明或保证人同意保证的有关证明文件。

经银行信贷部门审查同意后，由借款人同银行签订借款合同，并将抵押品产权证明移交银行，由银行出具“贷款抵押品保管证”（见表4–4），并由会计部门进行表外登记。其会计处理为：

收入：代保管有价值品（评估价）

表4–4 **贷款抵押品保管证**

年 月 日

借款人（单位姓名）			
贷款银行			
借款金额			
抵押品	名称	数量	价值（元）
	合计		
保管期限			
保管单位签章			
借款人签章			
备注			

抵押贷款通常不是按抵押品价值全额发放，而是按评估值的50%~70%（抵押率）发放。其计算公式为：

抵押贷款额度=抵押品评估价×抵押率

抵押贷款中，流动资金贷款最长不超过1年；固定资金贷款一般为1~3年，最长不超过5年。

借款人使用贷款时，填写一式五联的借款凭证，签字后加盖借款人的预留印鉴，经信贷部门有关人员审批后，与抵押贷款有关单证一并送交会计部门。

会计部门收到信贷部门转来的有关单证，经审查无误后，办理转账。其会计处理为：

借：贷款——抵押贷款——××户

　贷：吸收存款——单位或个人活期存款——××户

（二）贷款到期

抵押贷款到期，借款人应主动提交还款凭证，连同银行出具的抵押品代保管收据，办理还款手续。其会计处理为：

借：吸收存款——单位或个人活期存款——××户

　贷：贷款——抵押贷款——××户

　　应收利息

同时，销记表外科目，原抵押申请书作为表外科目付出传票的附件。

付出：代保管有价值品（评估价）

（三）贷款逾期

抵押贷款到期，借款人如不能按期归还贷款本息，银行应将抵押贷款转入“逾期贷款”明细科目核算，并按规定计收罚息。其会计处理为：

借：贷款——逾期贷款——××户

　贷：贷款——抵押贷款——××户

同时，确认损益：

借：应收利息

　贷：利息收入

（四）抵押贷款处置

依据担保法的有关规定，抵押贷款逾期1个月，借款人仍无法归还贷款本息的，银行有权依法处理抵押品，以收回贷款本息。

银行处置抵押品的方式主要有作价入账、拍卖变现、作为抵债资产处理。

1.作价入账

将抵押品作价入账时，应按抵押品资产的公允价值入账。贷款本息的账面余额与抵押品公允价值之间的差额冲减准备金，准备金不足以冲减的部分计入当期损益。其会计处理为：

借：有关科目（公允价值）

　　贷款损失准备

　　坏账准备

　贷：贷款——逾期贷款——××户

　　　应收利息

同时，销记表外科目，原抵押申请书作为表外科目付出传票的附件。

付出：代保管有价值品（评估价）

2.拍卖

银行按规定拍卖借款人的抵押品时，应以拍卖所得净收入抵补抵押贷款本息，净收入是指银行扣除拍卖中各项税费后的结果。

（1）若拍卖所得净收入大于原贷款本息，银行应当向原借款人支付超出部分的价款。其会计处理为：

借：吸收存款——单位或个人活期存款——××买方户（或其他科目）

　贷：贷款——逾期贷款——××户

　　　应收利息（合同利息）

　　　利息收入（逾期利息）

　　　吸收存款——单位或个人活期存款——××原借款人户

同时，销记表外科目，原抵押申请书作为表外科目付出传票的附件。

付出：代保管有价值品（评估价）

（2）若拍卖净收入大于本金小于本息，未收回的部分利息，应当进行坏账核销，不再有罚息。其会计处理为：

借：吸收存款——单位或个人活期存款——××买方户（或其他科目）

贷：贷款——逾期贷款——××户

应收利息

借：坏账准备

贷：应收利息（未收回利息）

同时，销记表外科目，原抵押申请书作为表外科目付出传票的附件。

付出：代保管有价值品（评估价）

（3）若拍卖净收入小于本金，则本金损失的部分作为坏账由“贷款损失准备”予以核销，合同利息由“坏账准备”全部予以核销，不再有罚息。其会计处理为：

借：吸收存款——单位或个人活期存款——××买方户（或其他科目）

贷款损失准备

贷：贷款——逾期贷款——××户

同时，冲销利息坏账：

借：坏账准备

贷：应收利息

然后，销记表外科目，原抵押申请书作为表外科目付出传票的附件。

付出：代保管有价值品（评估价）

【例4-2】××公司因业务经营需要向其开户银行中国工商银行××支行提交有关产权证明，申请抵押贷款。资料显示：该公司以一处临街经营中的四层商业楼作抵押，拟申请贷款金额为80 000 000元，期限为1年。银行受理业务后委托评估机构对该商业楼进行了价值评估，认定其市值为1.5亿元，经上级行审批同意，××支行于202×年3月5日为其发放80 000 000元贷款，年利率6%，利随本清，利息计提略。

其会计处理为：

（1）发放贷款。

借：贷款——抵押贷款——××公司　　80 000 000

贷：吸收存款——单位活期存款——××公司　　80 000 000

同时，对抵押品进行表外登记。

收入：代保管有价值品——××公司商业楼　　150 000 000

（2）贷款到期银行按时收回贷款本息。

应收利息=80 000 000×6%=4 800 000（元）

借：吸收存款——单位活期存款——××公司　　84 800 000

贷：贷款——抵押贷款——××公司　　80 000 000

应收利息　　4 800 000

同时，销记表外科目，原抵押申请书作为表外科目付出传票的附件。

付出：代保管有价值品——××公司商业楼　　150 000 000

【例4-3】接【例4-2】，假设贷款到期，因公司出现重大变故，无力按期偿还贷款本息，虽经银行多次催要，仍然无果，银行遂按规定在当地媒体发布公告，对××公司商业楼进行公开拍卖，在贷款逾期2个月时由在本行开户的中央百货公司购得，扣除税费后拍卖净额为1.2亿元（假设本金逾期利率为合同利率加成40%）。

其会计处理为：

（1）次年3月5日贷款逾期。

借：贷款——逾期贷款——××公司 80 000 000

贷：贷款——抵押贷款——××公司 80 000 000

同时，确认损益。

借：应收利息 4 800 000

贷：利息收入 4 800 000

（2）次年5月5日拍卖。

逾期利息=80 000 000×2×6%×（1+40%）÷12=1 120 000（元）

借：吸收存款——单位活期存款——中央百货公司 120 000 000

贷：贷款——逾期贷款——××公司 80 000 000

应收利息（合同利息） 4 800 000

利息收入（逾期利息） 1 120 000

吸收存款——单位活期存款——××公司 34 080 000

同时，协助中央百货公司办理抵押品过户，核销表外登记。

付出：代保管有价值品——××公司商业楼 150 000 000

3.抵债资产

抵债资产是指银行等金融机构依法行使债权或担保物权而受偿于债务人、担保人或第三人的实物资产或财产权利。

银行取得抵债资产时，应按其公允价值入账，原已计提资产减值准备的，借记“贷款损失准备”“坏账准备”等科目，按应收债权的账面余额，贷记“贷款”“应收利息”等科目，按应支付的相关税费，贷记“应交税费”科目，按其差额，借记“营业外支出”或贷记“营业外收入”科目。其会计处理为：

借：抵债资产

贷款损失准备

坏账准备

或营业外支出

贷：贷款——逾期贷款

应收利息

应交税费

或营业外收入

三、贷款利息

银行发放的各种贷款，除国家有特殊规定和财政补贴外，均应按规定计收利息。

（一）贷款利息的一般规定

（1）商业银行发放贷款的合同利率，应当根据中国人民银行规定的利率及浮动幅度加以确定。

（2）商业银行发放的贷款，期限在1年以内的，贷款期内按合同利率计息，遇利率调整，不分段计息。

（3）商业银行发放的贷款，期限在1年以上的，若遇利率调整，应从新年度开始按调整后的利率计息。

（4）商业银行发放的贷款，到期日为节假日的，若在节假日前1日归还，应扣除归还日至到期日的天数后，按前述规定的利率计算利息；节假日后第1个工作日归还，应加收到期日至归还日的天数，按前述规定的利率计算利息；节假日后第1个工作日未归还，应从节假日后第1个工作日开始按逾期贷款利率计算利息。

（5）贷款展期，期限应累计计算，累计期限达到新的利率期限档次时，自展期之日起，按展期日挂牌的同档次利率计息，达不到新的期限档次的，按展期日的原档次利率计息。

（6）逾期贷款计收罚息，本金逾期利率一般是在原合同利率上加成30%~50%；利息逾期，依逾期利率按期计收复利，但不计入损益，实际收到时再计入当期损益。其计算公式为：

①本金逾期：

逾期利率=合同利率×（1+加成率）

逾期利息=逾期贷款本金×逾期期限×逾期利率

②利息逾期：

利息=应收利息×（1+逾期利率）^{n}

（7）贷款利息主要采用定期结息和利随本清两种计息方法。

（二）贷款利息的计算方法

商业银行对贷款利息的计算，按照结计利息的时间不同，分为定期结息和利随本清两种方法。

1.定期结息

定期结息是指银行按规定的结息期结计利息，一般为按季（月）结计利息，每季末月20日或每月20日为结息日，结计的利息于结息日次日办理转账。其利息的计算与活期存款利息的计算相同，具体可采用余额表和分户账页两种工具计算累计计息积数，通过积数计算利息。

将计算的各贷款户利息，编制一式三联的贷款利息清单，其中，第一联作转账贷方传票，第二联作转账借方传票，第三联作回单交借款人，同时汇总编制“应收利息”科目传票办理转账。其会计处理为：

（1）计提利息时：

借：应收利息

　贷：利息收入

（2）办理转账时：

借：吸收存款——单位或个人活期存款——××户

　贷：应收利息

若借款人存款账户无款支付或不足支付，对未收回的利息，应按前述规定的利率计收复息。

2.利随本清

利随本清是指银行按规定的贷款期限，在收回贷款的同时逐笔计收利息。在利随本清方式下，贷款利息的计算公式为：

贷款利息=贷款本金×期限×利率

其中，利随本清的贷款期限按实际天数计算，算头不算尾。

银行收回贷款本息时，应填制两借一贷特种转账传票及利息清单，办理转账。其会计处理为：

借：吸收存款——单位或个人活期存款——××户

　贷：贷款——××贷款——××户

　　应收利息

　　利息收入

其具体会计处理详见前述信用贷款【例4-1】和抵押贷款【例4-2】【例4-3】。

第三节　票据贴现

一、贴现的含义

票据贴现是指商业汇票的持票人在票据到期前，为获得资金而向银行贴付一定利息将票据权利转让给银行的票据行为。

贴现业务应以真实、合法的商品交易为基础。纸质汇票贴现期限最长不得超过6个月，电子汇票贴现期限最长不得超过1年。

票据贴现也称贴现贷款，其与一般贷款有着明显的区别，主要有：

（1）资金投放的对象不同。贴现以持票人（债权人）为放款对象；一般贷款以借款人（债务人）为放款对象。

（2）体现的信用关系不同。贴现体现的是银行与持票人、出票人、承兑人及背书人之间的信用关系；一般贷款只体现银行与借款人、担保人之间的信用关系。

（3）计息的时间不同。贴现业务在办理贴现时就扣收利息；一般贷款则是到期或定期计收利息。

（4）资金的流动性不同。贴现可通过转贴现或再贴现提前收回资金；一般贷款只有到期才能收回资金。

二、贴现业务

1.办理贴现业务的处理

持票人持未到期的商业汇票向开户银行申请贴现时，应填制一式五联的贴现凭证（见表4-5）。其中，第一联作借方凭证；第二联作收款户的贷方凭证；第三联作利息收入的贷方凭证；第四联作收账通知；第五联作票据贴现到期卡。持票人在第一联上加盖预留印鉴后，连同汇票送交银行。

银行信贷部门按要求进行审查，若符合贴现条件，应在贴现凭证“银行审批”栏内签注“同意”字样，并加盖有关人员印章后送交会计部门。

会计部门接到汇票和贴现凭证后，经审核无误，按规定的贴现利率计算贴现利息和实付贴现金额。其计算公式为：

贴现利息=票面金额×贴现期限×（月利率÷30）

实付贴现金额=票面金额-贴现利息

表4-5　　　　　　　　**贴现凭证（代申请书）** ①

填写日期　　年　月　日　　　　第　号

贴现汇票	种 类		号 码	申请人	全 称		
	发票日	年 月 日			账 号		
	到期日	年 月 日			开户银行		
汇票承兑人（或银行）	名 称			账号		开户银行	
汇票金额（即贴现金额）	人民币（大写）						十 万 千 百 十 元 角 分
贴现率 每 月	‰	贴现利息	十 万 千 百 十 元 角 分	实付贴现金额			十 万 千 百 十 元 角 分
兹根据银行结算办法的规定，附送承兑汇票申请贴现，请审批。此致 ____（贴现银行）申请人盖章		银行审批	负责人____ 信贷员____		会计处理：（借）____ 对方科目：（贷）____ 复核____ 记账____		

其中，贴现期限从贴现之日起至汇票到期日止，按实际天数计算，算头不算尾。票据到期日如遇法定节假日，顺延至下一个工作日。

将贴现率及计算的贴现利息和实付贴现金额填写在贴现凭证的相应栏后，以贴现凭证第一联作转账借方传票，第二、三联作转账贷方传票，办理转账。贴现利息应一次性收取。

其会计处理为：

借：贴现资产——票据贴现——××户

　贷：吸收存款——单位活期存款——××户

　　　贴现资产——利息调整

同时，按汇票金额表外登记。

收入：代保管有价值品

办理贴现后，会计人员应在两个工作日内通过中国人民银行大额支付系统、其他有效沟通方式或电子系统，将“该票据已由本行贴现”的信息告知对方行。

贴现息应于每月月末摊销，结转利息收入，计入当期损益。其计算公式为：

当月摊销额=贴现利息×当月天数÷贴现天数

结转利息收入的会计处理为：

借：贴现资产——利息调整

　贷：利息收入

2.汇票到期收回票款的处理

汇票到期，会计人员按会计有关规定办理委托收款，向对方行收取票款。收到票款时，会计处理为：

借：清算资金往来（或有关科目）

　贷：贴现资产——票据贴现——××户

同时，销记表外登记。

付出：代保管有价值品

3.汇票到期未获付款的处理

办理贴现的汇票到期如未获付款，收到对方行退回的汇票、退票理由书、未付票款通知书或拒绝付款证明，应对拒付事由进行审查。

若为无理退票和拒付的，应重新托收；重新联系无效的，向中国银行业协会请求协调。

若拒付事由合理正当的，应将被拒绝事由书面通知贴现申请人，根据实际情况向贴现申请人、出票人以及汇票的其他前手背书人中的任何一人或全体进行追索。

存款余额不足的，则不足部分转入"逾期贷款"。其会计处理为：

借：吸收存款——单位活期存款——××户

　　贷款——逾期贷款——贴现申请人

　贷：贴现资产——票据贴现——××户

同时，销记表外登记。

付出：代保管有价值品

【例4-4】××公司202×年7月10日持银行承兑汇票一张去开户银行申请贴现，票据面额为320 000元，票据到期日为202×年11月2日，经银行信贷部门审核同意办理贴现业务（假定贴现率为3‰）。其会计处理为：

贴现利息=320 000×115×（3‰÷30）=3 680（元）

实付贴现金额=320 000−3 680=316 320（元）

借：贴现资产——票据贴现——××公司	320 000	
贷：吸收存款——单位活期存款——××公司		316 320
贴现资产——利息调整		3 680

同时，按汇票金额表外登记。

收入：代保管有价值品	320 000

7月31日利息摊销：

本月利息摊销额=3 680×22÷115=704（元）

借：贴现资产——利息调整	704	
贷：利息收入		704

8月31日利息摊销：

本月利息摊销额=3 680×31÷115=992（元）

借：贴现资产——利息调整	992	
贷：利息收入		992

9月30日利息摊销：

本月利息摊销额=3 680×30÷115=960（元）

借：贴现资产——利息调整	960	
贷：利息收入		960

10月31日利息摊销：

本月利息摊销额=3 680×31÷115=992（元）

借：贴现资产——利息调整	992	
贷：利息收入		992

11月2日到期收回票据款：

借：清算资金往来　　320 000

　贷：贴现资产——票据贴现——××公司　　320 000

同时，销记表外登记。

付出：代保管有价值品　　320 000

利息摊销：

本月利息摊销额=3 680÷115×1=32（元）

借：贴现资产——利息调整　　32

　贷：利息收入　　32

【例4-5】接【例4-4】，假设票据到期，银行没有及时收回票款，向××公司扣款，但其账户中只有200 000元，余款银行于202×年11月8日收回，假设罚款比例为5‰/日。

其会计处理为：

（1）转逾期。

借：吸收存款——单位活期存款——××公司　　200 000

　贷款——逾期贷款——代××公司垫款　　120 000

　贷：贴现资产——票据贴现——××公司　　320 000

同时，销记表外登记。

付出：代保管有价值品　　320 000

（2）逾期款收回。

逾期利息=120 000×6×5‰=360（元）

借：吸收存款——单位活期存款——××公司　　120 360

　贷：贷款——逾期贷款——代××公司垫款　　120 000

　　利息收入　　360

第四节　准备金

为提高金融企业抵御和防范风险的能力，正确核算其经营损益，促进金融企业稳健经营和健康发展，根据财政部《金融企业准备金计提管理办法》的通知（财金〔2012〕20号），要求金融企业应当在资产负债表日，对各项资产的账面价值进行检查，如有客观证据表明资产发生减值的，应当计提准备金。

一、准备金种类

准备金又称拨备，是指金融企业对承担风险和损失的金融资产计提的准备金，包括资产减值准备和一般准备。

资产减值准备是指金融企业对债权、股权等金融资产（不包括以公允价值计量且其变动计入当期损益的金融资产）进行合理估计和判断，对其预计未来现金流量现值低于账面价值部分计提的，计入金融企业成本的，用于弥补资产损失的准备金。

一般准备是指金融企业运用动态拨备原理，采用内部模型法或标准法计算风险资产的潜在风险估计值后，扣减已计提的资产减值准备，从净利润中计提的，用于部分弥补尚未识别的可能性损失的准备金。

一般准备余额原则上不低于风险资产期末余额的1.5%，由商业银行总行（总公司）

统一计提和管理。金融企业对非信贷资产未实施风险分类的，可按非信贷资产余额的1%~1.5%计提一般准备。

二、计提范围

金融企业承担风险和损失的资产应计提准备金，具体包括发放贷款和垫款、可供出售类金融资产、持有至到期投资、长期股权投资、存放同业、拆出资金、抵债资产、其他应收款项等。

对由金融企业转贷并承担对外还款责任的国外贷款，包括国际金融组织贷款、外国买方信贷、外国政府贷款、日本国际协力银行不附条件贷款和外国政府混合贷款等资产，应当计提准备金。

金融企业不承担风险的委托贷款、购买的国债等资产，不计提准备金。

商业银行发放的贷款和垫款，计提贷款损失准备。

三、计提方法

商业银行应当在资产负债表日对各项资产进行检查，分析判断资产是否发生减值，并根据谨慎性原则，计提准备金。

商业银行计提准备金的方法主要有两种，即内部模型法和标准法。

（一）内部模型法

内部模型法是指商业银行基于内部模型体系开展的市场风险识别、计量、监测和控制，并将计量结果应用于资本计量的全过程的一类方法。该种方法是目前具备条件的大型现代化商业银行（金融公司）普遍采用的一种更加科学的风险计量方法。由于该法种类较多、用法不一，在此不再讲述。

（二）标准法

标准法是指金融监管部门对金融业的金融资产根据其质量，规定了不同的风险系数，要求严格按照此标准计提准备金的一种方法。

银行业可以参照以下比例进行贷款损失准备的分类计提：

正常类贷款计提比例为1.5%，关注类贷款计提比例为3%，次级类贷款计提比例为30%，可疑类贷款计提比例为60%，损失类贷款计提比例为100%。其中，次级类贷款和可疑类贷款的损失准备，计提比例可以上下浮动20%。

其计算公式为：

贷款准备金=正常类贷款×1.5%+关注类贷款×3%+次级类贷款×30%+可疑类贷款×60%+损失类贷款×100%

四、准备金计提

（一）一般准备金

一般准备金是从净利润中提取的。其会计处理为：

借：利润分配——提取一般准备

　贷：一般风险准备

如出现多余金额按规定应予以冲回，其会计处理与上述相反。

（二）贷款损失准备

银行应于资产负债表日，按准备金提取规定，差额提取准备金。

补提时，会计处理为：

借：资产减值损失

贷：贷款损失准备

如出现多余金额按规定应予以冲回，其会计处理与上述相反。

五、贷款转销

（一）贷款转销的条件

银行对于确实无法收回的贷款，应按规定的条件和管理权限报经批准后，才能予以核销。凡符合下列条件之一的，可以确认为呆账：

（1）借款人和担保人依法宣告破产，经法定清偿后仍未还清的贷款；

（2）借款人死亡，或依照《中华人民共和国民法通则》的规定，宣告失踪或死亡，以其财产或遗产清偿后未能还清的贷款；

（3）借款人遭受重大自然灾害或意外事故，损失重大且不能获得保险赔款，确定不能偿还的部分或全部贷款，或经保险赔偿清偿后未能还清的贷款；

（4）借款人依法处置抵押物所得价款不足以补偿的贷款部分；

（5）经国务院专案批准核销的贷款。

各级银行机构对借款人有经济偿还能力，但因某些原因不能按期偿还贷款，不得列为呆账，应积极组织催收。

银行转销呆账，应采取“账销案存”的处理方式，对外仍保留追索权，并单独设立账户管理和核算。同时，还要通过各种努力继续催收贷款，收回的已转销利息计入损益。

（二）贷款转销的核算

1.转销呆账

对于确需转销的呆账贷款，商业银行要按规定填报“核销呆账损失申报表”，并附详细说明，按规定的转销权限逐级报上级行审查。上级行收到“转销呆账损失申报表”后，应组织信贷、法规、会计、稽核部门进行审查并签署意见。如符合规定条件，予以核销。

按法定程序转销呆账时，会计处理为：

借：贷款损失准备

　贷：贷款——××贷款

按管理权限报经批准后转销表外应收未收贷款利息，减少表外“应收未收贷款利息”科目金额，会计处理为：

付出：应收未收贷款利息

对经批准核销的表内应收利息，已纳入损益核算的，无论其本金或利息是否已逾期，均作冲减利息收入处理，会计处理为：

借：利息收入

　贷：应收利息

2.已转销的贷款又收回

已核销的贷款，以后又收回的，其核销的相关资产减值准备予以转回。已核销的资产收回金额超过本金的部分，计入利息收入。其会计处理为：

借：贷款——××贷款——××户

　贷：贷款损失准备——××户

同时，

借：吸收存款——单位或个人活期存款——××户

贷：贷款——××贷款——××户

或利息收入

思考题

1. 什么是自营贷款和委托贷款？

2. 贷款有哪五级风险分类方法？

3. 贷款核算的要求有哪些？

4. 贷款准备金的提取方法有哪些？

练习题

1. 单项选择题

（1）计提贷款损失准备使用的会计科目是（　　）。

A. 其他营业支出　　B. 营业外支出　　C. 营业费用　　D. 资产减值损失

（2）银行对抵押物拍卖、变卖，其价款（扣除有关费用）超过贷款本息的部分，应（　　）。

A. 返还原借款人　　B. 作为营业外收入　　C. 作为其他营业收入 D. 作为利息收入

（3）期限为 1 年的担保贷款应使用的会计科目可能是（　　）。

A. 短期贷款　　B. 中长期贷款　　C. 抵押贷款　　D. 信用贷款

（4）从净利润中提取的准备金是（　　）。

A. 专项准备金　　B. 特种准备金　　C. 风险准备金　　D. 一般准备金

（5）当贷款的本金或利息逾期 90 天时，应转入（　　）科目单独核算。

A."应计贷款"　　B."逾期贷款"　　C."呆滞贷款"　　D."非应计贷款"

（6）下列各项中，银行不承担风险的贷款是（　　）。

A. 信用贷款　　B. 质押贷款　　C. 保证贷款　　D. 委托贷款

（7）××商业银行年末"贷款损失准备"账户的期末余额为 100 000 元，各类贷款的余额合计为 700 000 元，其中关注类 300 000 元、次级类 200 000 元、可疑类 100 000 元、损失类 100 000，则应补提贷款准备金（　　）元。

A.240 000　　B.140 000　　C.40 000　　D.150 000

（8）中长期贷款展期期限最长不得超过（　　）。

A. 原贷款期限　　B. 原贷款期限的 1/4

C. 1 年　　D. 3 年

（9）××公司 3 月 15 日提交银行承兑汇票申请贴现，该汇票出票日为 3 月 6 日，期限 4 个月，承兑银行为省外系统内某行，则计算的贴现天数为（　　）天。

A.114　　B.113　　C.115　　D.116

（10）商业银行核销无法收回各项贷款的会计分录是（　　）。

A. 借：贷款损失准备
　　贷：贷款——××贷款

C. 借：资产减值损失
　　贷：贷款——××贷款

C. 借：资产减值损失
　　贷：贷款损失准备

D. 借：贷款损失准备
　　贷：资产减值损失

2. 业务题

中国工商银行××支行发生如下经济业务：

（1）开户单位玩具厂申请办理信用贷款 1 000 000 元，审核后办理。请编制有关会计分录。

（2）借款人服装厂抵押贷款逾期未还，本金 980 000 元，利息 42 000 元，银行处理其抵押设备一套，得款 1 000 000 元。请编制有关会计分录。

（3）银行年初“贷款损失准备”账户余额为 1 180 000 元；3 月份报经批准核销恒源化工厂的呆账贷款 750 000 元；年末该行进行贷款减值测试，测试结果为本年度需要计提专项准备金总额为 4 250 000 元，特种准备金为 1 320 000 元。请编制提取贷款损失准备和核销坏账的会计处理。

（4）7 月 10 日，开户单位中信公司持银行承兑汇票申请办理贴现，汇票金额为 350 000 元，汇票到期日为 11 月 2 日，经信贷部门审查后予以办理（贴现率为 3‰）。请计算贴现利息并编制有关会计分录。

（5）7 月 12 日，给开户单位化纤厂贴现的商业承兑汇票 150 000 元未能按期收回票款，向贴现申请人收取，但该单位存款账户只有 100 000 元。请编制有关会计分录。

（6）银行年末贷款的相关资料见表 4-6，该行年初贷款损失准备金的余额为 3.4 亿元。请计算本年度该组合应计提的贷款减值准备并编制有关会计分录。

表 4-6 **组合方式贷款余额表**

组 合	正常类	关注类	次级类	可疑类	损失类
贷款余额（亿元）	3 000	60	14	15	6
风险系数（%）	0	2	25	50	100

3. 实训练习

实训要求：根据实训资料填写有关凭证。

（1）会计部门收到信贷部门转来利明容器厂短期贷款借据 500 000 元，期限 5 个月，利率 5.6%，予以转账。

中国建设银行 **借款凭证** 1

利率：5.6%　　2020 年 06 月 20 日　　贷款种类：短期贷款

<table>
<tr><td>借款单位</td><td>利明容器厂</td><td colspan="3">贷款账号</td><td colspan="4">375678914654678</td><td colspan="2">存款账号</td><td colspan="2">3700161608050003011</td></tr>
<tr><td rowspan="2">借款金额
（大写）</td><td rowspan="2">人民币伍拾万元整</td><td>亿</td><td>千</td><td>百</td><td>十</td><td>万</td><td>千</td><td>百</td><td>十</td><td>元</td><td>角</td><td>分</td><td>用途：</td></tr>
<tr><td></td><td></td><td>¥</td><td>5</td><td>0</td><td>0</td><td>0</td><td>0</td><td>0</td><td>0</td><td>0</td><td>购买原材料</td></tr>
<tr><td colspan="2" rowspan="6">兹借到上列贷款，到期时请凭此凭证收回。

借款单位　　负责人
盖章　　　　盖章</td><td colspan="6">约定还款日期</td><td colspan="6">2020/11/20</td></tr>
<tr><td colspan="12">分次还款记录</td></tr>
<tr><td colspan="3">日期</td><td colspan="3">偿还本金</td><td colspan="3">结欠本金</td><td colspan="3">复核</td></tr>
<tr><td>月</td><td colspan="2">日</td><td colspan="3"></td><td colspan="3"></td><td colspan="3"></td></tr>
<tr><td></td><td colspan="2"></td><td colspan="3"></td><td colspan="3"></td><td colspan="3"></td></tr>
<tr><td></td><td colspan="2"></td><td colspan="3"></td><td colspan="3"></td><td colspan="3"></td></tr>
</table>

中国建设银行 **借款凭证** 2

利率：5.6%　　2020年06月20日　　贷款种类：短期贷款

<table>
<tr><td>借款单位</td><td colspan="2"></td><td colspan="3">贷款账号</td><td colspan="3"></td><td colspan="3">存款账号</td><td colspan="2"></td></tr>
<tr><td rowspan="2">借款金额
（大写）</td><td rowspan="2" colspan="2"></td><td>亿</td><td>千</td><td>百</td><td>十</td><td>万</td><td>千</td><td>百</td><td>十</td><td>元</td><td>角</td><td>分</td><td rowspan="2">用途：</td></tr>
<tr><td></td><td></td><td></td><td></td><td></td><td></td><td></td><td></td><td></td><td></td><td></td></tr>
</table>

<table>
<tr><td rowspan="7">兹借到上列贷款，到期时请凭此凭证收回。

借款单位　　负责人
盖章　　　　盖章</td><td colspan="3">约定还款日期</td><td colspan="2"></td></tr>
<tr><td colspan="5">分次还款记录</td></tr>
<tr><td colspan="2">日期</td><td>偿还本金</td><td>结欠本金</td><td>复核</td></tr>
<tr><td>月</td><td>日</td><td></td><td></td><td></td></tr>
<tr><td></td><td></td><td></td><td></td><td></td></tr>
<tr><td></td><td></td><td></td><td></td><td></td></tr>
<tr><td></td><td></td><td></td><td></td><td></td></tr>
</table>

中国建设银行 **借款凭证** 3

利率：5.6%　　2020年06月20日　　贷款种类：短期贷款

<table>
<tr><td>借款单位</td><td colspan="2"></td><td colspan="3">贷款账号</td><td colspan="3"></td><td colspan="3">存款账号</td><td colspan="2"></td></tr>
<tr><td rowspan="2">借款金额
（大写）</td><td rowspan="2" colspan="2"></td><td>亿</td><td>千</td><td>百</td><td>十</td><td>万</td><td>千</td><td>百</td><td>十</td><td>元</td><td>角</td><td>分</td><td rowspan="2">用途：</td></tr>
<tr><td></td><td></td><td></td><td></td><td></td><td></td><td></td><td></td><td></td><td></td><td></td></tr>
</table>

<table>
<tr><td rowspan="7">兹借到上列贷款，到期时请凭此凭证收回。

借款单位　　负责人
盖章　　　　盖章</td><td colspan="3">约定还款日期</td><td colspan="2"></td></tr>
<tr><td colspan="5">分次还款记录</td></tr>
<tr><td colspan="2">日期</td><td>偿还本金</td><td>结欠本金</td><td>复核</td></tr>
<tr><td>月</td><td>日</td><td></td><td></td><td></td></tr>
<tr><td></td><td></td><td></td><td></td><td></td></tr>
<tr><td></td><td></td><td></td><td></td><td></td></tr>
<tr><td></td><td></td><td></td><td></td><td></td></tr>
</table>

中国建设银行 **借款凭证** 4

利率：5.6%　　2020年06月20日　　贷款种类：短期贷款

<table>
<tr><td>借款单位</td><td colspan="2"></td><td colspan="3">贷款账号</td><td colspan="3"></td><td colspan="3">存款账号</td><td colspan="2"></td></tr>
<tr><td rowspan="2">借款金额
（大写）</td><td rowspan="2" colspan="2"></td><td>亿</td><td>千</td><td>百</td><td>十</td><td>万</td><td>千</td><td>百</td><td>十</td><td>元</td><td>角</td><td>分</td><td rowspan="2">用途：</td></tr>
<tr><td></td><td></td><td></td><td></td><td></td><td></td><td></td><td></td><td></td><td></td><td></td></tr>
</table>

<table>
<tr><td rowspan="7">兹借到上列贷款，到期时请凭此凭证收回。

借款单位　　负责人
盖章　　　　盖章</td><td colspan="3">约定还款日期</td><td colspan="2"></td></tr>
<tr><td colspan="5">分次还款记录</td></tr>
<tr><td colspan="2">日期</td><td>偿还本金</td><td>结欠本金</td><td>复核</td></tr>
<tr><td>月</td><td>日</td><td></td><td></td><td></td></tr>
<tr><td></td><td></td><td></td><td></td><td></td></tr>
<tr><td></td><td></td><td></td><td></td><td></td></tr>
<tr><td></td><td></td><td></td><td></td><td></td></tr>
</table>

中国建设银行 **借款凭证** 5

利率：5.6%　　　　2020年06月20日　　　　贷款种类：短期贷款

借款单位		贷款账号											存款账号	
借款金额（大写）		亿	千	百	十	万	千	百	十	元	角	分	用途：	

兹借到上列贷款，到期时请凭此凭证收回。	约定还款日期				
	分次还款记录				
	日期		偿还本金	结欠本金	复核
	月	日			
借款单位 盖章　　负责人 盖章					

（2）银行根据协议主动扣收万通机械设备有限公司到期抵押贷款，期限1年，金额5 000 000元，利率6%，原抵押房产评估价9 000 000元。

中国建设银行 **特种转账借方传票**

2020年06月20日

付款单位	全称	**万通机械设备有限公司**			收款单位	全称			
	账号或地址	**37001616108050001266**				账号或地址			
	开户银行	**建行解放路支行**	行号	**0598**		开户银行		行号	

金额	人民币（大写）	亿	千	百	十	万	千	百	十	元	角	分
	人民币伍佰叁拾万元整		¥	5	3	0	0	0	0	0	0	0

原始凭证金额		赔偿金		科目（借）**吸收存款——活期存款**
原始凭证名称		号码		对方科目（贷）**贷款——抵押贷款** **应收利息**
转账原因	**计收贷款本息。** 银行盖章			会计　复核　记账

附件　张

会计　　出纳　　复核　　记账　　制票

中国建设银行　**特种转账借方传票**

2020年06月20日

<table>
<tr><td rowspan="3">付款单位</td><td>全　　称</td><td colspan="3"></td><td rowspan="3">收款单位</td><td>全　　称</td><td colspan="11"></td></tr>
<tr><td>账号或地址</td><td colspan="3"></td><td>账号或地址</td><td colspan="11"></td></tr>
<tr><td>开户银行</td><td></td><td>行号</td><td></td><td>开户银行</td><td></td><td>行号</td><td colspan="9"></td></tr>
<tr><td rowspan="3">金额</td><td colspan="6" rowspan="3">人民币
(大写)</td><td colspan="11">金　额</td></tr>
<tr><td>亿</td><td>千</td><td>百</td><td>十</td><td>万</td><td>千</td><td>百</td><td>十</td><td>元</td><td>角</td><td>分</td></tr>
<tr><td></td><td></td><td></td><td></td><td></td><td></td><td></td><td></td><td></td><td></td><td></td></tr>
<tr><td colspan="2">原始凭证金额</td><td></td><td>赔偿金</td><td></td><td colspan="13" rowspan="3">科目（借）<u>吸收存款——活期存款</u>
对方科目（贷）<u>贷款——抵押贷款</u>
<u>应收利息</u>
会计　复核　记账</td></tr>
<tr><td colspan="2">原始凭证名称</td><td></td><td>号　码</td><td></td></tr>
<tr><td>转账原因</td><td colspan="4">银行盖章</td></tr>
</table>

附件　张

会计　出纳　复核　记账　制票

中国建设银行　**特种转账贷方传票**

2020年06月20日

<table>
<tr><td rowspan="3">收款单位</td><td>全　　称</td><td colspan="3"></td><td rowspan="3">付款单位</td><td>全　　称</td><td colspan="11">万通机械设备有限公司</td></tr>
<tr><td>账号或地址</td><td colspan="3"></td><td>账号或地址</td><td colspan="11">37001616108050001266</td></tr>
<tr><td>开户银行</td><td></td><td>行号</td><td></td><td>开户银行</td><td>建行解放路支行</td><td>行号</td><td colspan="9">0598</td></tr>
<tr><td rowspan="3">金额</td><td colspan="6" rowspan="3">人民币
(大写)　人民币叁拾万元整</td><td colspan="11">金　额</td></tr>
<tr><td>亿</td><td>千</td><td>百</td><td>十</td><td>万</td><td>千</td><td>百</td><td>十</td><td>元</td><td>角</td><td>分</td></tr>
<tr><td></td><td></td><td>¥</td><td>3</td><td>0</td><td>0</td><td>0</td><td>0</td><td>0</td><td>0</td><td>0</td></tr>
<tr><td colspan="2">原始凭证金额</td><td></td><td>赔偿金</td><td></td><td colspan="13" rowspan="3">科目（贷）<u>应收利息</u>
对方科目（借）<u>吸收存款——活期存款</u>
会计　复核　记账</td></tr>
<tr><td colspan="2">原始凭证名称</td><td></td><td>号　码</td><td></td></tr>
<tr><td>转账原因</td><td colspan="4">计收贷款利息。
银行盖章</td></tr>
</table>

附件　张

会计　出纳　复核　记账　制票

中国建设银行 **特种转账贷方传票**

2020年06月20日

<table>
<tr><td rowspan="3">收款单位</td><td>全　　称</td><td colspan="3"></td><td rowspan="3">付款单位</td><td>全　　称</td><td colspan="3">万通机械设备有限公司</td></tr>
<tr><td>账号或地址</td><td colspan="3"></td><td>账号或地址</td><td colspan="3">37001616108050001266</td></tr>
<tr><td>开户银行</td><td></td><td>行号</td><td></td><td>开户银行</td><td>建行解放路支行</td><td>行号</td><td>0598</td></tr>
<tr><td>金额</td><td>人民币（大写）</td><td colspan="4">人民币伍佰万元整</td><td colspan="4">金额
亿 千 百 十 万 千 百 十 元 角 分
¥ 5 0 0 0 0 0 0 0 0</td></tr>
<tr><td colspan="2">原始凭证金额</td><td></td><td>赔偿金</td><td></td><td colspan="5">科目（贷）贷款——抵押贷款</td></tr>
<tr><td colspan="2">原始凭证名称</td><td></td><td>号码</td><td></td><td colspan="5">对方科目（借）吸收存款——活期存款</td></tr>
<tr><td>转账原因</td><td colspan="4">计收贷款本金。

银行盖章</td><td colspan="5">会计　　复核　　记账</td></tr>
</table>

附件　　张

会计　　出纳　　复核　　记账　　制票

中国建设银行 **表外科目付出传票**

表外科目（付）代保管有价值品　　2020年06月20日

户名	摘要	亿	千	百	十	万	千	百	十	元	角	分
万通机械设备有限公司	归还万通机械设备有限公司抵押房产		¥	9	0	0	0	0	0	0	0	0

（表头：人民币金额）

附件　　张

会计　　出纳　　复核　　记账　　制票

（3）灵玉雕刻厂逾期贷款处理如下：

①银行主动收回灵玉雕刻厂逾期贷款罚息2 250元。

中国建设银行　**特种转账借方传票**

2020年06月20日

付款单位	全　　称	灵玉雕刻厂			收款单位	全　　称		
	账号或地址	37001616108050001136				账号或地址		
	开户银行	建行解放路支行	行号	0598		开户银行	行号	

		亿	千	百	十	万	千	百	十	元	角	分
金额 人民币（大写）	人民币贰仟贰佰伍拾元整					¥	2	2	5	0	0	0

原始凭证金额		赔偿金		科目（借）吸收存款——活期存款
原始凭证名称		号　码		对方科目（贷）利息收入
转账原因	计收逾期贷款罚息。 银行盖章			会计　复核　记账

附件　张

会计　出纳　复核　记账　制票

中国建设银行　**特种转账借方传票**

2020年06月20日

付款单位	全　　称	灵玉雕刻厂			收款单位	全　　称		
	账号或地址	37001616108050001136				账号或地址		
	开户银行	建行解放路支行	行号	0598		开户银行	行号	

		亿	千	百	十	万	千	百	十	元	角	分
金额 人民币（大写）	人民币贰仟贰佰伍拾元整					¥	2	2	5	0	0	0

原始凭证金额		赔偿金		科目（借）吸收存款——活期存款
原始凭证名称		号　码		对方科目（贷）利息收入
转账原因	计收逾期贷款罚息。 银行盖章			会计　复核　记账

附件　张

会计　出纳　复核　记账　制票

中国建设银行 **特种转账贷方传票**

2020年06月20日

<table>
<tr><td rowspan="3">收款单位</td><td>全　　称</td><td colspan="3"></td><td rowspan="3">付款单位</td><td>全　　称</td><td colspan="3"></td></tr>
<tr><td>账号或地址</td><td colspan="3"></td><td>账号或地址</td><td colspan="3"></td></tr>
<tr><td>开户银行</td><td></td><td>行号</td><td></td><td>开户银行</td><td>建行解放路支行</td><td>行号</td><td>0598</td></tr>
<tr><td>金额</td><td colspan="6">人民币
(大写)</td><td colspan="3">金额
亿 千 百 十 万 千 百 十 元 角 分</td></tr>
<tr><td colspan="2">原始凭证金额</td><td></td><td>赔偿金</td><td></td><td colspan="5" rowspan="2">科目（贷）
对方科目（借）</td></tr>
<tr><td colspan="2">原始凭证名称</td><td></td><td>号　码</td><td></td></tr>
<tr><td>转账原因</td><td colspan="4">计收逾期贷款罚息。

银行盖章</td><td colspan="5">会计　　复核　　记账</td></tr>
</table>

附件　张

会计　　出纳　　复核　　记账　　制票

②将逾期贷款本金300 000元转入非应计贷款。

中国建设银行 **特种转账借方传票**

2020年06月20日

<table>
<tr><td rowspan="3">付款单位</td><td>全　　称</td><td colspan="3">灵玉雕刻厂</td><td rowspan="3">收款单位</td><td>全　　称</td><td colspan="3"></td></tr>
<tr><td>账号或地址</td><td colspan="3">37001616108050001136</td><td>账号或地址</td><td colspan="3"></td></tr>
<tr><td>开户银行</td><td>建行解放路支行</td><td>行号</td><td>0598</td><td>开户银行</td><td></td><td>行号</td><td></td></tr>
<tr><td>金额</td><td colspan="6">人民币
(大写)</td><td colspan="3">金额
亿 千 百 十 万 千 百 十 元 角 分</td></tr>
<tr><td colspan="2">原始凭证金额</td><td></td><td>赔偿金</td><td></td><td colspan="5" rowspan="2">科目（借）贷款——非应计贷款
对方科目（贷）贷款——逾期贷款</td></tr>
<tr><td colspan="2">原始凭证名称</td><td></td><td>号　码</td><td></td></tr>
<tr><td>转账原因</td><td colspan="4">本金逾期90天。

银行盖章</td><td colspan="5">会计　　复核　　记账</td></tr>
</table>

附件　张

会计　　出纳　　复核　　记账　　制票

中国建设银行　**特种转账贷方传票**

2020年06月20日

<table>
<tr><td rowspan="3">收款单位</td><td>全　称</td><td colspan="3"></td><td rowspan="3">付款单位</td><td>全　称</td><td colspan="3">灵玉雕刻厂</td></tr>
<tr><td>账号或地址</td><td colspan="3"></td><td>账号或地址</td><td colspan="3">37001616108050001136</td></tr>
<tr><td>开户银行</td><td></td><td>行号</td><td></td><td>开户银行</td><td>建行解放路支行</td><td>行号</td><td>0598</td></tr>
<tr><td>金额</td><td colspan="6">人民币
（大写）</td><td colspan="3">金　额
亿 千 百 十 万 千 百 十 元 角 分</td></tr>
<tr><td colspan="2">原始凭证金额</td><td></td><td>赔偿金</td><td></td><td colspan="5">科目（贷）贷款——逾期贷款</td></tr>
<tr><td colspan="2">原始凭证名称</td><td></td><td>号　码</td><td></td><td colspan="5">对方科目（借）贷款——非应计贷款</td></tr>
<tr><td>转账原因</td><td colspan="4">本金逾期90天。

银行盖章</td><td colspan="5">会计　　复核　　记账</td></tr>
</table>

附件　　张

会计　　出纳　　复核　　记账　　制票

第五章

支付结算业务

学习目标

1. 了解支付结算业务的概念、原则和种类；
2. 掌握各种结算方式的使用流程及会计核算；
3. 掌握支票、银行本票、银行汇票和商业汇票的使用流程及会计核算。

第一节　支付结算概述

一、支付结算的含义

支付结算是指单位、个人在社会经济活动中使用票据、银行卡和汇兑、托收承付、委托收款等结算方式进行货币给付及其资金清算的行为。

根据《中国人民银行支付结算办法》的规定："银行是支付结算和资金清算的中介机构，未经中国人民银行批准的非银行金融机构和其他单位不得作为中介机构经营支付结算业务。"

二、支付结算的原则

银行、单位和个人办理支付结算时，都必须遵守以下原则：

1. 恪守信用，履约付款

结算当事人应严格遵守信用，付款人必须按照约定的付款金额和付款日期进行付款，收款人按照规定进行收款，银行作为资金清算的中介帮助收付双方划转款项。这是维护经济合同秩序，保障当事人经济利益的重要原则。

2. 谁的钱进谁的账，由谁支配

存款人对其存入银行的资金拥有所有权和自主支配权。支付结算的发生取决于委托人的意志，银行在支付结算中只充当中介机构的角色，不能干涉当事人对其存款的自主支配权。银行不得截留和挪用客户资金，应依法为单位、个人的存款保密。除国家法律、法规规定的有关监督项目外，银行不代任何单位查询、扣款，不得停止单位、个人存款的正常支付。

3. 银行不垫款

银行在支付结算业务中，只充当资金清算的信用中介，不为任何一方垫付资金。要划清银行资金和存款人资金的界限，从而保证银行资金的安全，促使单位和个人以自己所有或经营管理的财产直接对自己的债务承担责任。

三、支付结算纪律

1.银行应遵守的结算纪律

（1）不准以任何理由压票、任意退票、截留挪用客户和他行资金、受理无理拒付、不扣或少扣滞纳金。

（2）不准在结算制度之外规定附加条件，影响汇路畅通。

（3）不准违反规定为单位和个人开立账户。

（4）不准拒绝受理、代理他行正常结算业务。

（5）不准放弃对企事业单位和个人违反结算纪律的制裁。

（6）不准违章签发、承兑、贴现票据，套取银行资金。

（7）不准超额占用联行汇差资金，转嫁资金矛盾。

（8）不准逃避向中国人民银行转汇大额汇划款项和清算大额银行汇票资金。

（9）不准签发空头银行汇票、银行本票和办理空头汇款。

（10）不准无理拒绝支付应由银行支付的票据款项。

2.单位和个人应遵守的结算纪律

（1）不准套取银行信用、签发空头支票或印章与预留银行印鉴不符的支票、远期支票以及没有资金保证的票据。

（2）不准无理拒付、任意占用他人资金。

（3）不准违反规定开立和使用账户。

（4）不准签发、取得和转让没有真实交易和债权债务的票据，套取他人和银行资金。

四、会计科目设置

（1）“开出本票”属于负债类科目，核算出票银行开出本票时收取的款项。本科目余额在贷方，反映银行尚未结清的票款，是“其他应付款”科目的明细科目。

（2）“应解汇款”属于负债类科目，核算银行暂收客户应付而未付的款项。本科目余额在贷方，反映银行尚未解付的款项，是“其他应付款”科目的明细科目。

（3）“汇出汇款”属于负债类科目，核算出票银行开出汇票时收取的款项。本科目余额在贷方，反映银行尚未结清的汇票款，是“其他应付款”科目的明细科目。

（4）“存入保证金”属于负债类科目，核算银行收到客户存入的各种保证金，如信用证保证金、承兑汇票保证金、保函保证金等。本科目期末贷方余额，反映银行接受存入但尚未返还的保证金。

（5）“清算资金往来”属于共同类科目，核算银行间往来清算款项。本科目期末余额在借方，属于资产；期末余额在贷方，属于负债。

（6）“手续费及佣金收入”属于损益类科目，核算银行确认的手续费及佣金的收入。本科目可按手续费及佣金收入类别进行明细核算。期末，应将本科目余额转入“本年利润”科目，结转后本科目无余额。

第二节 票据业务

目前银行使用的票据主要有四种，分别是支票、银行本票、银行汇票、商业汇票。

一、支票

（一）支票的定义

支票是出票人签发的，委托办理支票存款业务的银行或者其他金融机构在见票时无条件支付确定的金额给收款人或者持票人的票据。

转账支票

支票分为现金支票、转账支票和普通支票。其中，现金支票专门用于支取现金（见表5-1）；转账支票专门用于转账，不得支取现金（见表5-2）；普通支票既可以支取现金，又可以转账。

表5-1

中国建设银行（鲁）
现金支票存根
支票号码
附加信息

出票日期
年 月 日

收款人：
金 额：
用 途：

单位主管 会计

中国建设银行 **现金支票**（鲁） 支票号码：

本支票付款期限十天

出票日期（大写） 年 月 日 付款行名称：建行解放路支行
收款人： 出票人账户：

人民币
（大写）

亿	千	百	十	万	千	百	十	元	角	分

用途________
上列款项请从
我账户内支付
出票人签章

复核 记账

表5-2

中国建设银行（鲁）
转账支票存根
支票号码
附加信息

出票日期
年 月 日

收款人：
金 额：
用 途：

单位主管 会计

中国建设银行 **转账支票**（鲁） 支票号码：

本支票付款期限十天

出票日期（大写） 年 月 日 付款行名称：建行解放路支行
收款人： 出票人账户：

人民币
（大写）

亿	千	百	十	万	千	百	十	元	角	分

用途________
上列款项请从
我账户内支付
出票人签章

复核 记账

支票的基本规定如下：

（1）单位和个人在同一票据交换区域的各种款项结算，均可以使用支票。

（2）支票的出票人，是在银行机构开立存款账户能够使用支票的单位和个人。

（3）支票一律记名，转账支票允许背书转让。

（4）支票的提示付款期限自出票日起10天，超过提示付款期限的支票，持票人开户行不予受理。

（5）出票人不得签发空头或印章与预留银行印鉴不符的支票。否则，银行应予以退票，并对出票人处以按票面金额5%但不低于1 000元的罚款。

现金支票结算业务已在存款业务中讲述，此略。下面主要讲述转账支票业务的核算（以单位为例）。

（二）转账支票

转账支票根据使用方式的不同，分为借记支票和贷记支票。收款人拿着支票去其开户银行提示付款的为借记支票；付款人签发支票到其开户银行要求支付款项的为贷记支票。

1.出票人与持票人在同一银行开户的核算

（1）借记支票的核算。

银行接到持票人送来的支票和进账单（见表5-3至表5-5）时，经审核无误后，银行以转账支票作借方传票，第二联进账单作贷方传票办理转账。其会计处理为：

借：吸收存款——单位活期存款——××出票人户

　贷：吸收存款——单位活期存款——××持票人户

转账后，第一联进账单加盖转讫章作回单交给持票人，第三联不用。

表5-3

中国银行　进账单（回单）　1

年　月　日

<table>
<tr><td rowspan="3">出票人</td><td>全　称</td><td colspan="4"></td><td rowspan="3">收款人</td><td>全　称</td><td colspan="11"></td><td rowspan="6">此联是开户银行交给持票人的回单</td></tr>
<tr><td>账　号</td><td colspan="4"></td><td>账　号</td><td colspan="11"></td></tr>
<tr><td>开户银行</td><td colspan="4"></td><td>开户银行</td><td colspan="11"></td></tr>
<tr><td rowspan="2">金额</td><td colspan="7" rowspan="2">人民币
（大写）</td><td>亿</td><td>千</td><td>百</td><td>十</td><td>万</td><td>千</td><td>百</td><td>十</td><td>元</td><td>角</td><td>分</td></tr>
<tr><td></td><td></td><td></td><td></td><td></td><td></td><td></td><td></td><td></td><td></td><td></td></tr>
<tr><td colspan="2">票据种类</td><td></td><td>票据张数</td><td></td><td colspan="3" rowspan="3"></td><td colspan="11" rowspan="3">开户银行签章</td></tr>
<tr><td colspan="2">票据号码</td><td colspan="3"></td></tr>
<tr><td colspan="5">复核　　记账</td></tr>
</table>

表5-4　　　　　中国银行　进账单（贷方凭证）　2

年　月　日

出票人	全　称		收款人	全　称	
	账　号			账　号	
	开户银行			开户银行	
金额	人民币（大写）				亿 千 百 十 万 千 百 十 元 角 分
票据种类		票据张数			
票据号码					
备注：				复核　记账	

此联由收款人开户银行作贷方凭证

表5-5　　　　　中国银行　进账单（收账通知）　3

年　月　日

出票人	全　称		收款人	全　称	
	账　号			账　号	
	开户银行			开户银行	
金额	人民币（大写）				亿 千 百 十 万 千 百 十 元 角 分
票据种类		票据张数			
票据号码					
复核　记账				收款人开户银行签章	

此联是收款人开户银行交给收款人的收账通知

（2）贷记支票的核算。

银行接到出票人送交支票及三联进账单时，经审核无误后，支票作借方凭证，第二联进账单作贷方传票，办理转账。其会计处理为：

借：吸收存款——单位活期存款——××出票人户

　贷：吸收存款——单位活期存款——××收款人户

其中，第一联进账单加盖转讫章，作回单交给出票人；第三联进账单加盖转讫章，作收账通知交给收款人。

2.出票人与持票人不在同一银行开户的核算

（1）借记支票的核算。

持票人送交支票业务流程，如图5-1所示。

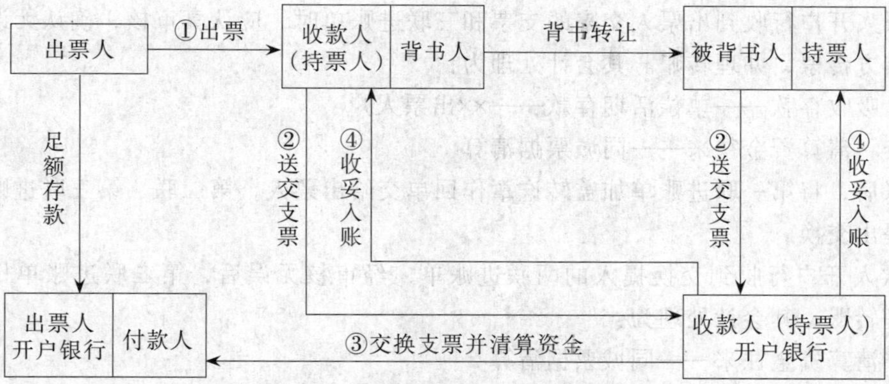

图5-1　持票人送交支票业务流程图

持票人开户行收到持票人送交的支票和两联进账单时，应认真审核，确认无误后，将第一联进账单加盖转讫章交给持票人，第二联暂存。支票按票据交换规定及时提出交换。其会计处理为：

借：清算资金往来——同城票据清算

　贷：其他应付款

俟退票时间过后，以第二联进账单作贷方传票，办理转账。其会计处理为：

借：其他应付款

　贷：吸收存款——单位活期存款——××持票人户

出票人开户行收到票据交换提入的支票，经审核无误后不予退票的，以支票作借方传票，办理转账。其会计处理为：

交换提入时：

借：其他应收款

　贷：清算资金往来——同城票据清算

审核无误后：

借：吸收存款——单位活期存款——××出票人户

　贷：其他应收款

（2）贷记支票的核算。

出票人送交支票业务流程，如图5-2所示。

图5-2　出票人送交支票业务流程图

出票人开户行收到出票人交来的支票和三联进账单时，应认真审核，确认无误后，以支票作借方传票，办理转账。其会计处理为：

借：吸收存款——单位活期存款——××出票人户

贷：清算资金往来——同城票据清算

转账后，将第一联进账单加盖转讫章作回单交给出票人，第二联、第三联进账单按规定及时提出交换。

收款人开户行收到交换提入的两联进账单，经审核无误后，第二联进账单作贷方传票，办理转账。其会计处理为：

借：清算资金往来——同城票据清算

贷：吸收存款——单位活期存款——××收款人户

转账后，第三联进账单加盖转讫章作收账通知交给收款人。

二、银行本票

（一）银行本票的含义

银行本票是由银行签发的，承诺自己在见票时无条件支付确定的金额给收款人或持票人的票据。银行本票分为定额本票和不定额本票两种。

银行本票的基本规定如下：

（1）单位和个人在同一票据交换区域需要支付各种款项，均可使用银行本票。

（2）银行本票可用于转账，注明“库存现金”字样的银行本票可用于支取现金。

（3）银行本票的出票人，为经中国人民银行当地分支行批准办理银行本票业务的银行机构。

（4）银行本票的提示付款期限自出票日起最长不超过2个月。持票人超过提示付款期限提示付款的，代理付款人不予受理。代理付款人是代理出票银行审核支付银行本票款项的银行。

（5）银行本票见票即付。

（二）银行本票的核算

银行本票的核算分为出票、付款和结清三个阶段。银行本票业务流程，如图5-3所示。

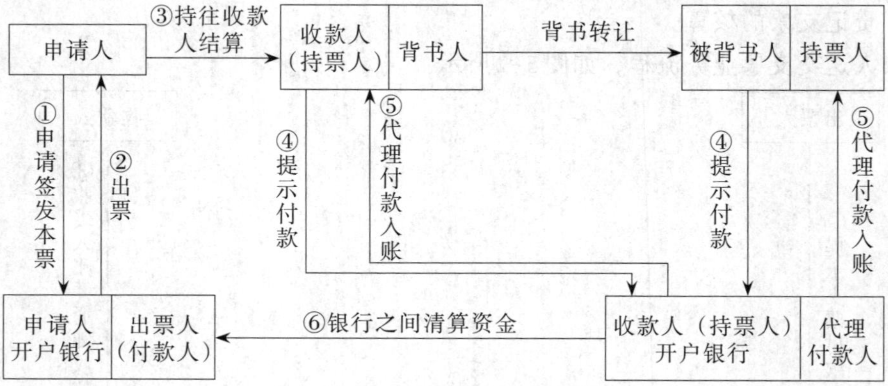

图5-3 银行本票业务流程图

1.出票

申请人办理银行本票，应向银行填写一式三联的“银行本票申请书”，其中，第一联申请人留作存根，第二、三联送交银行。银行受理申请人提交的第二、三联申请书时，应认真审查其填写的各项内容是否齐全清晰，申请书填明现金字样的，应审查申请人和收款人是否均为个人。申请人和收款人均为个人并需要支取现金的，应注明“库存现金”字样。经审查无误后作如下处理：

单位转账交付票据款时，银行以申请书第二联作借方传票，第三联作贷方传票。其会计处理为：

借：吸收存款——单位活期存款——××申请人户

　贷：其他应付款——开出本票

银行本票申请书见表5-6。

表5-6　　中国××银行　**本票申请书**（支款凭证）　2

申请日期　　年　　月　　日

<table>
<tr><td rowspan="2">收款人</td><td>账号或地址</td><td></td><td>开户银行</td><td></td><td rowspan="2">付款人</td><td>账号或地址</td><td></td><td>开户银行</td><td colspan="9"></td></tr>
<tr><td>名　称</td><td colspan="3"></td><td>名　称</td><td colspan="11"></td></tr>
<tr><td rowspan="2">付款金额</td><td rowspan="2" colspan="7">人民币
（大写）</td><td>千</td><td>百</td><td>十</td><td>万</td><td>千</td><td>百</td><td>十</td><td>元</td><td>角</td><td>分</td></tr>
<tr><td></td><td></td><td></td><td></td><td></td><td></td><td></td><td></td><td></td><td></td></tr>
<tr><td>付款用途</td><td colspan="17"></td></tr>
<tr><td colspan="4">备注</td><td colspan="14">财务主管　　复核　　经办</td></tr>
</table>

此联是签发行办理本票的支款凭证

银行办妥转账后，签发银行本票。不定额本票一式两联，第一联为卡片，第二联为本票。填写的银行本票经复核无误后，不定额本票第二联加盖本票专用章交给申请人。第一联卡片或存根联盖章后留存并专夹保管。不定额本票见表5-7。

表5-7　　中国××银行

本　票　　　$2\frac{山东}{济南}$　　号　码

付款期限 壹 个 月　　出票日期（大写）　　年　　月　　日

<table>
<tr><td colspan="2">收款人</td><td></td><td>申请人</td><td></td></tr>
<tr><td colspan="2">凭票即付
人民币
（大写）</td><td colspan="3"></td></tr>
<tr><td>转账</td><td>现金</td><td></td><td colspan="2"></td></tr>
<tr><td colspan="2">备注</td><td>银行签章</td><td colspan="2">出纳　　复核　　经办</td></tr>
</table>

此联出票行结算本票时作借方凭证

2.付款

(1) 兑付本行签发的本票。

银行收到持票人送交的本行签发的本票和进账单，抽出专夹保管的本票卡片或存根联，核对无误后，以本票作借方传票，本票卡片或存根联作附件，办理转账。其会计处理为：

借：其他应付款——开出本票

贷：吸收存款——单位活期存款——××持票人户

(2) 兑付他行签发的本票。

代理付款人收到在本行开立账户的持票人直接交来的本票和两联进账单时，应认真审核，审核无误后，以第二联进账单作贷方传票办理转账。其会计处理为：

借：清算资金往来——同城票据清算

贷：吸收存款——单位活期存款——××持票人户

转账后，第一联进账单加盖转讫章作收账通知交给持票人，本票加盖转讫章后，通过票据交换所向出票行提出交换。

3.结清

出票行收到同城票据交换提入的本票时，抽出专夹保管的本票卡片或存根联，审核无误后，以本票作借方传票，本票卡片或存根联作附件，办理转账。其会计处理为：

借：其他应付款——开出本票

贷：清算资金往来——同城票据清算

三、银行汇票

(一) 银行汇票的含义

银行汇票是由出票银行签发的，由其在见票时按照实际结算金额无条件支付给收款人或持票人的票据。

银行汇票的基本规定如下：

(1) 单位和个人各种款项的结算，均可使用银行汇票。

(2) 银行汇票的出票和付款，只限于中国人民银行和各商业银行参加“全国联行往来”的银行机构办理。

(3) 银行汇票一律记名，允许背书转让。

(4) 银行汇票的提示付款期限自出票日起1个月。持票人超过付款期限提示付款的，代理付款人不予受理。

(5) 持票人向银行提示付款时，必须同时提交银行汇票和解讫通知，缺少任何一联，银行不予受理。

下面仅讲述单位银行汇票的使用。

(二) 银行汇票的核算

银行汇票的处理过程包括出票、付款、结清三个阶段。银行汇票业务流程，如图5-4所示。

1.出票

申请人办理银行汇票，应向银行填写“银行汇票申请书”。银行汇票申请书一式三联，第一联由申请人留作存根，第二、三联送交银行。“银行汇票申请书”的式样见表5-8。

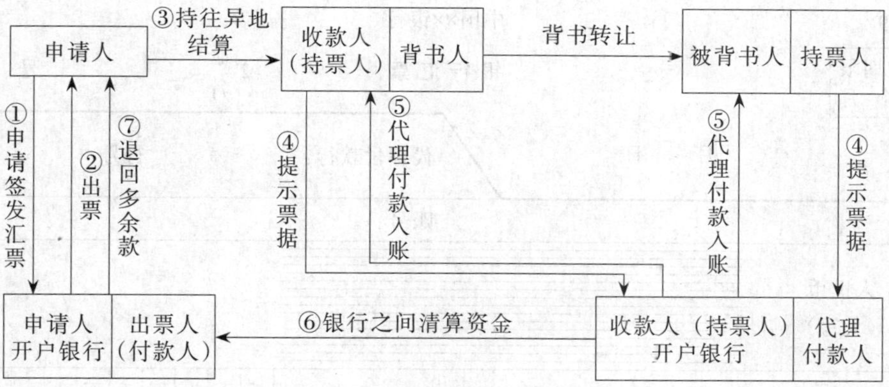

图5-4　银行汇票业务流程图

表5-8　　中国××银行　**银行汇票申请书**（借方凭证）　2

申请日期　　年　　月　　日　　　　　　　　第　　号

收款人		汇款人												此联出票行作借方凭证
账号或地址		账号或地址												
兑付地点		兑付行												
汇款金额	人民币（大写）		千	百	十	万	千	百	十	元	角	分		
上列款项请从我账户内支付 申请人签章			科目（借） 对方科目（贷） 转账日期　年　月　日 复核　　记账											

出票银行受理银行汇票申请书并审核无误后，进行如下处理：

单位通过转账交付票款的，银行以申请书第二联作借方传票，第三联作贷方传票，办理转账。其会计处理为：

借：吸收存款——单位活期存款——××申请人户

　贷：其他应付款——汇出汇款

银行办妥转账后，签发银行汇票一式四联。银行汇票的式样见表5-9和表5-10。

银行汇票第一联是卡片，第二联是汇票，第三联是解讫通知，第四联是多余款收账通知。经复核无误后，在第二联上加盖汇票专用章并用压数机压印出金额，连同第三联解讫通知一并交给申请人；第一联应在逐笔登记汇出汇款账，并注明汇票号码后，连同第四联多余款收账通知一并专夹管理。

申请人收到已签妥的第二联汇票和第三联解讫通知，在付款期内应带往兑付地，还可以直接交收款人办理结算，也可以背书转让。

2.付款

(1) 持票人在代理付款行开户的处理。

代理付款行收到在本行开户的持票人送交的汇票、解讫通知和进账单要进行认真的审核，审核无误后，办理转账。其会计处理为：

借：清算资金往来

　贷：吸收存款——单位活期存款——××持票人户

转账后，在解讫通知上加盖转讫章随借方报单寄出票行。

表5-9

中国××银行

付款期限 壹 个 月

银行汇票 2 地名 号码

出票日期（大写） 年 月 日 代理付款行： 行号：

收款人：	账号：										
出票金额	人民币（大写）										
实际结算金额	人民币（大写）	千	百	十	万	千	百	十	元	角	分

申请人：＿＿＿＿＿＿账号：＿＿＿＿＿＿

出票行：＿＿＿＿＿＿行号：＿＿＿＿＿＿

备 注：＿＿＿＿＿＿

凭票付款

出票行签章

密押										
多余金额										
千	百	十	万	千	百	十	元	角	分	复核
										记账

此联代理付款行付款后作联行往来账借方凭证附件

表5-10

中国××银行

付款期限 壹 个 月

银行汇票（解讫通知） 3 地名 号码

出票日期（大写） 年 月 日 代理付款行： 行号：

收款人：	账号：										
出票金额	人民币（大写）										
实际结算金额	人民币（大写）	千	百	十	万	千	百	十	元	角	分

申请人：＿＿＿＿＿＿账号：＿＿＿＿＿＿

出票行：＿＿＿＿＿＿行号：＿＿＿＿＿＿

备 注：＿＿＿＿＿＿

凭票付款

出票行签章

密押										
多余金额										
千	百	十	万	千	百	十	元	角	分	复核
										记账

此联代理付款行付款后随报单寄签发行，由签发行作多余款贷方凭证

（2）持票人未在代理付款行开户的处理。

代理付款行收到未在本行开户的持票人提交的汇票、解讫通知和进账单，并先查验持票人和身份证件，是否在持票人向银行提示付款签章处签章且真实，并要求提交持票人身份证复印件留存备查。审核无误后，以持票人姓名开立应解汇票临时存款账户，办理转账。其会计处理为：

借：清算资金往来

　　贷：其他应付款——应解汇款

原持票人需要支取现金的，另填一联现金付出传票。其会计处理为：

借：其他应付款——应解汇款

　　贷：库存现金

3.结清

出票行收到代理付款行寄来的联行报单及解讫通知时，抽出原专夹保管的汇票卡片，经核对无误后，可区分以下情况处理：

（1）汇票全额解付。

在汇票卡片的实际金额栏填写全部金额，汇票第四联多余金额栏填“—0—”，以汇票卡片作借方传票，解讫通知作借方传票附件，办理转账。其会计处理为：

借：其他应付款——汇出汇款

　　贷：清算资金往来

同时，销记“汇出汇款登记簿”。

（2）汇票有多余款。

在汇票第一联、第四联实际结算金额栏填写实际结算金额，在第四联多余款收账通知多余金额栏填写多余金额，加盖转讫章交给申请人。以汇票卡片作借方传票，解讫通知作多余款贷方传票，办理转账。其会计处理为：

借：其他应付款——汇出汇款

　　贷：清算资金往来

　　　　吸收存款——单位活期存款——××申请人户

同时，销记“汇出汇款登记簿”。

如果申请人未在出票行开立账户，多余金额先转入“其他应付款”账户。同时，通知原申请人持申请书存根联及本人身份证件来行办理取款手续。领取时，以多余款收账通知作其他应付款借方传票，办理转账。其会计处理为：

借：其他应付款——汇出汇款

　　贷：清算资金往来

　　　　其他应付款

同时，

借：其他应付款

　　贷：库存现金（或有关科目）

四、商业汇票

（一）商业汇票的含义

商业汇票是出票人签发的，委托付款人在指定日期无条件支付确定的金额给收款人或持票人的票据。商业汇票按承兑人不同，分为商业承兑汇票和银行承兑汇票。前者由银行以外的付款人承兑，后者由银行承兑。

商业汇票的基本规定如下：

（1）在银行开立存款账户的法人以及其他组织之间，必须具有真实的交易关系或债权债务关系，才能使用商业汇票。

（2）商业汇票一律记名，允许背书转让。

（3）商业汇票的付款期限，最长不超过6个月。

（4）商业汇票的提示付款期限，自汇票到期日起10日，持票人超过提示付款期限提示付款的，持票人开户行不予受理。

（二）商业汇票的核算

1.商业承兑汇票

商业承兑汇票见表5-11。商业承兑汇票业务流程，如图5-5所示。

表5-11　　商业承兑汇票　2　　号码

出票日期　年　月　日
（大写）

<table>
<tr><td rowspan="3">付款人</td><td>全称</td><td colspan="2"></td><td rowspan="3">收款人</td><td>全称</td><td colspan="3"></td></tr>
<tr><td>账户</td><td colspan="2"></td><td>账户</td><td colspan="3"></td></tr>
<tr><td>开户银行</td><td colspan="2"></td><td>开户银行</td><td></td><td>行号</td><td></td></tr>
<tr><td colspan="2">出票金额</td><td colspan="4">人民币
（大写）</td><td colspan="3">千 百 十 万 千 百 十 元 角 分</td></tr>
<tr><td colspan="2">汇票到期日</td><td colspan="2"></td><td colspan="2">交易合同号码</td><td colspan="3"></td></tr>
<tr><td colspan="4">本汇票已经承兑，到期无条件支付票款

承兑人签章
承兑日期　年　月　日</td><td colspan="5">本汇票请予以承兑，于到期日付款

出票人签章</td></tr>
</table>

此联收款人开户行随托收凭证寄付款行作借方凭证附件

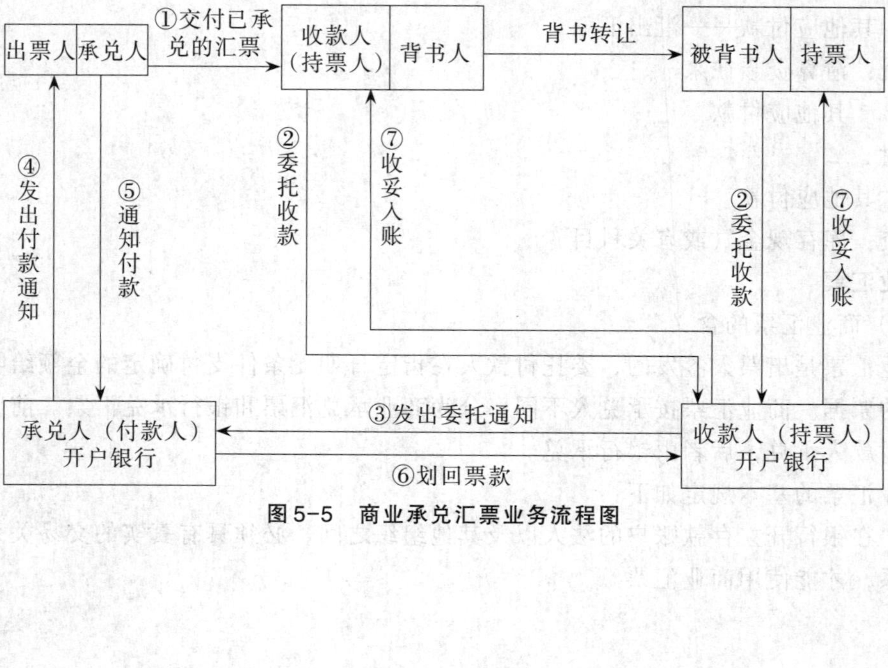

图5-5　商业承兑汇票业务流程图

（1）持票人开户行受理汇票的处理。

商业承兑汇票按交易双方约定签发，并由付款人承兑后交给收款人。收款人（持票人）对到期的汇票，应在提示付款期内通过开户行委托收款。

对异地委托收款的，持票人可匡算邮程，提前通过开户行办理委托收款。委托时，应填制邮划或电划委托收款凭证，连同汇票一并送交开户行。银行审查无误后，在委托收款凭证各联加盖“商业承兑汇票”戳记，其余按委托收款有关手续办理托收。

（2）付款人开户行收到汇票的处理。

付款人开户行收到收款人开户行寄来的委托收款凭证及汇票时，经审查，确定付款人确在本行开户，承兑人在汇票上签章与预留银行印鉴相符的，即可将商业承兑汇票留存，托收凭证第五联交付款人签收。

①全额付款。

付款人开户行接到付款通知的次日或付款人接到通知的第4日上午，按照委托收款付款的手续办理。其会计处理为：

借：吸收存款——单位活期存款——××付款人户

　　贷：清算资金往来

②付款人账户余额不足支付。

银行应填制付款人未付票款通知书，在委托收款凭证备注栏注明“付款人无款支付”字样，按照委托收款无款支付的手续办理。

③付款人拒绝付款。

银行在付款人接到通知的次日起3日内，收到付款人的拒绝付款理由书，按照委托收款拒绝付款的手续处理。

（3）持票人开户行收到划回票款或退回凭证的处理。

①全额划回。

持票人开户行按照委托收款款项划回手续处理。其会计处理为：

借：清算资金往来

　　贷：吸收存款——单位活期存款——××收款人户

②无款支付或拒绝付款。

持票人开户行接到付款人开户行发来的付款人未付票款通知书或拒绝付款理由书和汇票及委托收款凭证，按照委托收款付款人不足支付或拒绝付款退回凭证的手续处理，将委托收款凭证、未付票款通知书或拒绝付款理由书及汇票退持票人，并由持票人签收。

2.银行承兑汇票

银行承兑汇票见表5-12。银行承兑汇票业务流程，如图5-6所示。

（1）银行承兑汇票的承兑。

承兑银行的信贷部门收到出票人向其申请或提示承兑的商业汇票时，应认真审查，确认无误后，与出票人签署银行承兑协议（见表5-13）。其中，一联留存，另一联及其副本连同第一、二联汇票一并交会计部门。银行按要求向申请人收取一定数额的保证金。

银行承兑汇票

表5-12　　　　　　　　　　　　**银行承兑汇票**　　2　　　　　　　　号　码

出票日期　　年　　月　　日

（大写）

出票人全称		收款人	全　称													
出票人账户			账　户													
开户行全称			开户银行		行号											
出票金额	人民币（大写）				亿	千	百	十	万	千	百	十	元	角	分	
汇票到期日		付款行	行号													
承兑协议编号			地址													
本汇票请你行承兑，到期无条件付款 出票人签章	本汇票已经承兑，到期日由本行付款 承兑行签章 承兑日期　　年　月　日 备注				密押 复核　　记账											

此联收款人开户行随托收凭证寄付款行作借方凭证附件

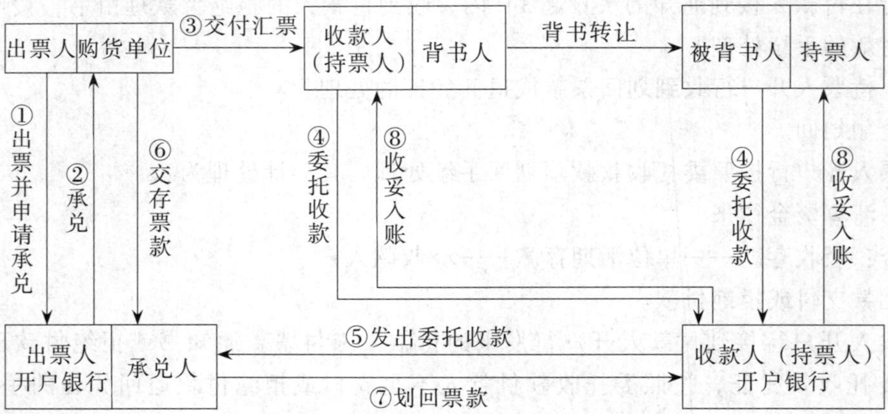

图5-6　银行承兑汇票业务流程图

申请人向银行交存保证金时，应提交转账支票和进账单，银行据以办理转账。其会计处理为：

借：吸收存款——单位活期存款——××申请人户

　贷：存入保证金

会计部门收到汇票和承兑协议后，经审查无误，在第一、二联汇票上注明承兑协议编号，并在第二联汇票上加盖汇票专用章和授权经办人名章，将第二联汇票连同承兑协议交给出票人。同时，按规定向出票人收取票面金额5‰的手续费。

根据第一联汇票卡片填制银行承兑汇票表外科目收入传票，登记表外科目登记簿，并

表5-13

银行承兑协议　　1			编号：________
银行承兑汇票的内容：			
出票人全称________		收款人全称________	
开户银行________		开户银行________	
账　　户________		账　　户________	
汇票号码________		汇票金额（大写）________	
出票日期____年____月____日		到期日期____年____月____日	
以上汇票经银行承兑，出票人愿遵守《支付结算办法》的规定及下列条款：			
一、出票人于汇票到期日前将应付票款足额交存承兑银行。			
二、承兑手续费按票面金额万分之（　）计算，在银行承兑时一次付清。			
三、出票人与持票人如发生任何交易纠纷，均由其双方自行处理，票款于到期前仍按第一条办理不误。			
四、承兑汇票到期日，承兑银行凭票无条件支付票款，如到期日之前出票人不能足额交付票款时，承兑银行对不足支付部分的票款转作出票申请人逾期贷款，并按照有关规定计收罚息。			
五、承兑汇票款付清后，本协议自动失效。			
		承兑银行签章　　出票人签章	
		订立承兑协议日期____年____月____日	

将第一联汇票卡片和承兑协议副本专夹保管。其会计处理为：

借：吸收存款——单位活期存款——××出票人户

　贷：手续费及佣金收入

同时，登记表外科目。

收入：银行承兑汇票

（2）持票人开户行受理汇票。

持票人凭汇票委托开户行向承兑银行收取票款时，应填制委托收款凭证，连同汇票一并送交开户行。银行审查无误后，在各联凭证上加盖"银行承兑汇票"戳记，其余手续比照发出委托收款凭证的手续处理。

（3）承兑银行到期收取票款。

承兑银行应每天查看汇票的到期情况，对到期的汇票，应于到期日（法定节假日顺延）向出票人收取票款。承兑银行填制两联特种转账借方传票，一联特种转账贷方传票，办理转账。

①账户有足够资金。

其会计处理为：

借：存入保证金

　　吸收存款——单位活期存款——××出票人户

　贷：其他应付款——应解汇款

一联特种转账借方凭证加盖转讫章作支款通知交出票人。

②账户无款支付或不足支付。

银行应将不足部分转入该出票人的"逾期贷款"账户，并按每天5‰计收利息。

A.出票人账户无款支付的，会计处理为：

借：存入保证金

贷款——逾期贷款——××出票人户

贷：其他应付款——应解汇款

一联特种转账借方凭证加盖转讫章作支款通知交出票人。

B.出票人账户不足支付的，会计处理为：

借：存入保证金

吸收存款——单位活期存款——××出票人户

贷款——逾期贷款——××出票人户

贷：其他应付款——应解汇款

一联特种转账借方凭证加盖转讫章作支款通知交出票人。

（4）承兑银行支付票款。

承兑银行收到持票人开户行寄来的委托收款凭证及汇票，抽出专夹保管的汇票卡片和承兑协议副本，核对无误后，办理转账。其会计处理为：

借：其他应付款——应解汇款

贷：清算资金往来

同时，销记表外科目。

付出：银行承兑汇票

（5）持票人开户行收到汇票款。

持票人开户行收到承兑银行划回的委托收款款项的“电子汇划收款补充报单”和委托收款凭证或拍来的电报，为持票人入账。其会计处理为：

借：清算资金往来

贷：吸收存款——单位活期存款——××持票人户

第三节 非票据业务

银行的非票据业务主要包括汇兑、托收承付、委托收款。

一、汇兑

（一）汇兑的含义

汇兑是汇款人委托银行将款项汇给异地收款人的结算方式。这种结算方式适用面广，手续简便，划款灵活，因此在实际中被广泛使用。

汇兑结算的基本规定如下：

（1）单位和个人各种款项的结算，均可使用汇兑结算方式。

（2）汇兑分为信汇和电汇两种，由汇款人选择使用。目前，银行主要使用电汇。

（3）汇兑的款项可直接转入收款人账户，也可留行待取。汇款人和收款人均为个人且注明“库存现金”字样的，还可支取现金。

（4）汇款人对汇出行尚未汇出的款项可以申请撤销，对已经汇出的款项可以申请退汇。但转汇银行不得受理汇款人或汇出银行对汇款的撤销或退汇。

（5）汇入银行对于收款人拒绝接受的汇款，应立即办理退汇。汇入银行对于向收款人发出取款通知2个月无法交付的汇款，银行应主动办理退汇。

（二）信汇

信汇是汇款人委托银行以邮寄凭证的方式将款项汇给外地收款人的一种汇款方式。汇兑业务流程，如图5-7所示。

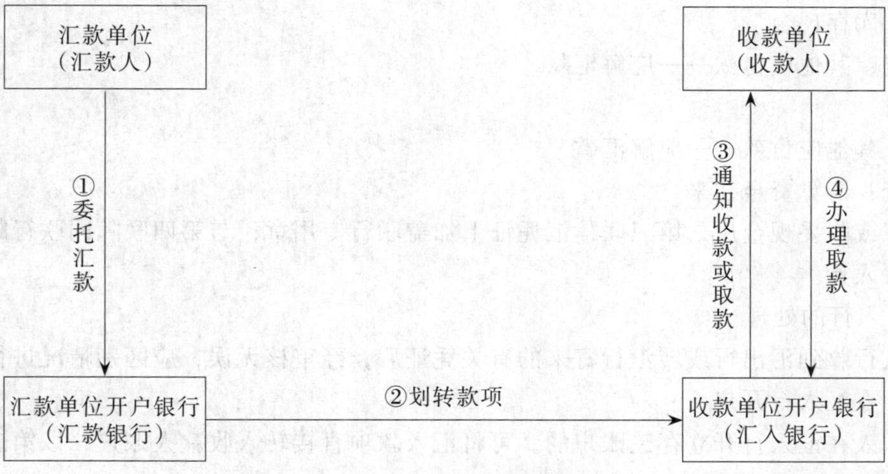

图5-7　汇兑业务流程图

1.汇出行的处理

汇款人办理信汇时，应向银行填制一式四联的信汇凭证。其中，第一联为汇出行给汇款人的回单；第二联由汇出行作支款凭证；第三联由汇入行作收款凭证；第四联由汇入行给收款人作收账通知或取款凭证。

信汇凭证见表5-14。

表5-14　　中国××银行　信汇凭证（借方凭证）

委托日期　　年　月　日　　　第　号

<table>
<tr><td rowspan="3">汇款人</td><td>全称</td><td colspan="2"></td><td rowspan="3">收款人</td><td>全称</td><td colspan="11"></td></tr>
<tr><td>账户</td><td colspan="2"></td><td>账户</td><td colspan="11"></td></tr>
<tr><td>汇出地点</td><td colspan="2">省　市/县</td><td>汇入地点</td><td colspan="11">省　市/县</td></tr>
<tr><td colspan="2">汇出行名称</td><td colspan="2"></td><td colspan="2">汇入行名称</td><td colspan="11"></td></tr>
<tr><td rowspan="2">金额</td><td rowspan="2">人民币（大写）</td><td colspan="4" rowspan="2"></td><td>亿</td><td>千</td><td>百</td><td>十</td><td>万</td><td>千</td><td>百</td><td>十</td><td>元</td><td>角</td><td>分</td></tr>
<tr><td></td><td></td><td></td><td></td><td></td><td></td><td></td><td></td><td></td><td></td><td></td></tr>
<tr><td colspan="4" rowspan="2">汇出行签章</td><td colspan="2">支付密码</td><td colspan="11"></td></tr>
<tr><td colspan="13">附加信息及用途：
复核　　记账</td></tr>
</table>

此联汇出行作借方凭证

汇出行受理信汇凭证后，应认真审查，经审查无误后，第一联回单上加盖转讫章或受理凭证专用章退给汇款人；办理转账汇款的，以第二联信汇凭证作借方传票。其会计处

理为：

借：吸收存款——单位或个人活期存款——××汇款人户

贷：清算资金往来

如果是交付现金汇款的，会计处理为：

借：库存现金

贷：其他应付款——应解汇款

同时，

借：其他应付款——应解汇款

贷：清算资金往来

转账或收妥现金后，第三联信汇凭证上加盖联行专用章，与第四联随同联行邮划贷方报单寄汇入行。

2.汇入行的处理

汇入行收到汇出行或转汇行寄来的有关凭证后，经审核无误，应区别情况进行处理。

(1) 在汇入行开户。

收款人在汇入行开立存款账户的，可将汇入款项直接转入收款人账户，以第三联信汇凭证作贷方传票。其会计处理为：

借：清算资金往来

贷：吸收存款——单位或个人活期存款——××收款人户

第四联信汇凭证上加盖转讫章作收账通知交给收款人。

(2) 不在汇入行开户。

收款人未在汇入行开立存款账户的，以第三联信汇凭证作贷方传票。其会计处理为：

借：清算资金往来

贷：其他应付款——应解汇款

同时，登记“应解汇款登记簿”，在信汇凭证上编列“应解汇款”顺序号，第四联留存保管，另以便条通知收款人来行办理取款手续。

收款人持便条来行办理取款手续时，汇入行抽出留存的第四联信汇凭证，核对无误后办理付款。其会计处理为：

借：其他应付款——应解汇款——××户

贷：库存现金（或有关科目）

(三) 电汇

汇款人委托银行办理电汇时，应填制一式三联的电汇凭证（见表5-15)，第一联为回单，第二联为借方凭证，第三联为发电依据。

1.汇出行的处理

汇出行受理电汇凭证时，审查的内容与受理信汇业务基本相同。经审核无误后，第一联电汇凭证上加盖转讫章交汇款人，并以第二联电汇凭证作为借方凭证办理转账。其会计处理与信汇业务相同。

然后，根据第三联电汇凭证编制联行报单，并向汇入行拍发电报。对填明“库存现金”字样的电汇凭证，应在电文的金额前加拍“库存现金”字样。

表5-15　　中国××银行 **电汇凭证**（借方凭证）　　2

委托日期　　年　　月　　日

<table>
<tr><td rowspan="3">汇款人</td><td>全称</td><td colspan="2"></td><td rowspan="3">收款人</td><td>全称</td><td colspan="11"></td></tr>
<tr><td>账户</td><td colspan="2"></td><td>账户</td><td colspan="11"></td></tr>
<tr><td>汇出地点</td><td colspan="2">省　　市/县</td><td>汇入地点</td><td colspan="11">省　　市/县</td></tr>
<tr><td colspan="2">汇出行名称</td><td colspan="2"></td><td colspan="2">汇入行名称</td><td colspan="11"></td></tr>
<tr><td rowspan="2">金额</td><td rowspan="2" colspan="5">人民币
（大写）</td><td>亿</td><td>千</td><td>百</td><td>十</td><td>万</td><td>千</td><td>百</td><td>十</td><td>元</td><td>角</td><td>分</td></tr>
<tr><td></td><td></td><td></td><td></td><td></td><td></td><td></td><td></td><td></td><td></td><td></td></tr>
<tr><td rowspan="2" colspan="4">此汇款支付给收款人。

汇款人签章</td><td colspan="2">支付密码</td><td colspan="11"></td></tr>
<tr><td colspan="13">附加信息及用途：

复核　　记账</td></tr>
</table>

此联汇出行作借方凭证

2.汇入行的处理

汇入行接到汇出行发来的电报，经审核无误后，应填制一式三联的电划贷方补充报单，其中，第一联代联行凭证，第二联代贷方凭证，第三联代收账通知交收款人。其他各项处理手续均与信汇业务相同。

二、托收承付

（一）托收承付的含义

托收承付也称异地托收承付，是根据购销合同由收款人发货后，委托银行向异地付款人收取款项，由付款人向银行承认付款的结算方式。

托收承付的基本规定如下：

（1）使用托收承付结算方式的收款单位和付款单位，必须是国有企业、供销合作社以及经营管理较好并经开户银行审查同意的城乡集体所有制工业企业。

（2）办理托收承付结算的款项，必须是商品交易以及因商品交易而产生的劳务供应的款项。代销、寄销、赊销商品的款项，不得办理托收承付结算。

（3）收付双方使用托收承付结算必须签有符合法律规定的购销合同，并在合同上注明使用托收承付结算方式。

（4）托收承付每笔金额起点为10 000元，新华书店系统每笔金额起点为1 000元。

（5）托收承付结算款项的划回方法，分邮寄和电报两种，由收款人选用。

（6）收款人对同一付款人发出托收累计三次收不回货款的，银行应暂停其向该付款人办理托收；付款人累计三次提出无理拒付的，银行应暂停其向外办理托收并处以罚款。

（7）付款人开户行对逾期贷款按每日5‰向付款人计算赔偿金，赔偿金实行定期扣付，每月计算一次，于次月3日内单独划给收款人（与货款一起划回的赔偿金除外）。银行负责扣款的期限为3个月（从承付期满日算起），期满后银行不再负责扣款。

（二）托收承付的会计处理

托收承付业务流程，如图5-8所示。

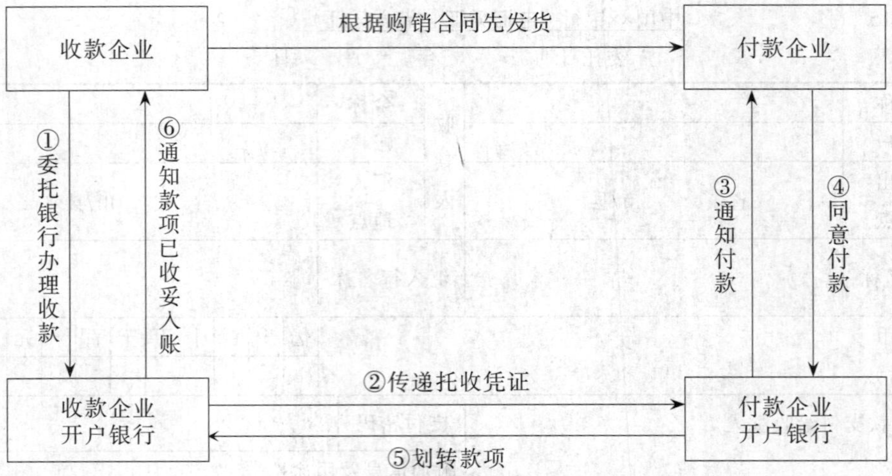

图5-8 托收承付业务流程图

1.托收

托收是收款人根据购销合同发货后委托银行向付款人收取款项的行为。

收款人办理托收时，应填制一式五联的托收凭证，盖章后连同有关发运证件和其他单证一并提交开户行。开户行审查无误后，在第一联（回单）托收凭证上加盖业务公章退还收款人，表示受理；第二联（贷方联）留存专夹保管并据以登记“发出托收结算凭证登记簿”；第三联（借方联）、第四联（收账通知联）、第五联（付款通知联）连同有关单证一并寄付款人开户行。托收凭证见表5-16。

表5-16 中国××银行 **托收凭证** 2 （五联）

委托日期： 年 月 日

业务类型		委托收款（□邮划 □电划）				托收承付（□邮划 □电划）		
付款人	全称				收款人	全称		
	账户					账户		
	地址	省	市县	开户银行		地址	省 市县	开户银行
金额 人民币（大写）						亿 千 百 十 万 千 百 十 元 角 分		
款项内容		托收凭据名称			附寄单证张数			张
商品发运情况			合同名称号码					
备注： 收款人开户行收到日期 年 月 日		上列款项随附有关债权证明，请予办理。 收款人预留银行印鉴					转讫章 复核： 经办：	

此联收款人开户银行作贷方凭证

2.承付

承付是由付款人向银行承诺付款的行为。付款人开户行收到收款人开户行寄来的有关凭证时，应认真审查，确认无误后，在凭证上填写收到日期和承付期，及时通知付款人。承付期分为验单付款和验货付款。验单付款的承付期为3天，从银行发出承付通知的次日算起（遇法定节假日顺延）；验货付款的承付期为10天，从运输部门向付款人发出提货通知的次日算起。然后，第三、四联托收凭证专夹保管，将第五联加盖业务章，连同交易单证一并交给付款人。

（1）全额付款。

付款人在承付期满前通知银行全额付款或在承付期满日开户行营业终了前，账户有足够资金支付全部款项的，付款人开户行应在次日上午（遇法定节假日顺延），及时办理划款手续，以第三联托收凭证作借方传票，办理转账。其会计处理为：

借：吸收存款——单位活期存款——××付款人户

　贷：清算资金往来

转账后，在登记簿上填明转账日期，将第四联托收凭证随同贷方报单寄收款人开户行。

（2）逾期付款。

付款人在承付期满日开户行营业终了前，账户无款支付或款项不足的，即为逾期付款。

逾期当日，付款人开户行应在托收凭证和登记簿备注栏内分别注明“逾期付款”字样，并填制一式三联的“托收承付结算到期未收通知书”，将第一、二联寄收款人开户行，第三联留存。付款人开户行要随时掌握付款人账户余额，等到付款人账户有款可以一次或分次扣款时，再将逾期付款的款项和赔偿金一并划给收款人。赔偿金的计算方法是：

赔偿金=逾期付款金额×逾期天数×5‱

逾期天数从承付期满日算起。承付期满日银行营业终了时，付款人如无足够资金支付，其不足部分，应当算作逾期1天，计算1天的赔偿金。在承付期满日的次日（如遇法定节假日，逾期天数也相应顺延，但以后遇法定节假日应当照算逾期天数）银行营业终了时，仍无足够资金支付，其不足部分，应当算作逾期2天，计算2天的赔偿金，依次类推。

托收款项逾期如遇跨月时，应在月末单独计算赔偿金，于次月3日内划给收款人。月内有部分付款的，其赔偿金额应从当月1日起计算并随同部分支付款项一并划给收款人。

付款人开户行对逾期未付的款项，负责扣款的期限为3个月（从承付期满日算起）。在此期限内，银行必须按照扣款顺序陆续扣款。

【例5-1】202×年8月20日，××市中国农业银行××支行收到北京市中国农业银行××支行寄来的托收凭证及有关单证，经审查，系在本行开户的××公司的一笔托收款项，金额350 000元，银行于当日通知该单位。期间，该单位并未承付。8月23日（星期五），承付期满日银行营业终了时其账户资金只有200 000元，出现逾期，银行于8月26日上午先划走该货款，其余货款于9月10日上午银行营业时一次付清。

（1）8月26日上午营业时银行划款。其会计处理为：

借：吸收存款——单位活期存款——××公司 200 000

贷：清算资金往来 200 000

（2）8月底单独计算赔偿金。

赔偿金=150 000×（9−2）×5‰=525（元）

注：逾期天数到8月31日（包括8月31日）共有9天，但是承付期满日的次日遇到休假日减去2天，还有7天。

月底赔偿金于次月3天内单独划付。其会计处理为：

借：吸收存款——单位活期存款——××公司 525

贷：清算资金往来 525

（3）9月10日上午银行划款。

赔偿金=150 000×8×5‰=600（元）

注：银行于9月10日划款，说明资金是9月9日到账，9月份150 000元的实际逾期天数为9月1日至9月9日，算头不算尾，只有8天。

月内赔偿金与货款一起划付。其会计处理为：

借：吸收存款——单位活期存款——××公司 150 600

贷：清算资金往来 150 600

（3）拒绝付款。

付款人在承付期内提出拒绝付款时，应填写一式四联的拒绝付款理由书，连同有关拒付证明、第五联托收凭证及所附单证送交开户行，银行受理后应认真审查，对无理拒付的，要强制扣款，并从承付期满日起，为收款人计扣逾期付款赔偿金。对符合规定同意拒付的，在托收凭证和登记簿备注栏内注明"拒付"字样，将第一联拒付理由书加盖业务公章作为回单退还付款人，将第二联理由书和第三联托收凭证一并留存备查，将第三联、第四联拒付理由书连同有关拒付证明和第四联、第五联托收凭证及所附单证一并寄收款人开户行。

3.托收款划回或拒付

（1）全额划回。

收款人开户行收到付款人开户行寄来的联行贷方报单以及所附第四联托收凭证时，应将留存的第二联托收凭证抽出，核对无误后，以其作贷方传票办理转账。其会计处理为：

借：清算资金往来

贷：吸收存款——单位活期存款——××收款人户

转账后，将第四联托收凭证加盖转讫章作收账通知交收款人。

（2）逾期划回、无款支付退回凭证。

收款人开户行收到第一联、第二联"托收承付结算到期未收通知书"后，应在留存的第二联托收凭证上注明"逾期付款"字样及日期，与第一联通知书一并留存并专夹保管，将第二联通知书交收款人。待日后分次或一次划回逾期付款的款项及赔偿金时，再办理转账手续。

收款人开户行在逾期付款期满后收到付款人开户行退回的托收凭证、无款支付通知书以及有关单证后，抽出留存的第二联托收凭证，在备注栏内注明“无款支付”字样并销记登记簿，同时，将托收凭证、无款支付通知书及有关单证退收款人。

（3）拒绝付款。

收款人开户行收到付款人开户行寄来的托收凭证、拒绝付款理由书、拒付证明及有关单证后，抽出留存的第二联托收凭证，在备注栏内注明“全部拒付”字样并销记登记簿，同时，将托收凭证、拒绝付款理由书、拒付证明及有关单证退收款人。

三、委托收款

（一）委托收款的含义

委托收款是收款人向银行提供收款收据，委托银行向付款人收取款项的结算方式。

委托收款的基本规定如下：

（1）单位和个人均可使用委托收款结算方式。

（2）收款人办理委托收款应向银行提交委托收款凭证和有关债权证明。

（3）银行接到寄来的委托收款凭证及债权证明，审查无误后办理付款。其中，以银行为付款人的，银行应在当日将款项主动支付给收款人；以单位为付款人的，银行应及时通知付款人，并将有关债权证明交给付款人并签收。

（4）付款人审查有关债权证明后，对收款人委托收取的款项需要拒绝支付的，可以办理拒绝付款。

（5）在同城范围内，收款人收取公用事业费或根据国务院的规定，可以使用同城特约委托收款。

（二）委托收款的会计处理

委托收款业务流程，如图5-9所示。

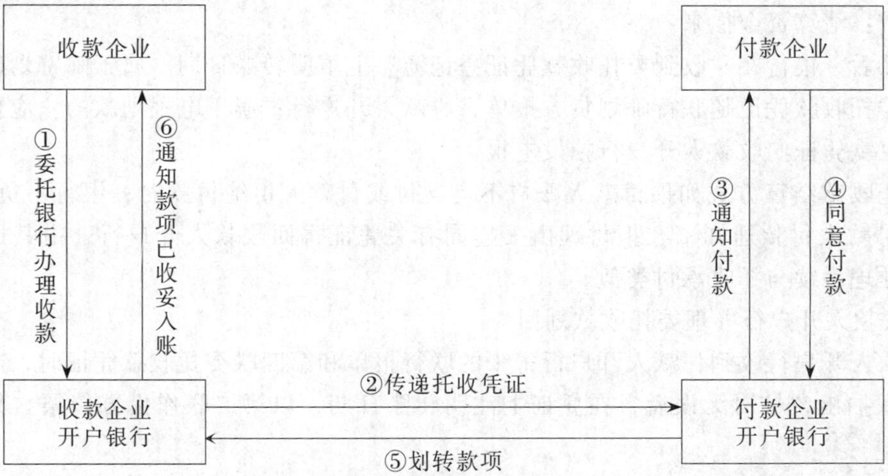

图5-9　委托收款业务流程图

1.收款人开户行受理委托收款

收款人办理委托收款时，应填制一式五联的收款凭证，第二联签章后连同有关债权证明提交开户行。开户行审查无误后，第一联加盖业务公章退给收款人；第二联专夹保管，并据以登记“发出委托收款凭证登记簿”；第三联加盖结算专用章连同第四联、第五联及有关债权证明一并寄付款人开户行。其具体分为如下几种情况：

(1) 付款人开户行或付款银行在异地的，将委托收款凭证和有关债权证明装入联行专用信封，登记“发出邮件登记簿”，邮寄给付款人开户行。本行如不办理全国联行业务，还应在委托收款凭证备注栏内加盖“款项收妥请划收××（符号）划转我行”戳记。

(2) 付款人在本行开户的，及时通知付款人前来办理签收手续，根据第三、四联委托收款凭证及留存的有关债权证明，登记“收到委托收款凭证登记簿”后专夹保管。

(3) 付款人开户行或付款银行是同城他行的，应将邮寄委托收款凭证及有关债权证明通过同城票据交换交付款人开户行或付款银行。

2.付款人开户行的处理

付款人开户行收到收款人开户行寄来的第三联、第四联、第五联委托收款凭证及有关债权证明时，应认真审查，确认无误后，在凭证上注明收到日期，并根据第三联、第四联逐笔登记“收到委托收款凭证登记簿”，然后区分以下情况进行处理：

(1) 付款人为银行的，银行应在当日将款项主动支付给收款人，并以第三联委托收款凭证作借方传票，有关债权证明作附件。其会计处理为：

借：有关科目

　贷：清算资金往来

(2) 付款人为单位的，银行应将第五联委托收款凭证加盖业务公章连同有关债权证明及时送交付款人，并由付款人签收。付款人应于接到通知的次日起3日内通知银行付款，付款期内未提出异议的，视为同意付款。银行应于付款期满次日上午开始营业时，将款项划给收款人，以第三联委托收款凭证作借方传票。其会计处理为：

借：吸收存款——单位活期存款——××付款人户

　贷：清算资金往来

转账后，银行在“收到委托收款凭证登记簿”上填明转账日期。属于邮寄划款的，将第四联委托收款凭证随联行邮划贷方报单寄收款人开户行；属于电报划款的，应根据第四联委托收款凭证向收款人开户行拍发电报。

委托收款结算方式如果付款人账户不足支付或付款人拒绝付款时，银行不负责扣款，直接将付款人付款通知书、拒付理由书连同有关凭证寄回收款人开户行，由其通知收款人。其处理手续与托收承付类似。

3.收款人开户行办理委托收款划回

收款人开户行收到付款人开户行寄来的联行报单和第四联委托收款凭证时，应将留存的第二联抽出，核对无误后，在凭证上注明转账日期，以第二联作借方传票。其会计处理为：

借：清算资金往来

　贷：吸收存款——单位活期存款——××收款人户

转账后，将第四联委托收款凭证加盖转讫章作收账通知交给收款人，并销记登记簿。

如系电报划回的，应填制联行电划贷方补充报单据以办理转账。其会计处理同上。

思考题

1. 什么是支付结算？支付结算的原则是什么？

2. 什么是托收承付？托收承付在使用中有哪些规定？

3. 各种支付结算方式及票据在使用中有何不同？

练习题

1. 单项选择题

（1）汇兑业务收款人没有在汇入行开户，汇入行收到款项时使用的会计科目是（　　）。

A. 单位或个人活期存款　　B. 其他应付款

C. 库存现金　　D. 应解汇款

（2）托收承付验单付款的承付期为（　　）。

A.3天　　B.5天

C.10天　　D. 接到通知的当天

（3）在同城范围内，收款人收取公用事业费，经收付双方签订经济合同，并由付款人向开户银行授权，经开户银行同意，报经中国人民银行批准的可以使用（　　）。

A. 托收承付　　B. 委托收款　　C. 银行本票　　D. 汇兑

（4）既可用于支取现金，又可用于转账的支票是（　　）。

A. 现金支票　　B. 转账支票　　C. 普通支票　　D. 划线支票

（5）银行本票的提示付款期限自出票日起最长不得超过（　　）。

A.1个月　　B.2个月　　C.3个月　　D.10天

（6）承兑银行办理汇票承兑时，使用的会计科目是（　　）。

A. 应解汇款　　B. 有价单证

C. 银行承兑汇票　　D. 重要空白凭证

（7）根据购销合同由收款人发货后委托银行向异地付款人收取款项，由付款人向银行承认付款的结算方式是（　　）。

A. 商业汇票　　B. 转账支票　　C. 托收承付　　D. 委托收款

（8）下列有关银行本票的表述中，不正确的是（　　）。

A. 注明“库存现金”字样的银行本票可以背书

B. 注明“库存现金”字样的银行本票可以支取现金

C. 未注明“库存现金”字样的银行本票丧失，不得挂失止付

D. 未注明“库存现金”字样的银行本票可以用于转账

（9）可以“先消费，后还款”的银行卡属于（　　）。

A. 借记卡　　B. 贷记卡　　C. 金卡　　D. 普通卡

（10）下列关于银行卡账户及交易管理要求的表述中，不正确的是（　　）。

A. 单位人民币卡账户的资金一律从其基本存款账户转账存入

B. 单位外币卡账户的资金应从其单位的外汇账户转账存入

C. 单位人民币卡账户不得存取现金

D. 单位人民币卡账户可以存入销货收入

2.业务题

（1）中国建设银行××区支行当天受理如下业务：

①收到开户单位回力公司提交的由异行天达公司签发的转账支票一张，金额 220 000 元，提出交换。

②收到华泰公司提交的进账单及本行签发的申请人为重汽公司的不定额银行本票 250 000 元，办理转账。

③收到陕西省中国工商银行寄来的委托收款凭证及 120 800 元的商业承兑汇票一张，承兑人是本行的开户单位华源公司，当即办理转账。

④收到河北省同系统银行寄来的联行借方报单及银行汇票解讫通知书，经查确属本行签发，原汇款单位为本行开户的福利机床厂，汇票金额为 800 000 元，实际结算金额为 780 000 元，当即办理转账。

要求：编制上述经济业务的会计分录。

（2）一笔托收款项，金额 350 000 元，于 202×年 7 月 3 日（星期五）承付期满。7 月 6 日上午银行营业办理划款时，因付款单位宏泰电表厂款项不足，只能够支付 200 000 元；7 月 15 日上午银行营业时又支付其中的 100 000 元；其余的款项银行于 8 月 7 日营业时全部付清。

要求：计算赔偿金并编制每次划付款项的会计分录（假定罚款比例为 5‰）。

（3）泰和玻璃厂提交信汇凭证要求办理汇款，信汇金额为 150 000 元，银行当即受理。

要求：编制相关会计分录。

3.实训练习

实训要求：根据实训资料填写有关凭证。

（1）支票。

①储户张君持现金支票到银行办理现金支取业务，银行审核无误后支付现金。

中国建设银行 **现金支票**（鲁）　　　　支票号码：Ⅷ036498

出票日期（大写）贰零贰零年零陆月零贰拾日　　　　付款行名称：建行解放路支行

收款人：张君　　　　出票人账户：37001616108050005236

人民币（大写）	人民币叁万元整	亿	千	百	十	万	千	百	十	元	角	分
					¥	3	0	0	0	0	0	0

用途 货款

上列款项请从　　　　01554582133

我账户内支付

出票人签章　　　　复核　　　　记账

中国建设银行　**特种转账借方传票**

2020年06月20日

付款单位					收款单位			
付款单位	全　称	**佳佳乐超市**			收款单位	全　称	**张君**	
	账号或地址	37001616108050003011				账号或地址		
	开户银行	**建行解放路支行**	行号	0598		开户银行		行号

金额	人民币（大写）	金额										
		亿	千	百	十	万	千	百	十	元	角	分

原始凭证金额		赔偿金		科目（借）**吸收存款——活期存款**
原始凭证名称		号　码		对方科目（贷）**库存现金**
转账原因	**支付货款。** 银行盖章			会计　复核　记账

附件　张

会计　出纳　复核　记账　制票

中国建设银行　**特种转账借方传票**

2020年06月20日

付款单位					收款单位			
付款单位	全　称	**佳佳乐超市**			收款单位	全　称	**张君**	
	账号或地址	37001616108050003011				账号或地址		
	开户银行	**建行解放路支行**	行号	0598		开户银行		行号

金额	人民币（大写）	金额										
		亿	千	百	十	万	千	百	十	元	角	分

原始凭证金额		赔偿金		科目（借）**吸收存款——活期存款**
原始凭证名称		号　码		对方科目（贷）**库存现金**
转账原因	**支付货款。** 银行盖章			会计　复核　记账

附件　张

会计　出纳　复核　记账　制票

②大明旅行社持转账支票和进账单到银行办理入账业务。

中国建设银行 **转账支票**（鲁） 支票号码：Ⅷ048018

出票日期（大写）贰零贰零年零陆月壹拾捌日 付款行名称：建行解放路支行

收款人：大明旅行社 出票人账户：37001616108050003288

人民币（大写）	人民币肆拾伍万元整	亿	千	百	十	万	千	百	十	元	角	分
				¥	4	5	0	0	0	0	0	0

用途支付旅行费

上列款项请从 02544582145

我账户内支付

出票人签章 复核 记账

中国建设银行 **进账单**（回单）1

2020年6月20日

出票人	全称	华通房地产股份有限公司	收款人	全称	
	账号	37001616108050003288		账号	
	开户银行	建行解放路支行		开户银行	
金额	人民币（大写）		亿千百十万千百十元角分		
票据种类		票据张数			
票据号码					
复核 记账			开户银行签章		

此联由收款人开户银行作贷方凭证

中国建设银行 **进账单**（收账通知）3

2020年6月20日

出票人	全称	
	账号	
	开户银行	
金额	人民币（大写）	位数
收款人	全称	
	账号	
	开户银行	
票据号码		
收款人开户行签章		
复核 记账		

中国建设银行 **进账单**（贷方凭证）2

2020年6月20日

出票人	全称		收款人	全称	
	账号			账号	
	开户银行			开户银行	
金额	人民币（大写）		亿千百十万千百十元角分		
票据种类		票据张数			
票据号码					
备注			复核 记账		

（2）本票。

①明达化工公司向开户银行申请签发不定额银行本票，银行办理转账并出票。

中国建设银行 **银行汇（本）票申请书** 1

币别：人民币　　　　2020年06月20日　　　　流水号：0012

<table>
<tr><td>业务类别</td><td>□银行汇票　☑银行本票</td><td>付款方式</td><td colspan="11">☑转账　□现金</td></tr>
<tr><td>申 请 人</td><td>明达化工公司</td><td>收 款 人</td><td colspan="11">济南市巨力集团公司</td></tr>
<tr><td>账　号</td><td>37001616108050003433</td><td>账　号</td><td colspan="11">37001816050200024555</td></tr>
<tr><td>用　途</td><td>货款</td><td>代理付款行</td><td colspan="11">中国银行千佛山路支行</td></tr>
<tr><td rowspan="2">金额
（大写）</td><td colspan="2" rowspan="2">人民币叁拾陆万伍仟元整</td><td>亿</td><td>千</td><td>百</td><td>十</td><td>万</td><td>千</td><td>百</td><td>十</td><td>元</td><td>角</td><td>分</td></tr>
<tr><td></td><td></td><td>¥</td><td>3</td><td>6</td><td>5</td><td>0</td><td>0</td><td>0</td><td>0</td><td>0</td></tr>
<tr><td colspan="2">上列款项请在我公司账户内支付

客户签章</td><td colspan="12"></td></tr>
</table>

会计主管　　授权　　复核　　录入

中国建设银行 **银行汇（本）票申请书** 2

币别：人民币　　　　2020年06月20日　　　　流水号：0012

<table>
<tr><td>业务类别</td><td>□银行汇票　☑银行本票</td><td>付款方式</td><td colspan="11">☑转账　□现金</td></tr>
<tr><td>申 请 人</td><td>明达化工公司</td><td>收 款 人</td><td colspan="11">济南市巨力集团公司</td></tr>
<tr><td>账　号</td><td>37001616108050003433</td><td>账　号</td><td colspan="11">37001816050200024556</td></tr>
<tr><td>用　途</td><td>货款</td><td>代理付款行</td><td colspan="11">中国银行千佛山路支行</td></tr>
<tr><td rowspan="2">金额
（大写）</td><td colspan="2" rowspan="2">人民币叁拾陆万伍仟元整</td><td>亿</td><td>千</td><td>百</td><td>十</td><td>万</td><td>千</td><td>百</td><td>十</td><td>元</td><td>角</td><td>分</td></tr>
<tr><td></td><td></td><td>¥</td><td>3</td><td>6</td><td>5</td><td>0</td><td>0</td><td>0</td><td>0</td><td>0</td></tr>
<tr><td colspan="2">上列款项请在我公司账户内支付

客户签章</td><td colspan="12"></td></tr>
</table>

会计主管　　授权　　复核　　录入

中国建设银行 **银行汇（本）票申请书** 3

币别：人民币　　　　2020年06月20日　　　　流水号：0012

<table>
<tr><td>业务类别</td><td>□银行汇票　☑银行本票</td><td>付款方式</td><td colspan="11">☑转账　□现金</td></tr>
<tr><td>申 请 人</td><td>明达化工公司</td><td>收 款 人</td><td colspan="11">济南市巨力集团公司</td></tr>
<tr><td>账　号</td><td>37001616108050003433</td><td>账　号</td><td colspan="11">37001816050200024555</td></tr>
<tr><td>用　途</td><td>货款</td><td>代理付款行</td><td colspan="11">中国银行千佛山路支行</td></tr>
<tr><td rowspan="2">金额
（大写）</td><td colspan="2" rowspan="2">人民币叁拾陆万伍仟元整</td><td>亿</td><td>千</td><td>百</td><td>十</td><td>万</td><td>千</td><td>百</td><td>十</td><td>元</td><td>角</td><td>分</td></tr>
<tr><td></td><td></td><td>¥</td><td>3</td><td>6</td><td>5</td><td>0</td><td>0</td><td>0</td><td>0</td><td>0</td></tr>
<tr><td colspan="2">上列款项请在我公司账户内支付

客户签章</td><td colspan="12"></td></tr>
</table>

会计主管　　授权　　复核　　录入

中国建设银行 **特种转账借方传票**

2020年06月20日

付款单位	全称	明达化工公司			收款单位	全称			
	账号或地址	37001616108050003433				账号或地址			
	开户银行	建行解放路支行	行号	0598		开户银行		行号	
金额	人民币（大写）						金额 亿 千 百 十 万 千 百 十 元 角 分		
原始凭证金额		赔偿金			科目（借）吸收存款——活期存款				
原始凭证名称		号码			对方科目（贷）其他应付款——开出本票				
转账原因	支付购货款。 银行盖章				会计 复核 记账				

附件 张

会计 出纳 复核 记账 制票

中国建设银行

付款期限
壹 个 月

本 票（卡片） 1 $\frac{山东}{济南}$ 号码：Ⅷ015678

出票日期（大写） 年 月 日

收款人		申请人	
凭票即付 人民币（大写）			
转账	现金		
备注	银行签章	出纳 复核 经办	

中国建设银行

付款期限
壹 个 月

本 票 2 $\frac{山东}{济南}$ 号码：Ⅷ015678

出票日期（大写） 年 月 日

收款人		申请人	
凭票即付 人民币（大写）			
转账	现金		
备注	银行签章	出纳 复核 经办	

②万通机械设备有限公司提交本票和进账单，金额540 000元，申请人系本行开户的华通房地产股份有限公司，其要求办理账户转入。

中国建设银行

本　票

2 山东/济南　　号码：Ⅶ025614

付款期限
壹 个 月

出票日期（大写）贰零贰零年零陆月零贰拾日

收款人	万通机械设备有限公司	申请人	华通房地产股份有限公司
凭票即付 人民币（大写）	人民币伍拾肆万元整		¥540 000.00
转账　现金			
备注	银行签章	出纳　复核　经办	

中国建设银行　**进账单**（回单）1

2020年6月20日

出票人	全　称		收款人	全　称	
	账　号			账　号	
	开户银行			开户银行	
金额	人民币（大写）				亿 千 百 十 万 千 百 十 元 角 分
票据种类		票据张数			
票据号码					
复核　记账			开户银行签章		

此联由收款人开户银行作贷方凭证

中国建设银行　**进账单**（收账通知）3

2020年6月20日

出票人	全称	
	账号	
	开户银行	
金额	人民币（大写）	位　数
收款人	全称	
	账号	
	开户银行	
票据号码		
收款人开户行签章		
复核　记账		

中国建设银行　**进账单**（贷方凭证）2

2020年6月20日

出票人	全称		收款人	全称	
	账号			账号	
	开户银行			开户银行	
金额	人民币（大写）				亿 千 百 十 万 千 百 十 元 角 分
票据种类		票据张数			
票据号码					
备注			复核　记账		

中国建设银行 **特种转账借方传票**

2020年06月20日

付款单位	全称				收款单位	全称								
	账号或地址					账号或地址								
	开户银行	建行解放路支行	行号	0598		开户银行	工行历下支行	行号	0632					
金额	人民币（大写）						金额							
							亿	千	百	十	万	千	百	十	元	角	分
原始凭证金额		赔偿金		科目（借）其他应付款——开出本票										
原始凭证名称		号码		对方科目（贷）吸收存款——活期存款										
转账原因	支付购货款。 银行盖章			会计 复核 记账										

附件　张

会计　　出纳　　复核　　记账　　制票

（3）银行汇票。

①济南市利明容器厂申请签发银行汇票一张，金额800 000元，银行同意其申请，并按规定出票。

中国建设银行 **银行汇（本）票申请书** 1

币别：人民币　　2020年06月20日　　流水号：0016

业务类别	☑银行汇票 □银行本票	付款方式	☑转账 □现金											
申请人	济南市利明容器厂	收款人	上海市明瑞机电设备有限公司											
账号	37001616108050003011	账号	31001512200050040398											
用途	货款	代理付款行	建行上海大华支行											
金额（大写）	人民币捌拾万元整			亿	千	百	十	万	千	百	十	元	角	分
						¥	8	0	0	0	0	0	0	0
上列款项请在我公司账户内支付 客户签章														

会计主管　　授权　　复核　　录入

中国建设银行 **银行汇（本）票申请书** 2

币别：人民币　　2020年06月20日　　流水号：0016

业务类别	☑银行汇票 □银行本票	付款方式	☑转账 □现金
申请人	济南市利明容器厂	收款人	上海市明瑞机电设备有限公司
账号	37001616108050003011	账号	31001512200050040398
用途	货款	代理付款行	建行上海大华支行
金额（大写）	人民币捌拾万元整	亿 千 百 十 万 千 百 十 元 角 分	¥ 8 0 0 0 0 0 0 0
上列款项请在我公司账户内支付 客户签章			

会计主管　　授权　　复核　　录入

中国建设银行 **银行汇（本）票申请书** 3

币别：人民币　　2020年06月20日　　流水号：0016

业务类别	☑银行汇票 □银行本票	付款方式	☑转账 □现金
申请人	济南市利明容器厂	收款人	上海市明瑞机电设备有限公司
账号	37001616108050003011	账号	31001512200050040398
用途	货款	代理付款行	建行上海大华支行
金额（大写）	人民币捌拾万元整	亿 千 百 十 万 千 百 十 元 角 分	¥ 8 0 0 0 0 0 0 0
上列款项请在我公司账户内支付 客户签章			

会计主管　　授权　　复核　　录入

中国建设银行

银行汇票（卡片）　1　山东　　号码：Ⅷ3526016

付款期限 壹个月

出票日期（大写）贰零贰零年零陆月零贰拾日　　代理付款行：建行上海大华支行　行号：100151000654

收款人：上海市明瑞机电设备有限公司　　账号：31001512200050040398

出票金额 人民币（大写） 人民币捌拾万元整　　¥800 000.00

实际结算金额	人民币（大写）	千	百	十	万	千	百	十	元	角	分
	人民币捌拾万元整	¥	8	0	0	0	0	0	0	0	0

申请人：济南市利明容器厂　　账号：37001616108050003011

出票行：建行济南解放路支行　行号：105451000598

备注：

凭票付款

出票行签章

密押	365489									复核
多余金额										
千	百	十	万	千	百	十	元	角	分	记账

中国建设银行

银行汇票 2 山东 号码：Ⅷ3526016

付款期限 壹 个 月		
出票日期（大写） 年 月 日	代理付款行： 行号：	
收款人：	账号：	
出票金额 人民币（大写）		
实际结算金额 人民币（大写）		千 百 十 万 千 百 十 元 角 分

申请人：________ 账 号：________

出票行：________ 行 号：________

备 注：________

凭票付款

出票行签章

密押										复核 记账
多余金额										
千	百	十	万	千	百	十	元	角	分	

中国建设银行

银行汇票（解讫通知） 3 山东 号码：Ⅷ3526016

付款期限 壹 个 月		
出票日期（大写） 年 月 日	代理付款行： 行号：	
收款人：	账号：	
出票金额 人民币（大写）		
实际结算金额 人民币（大写）		千 百 十 万 千 百 十 元 角 分

申请人：________ 账 号：________

出票行：________ 行 号：________

备 注：________

凭票付款

出票行签章

密押										复核 记账
多余金额										
千	百	十	万	千	百	十	元	角	分	

中国建设银行

银行汇票（多余款收账通知）　4 山东　号码：Ⅶ3526016

付款期限 壹个月										
出票日期（大写）　年　月　日	代理付款行： 行号：									
收款人：	账号：									
出票金额 人民币（大写）										
实际结算金额 人民币（大写）	千	百	十	万	千	百	十	元	角	分

申请人：　　　　账　号：

出票行：　　　　行　号：

备　注：

凭票付款

出票行签章

密押											
多余金额											
千	百	十	万	千	百	十	元	角	分	复核	
										记账	

②济南市大明旅行社交来银行汇票第二、三联及三联进账单，票面金额70 000元，实际结算金额65 000元，付款人为河北晶玉旅游用品公司，银行审核无误后代理付款。

中国建设银行

银行汇票　2 河北　号码：Ⅷ3726055

付款期限 壹个月										
出票日期（大写）贰零贰零年零陆月零捌日	代理付款行：建行济南解放路支行 行号：105451000598									
收款人：济南市大明旅行社	账号：370016160805000327									
出票金额 人民币（大写）人民币柒万元整	￥70 000.00									
实际结算金额 人民币（大写）人民币陆万伍仟元整	千	百	十	万	千	百	十	元	角	分
			￥	6	5	0	0	0	0	0

申请人：河北晶玉旅游用品公司　　账　号：350015420805000306

出票行：建行邢台康王路支行　行　号：107451000376

备　注：

凭票付款

出票行签章

密押 365421											
多余金额											
千	百	十	万	千	百	十	元	角	分	复核	
			￥	5	0	0	0	0	0	记账	

中国建设银行

银行汇票（解讫通知） 3 河北 号码：Ⅷ3726055

付款期限
壹 个 月

出票日期（大写）贰零贰零年零陆月零捌日	代理付款行：建行济南解放路支行 行号：105451000598
收款人：济南市大明旅行社	账号：370016160805000327

出票金额 人民币（大写）	人民币柒万元整	¥70 000.00									
实际结算金额 人民币（大写）	人民币陆万伍仟元整	千	百	十	万	千	百	十	元	角	分
				¥	6	5	0	0	0	0	0

申请人：河北晶玉旅游用品公司 账 号：350015420805000306

出票行：建行邢台康王路支行 行 号：107451000376

备 注：

凭票付款

出票行签章

密押	365421									
多余金额										
千	百	十	万	千	百	十	元	角	分	复核
		¥	5	0	0	0	0	0	0	记账

中国建设银行 **进账单**（回单）1

2020年6月20日

出票人	全称	河北晶玉旅游用品公司	收款人	全称											
	账号	350015420805000306		账号											
	开户银行	建行邢台康王路支行		开户银行											
金额	人民币（大写）				亿	千	百	十	万	千	百	十	元	角	分
票据种类		票据张数													
票据号码															
复核		记账		开户银行签章											

此联由收款人开户银行作贷方凭证

中国建设银行　**进账单**（收账通知）3

2020年6月20日

出票人	全称	
	账号	
	开户银行	
金额	人民币（大写）	位　数
收款人	全称	
	账号	
	开户银行	
票据号码		
收款人开户行签章		
复核　记账		

中国建设银行　**进账单**（贷方凭证）2

2020年6月20日

出票人	全称			收款人	全称												
	账号				账号												
	开户银行				开户银行												
金额	人民币（大写）						亿	千	百	十	万	千	百	十	元	角	分
票据种类		票据张数															
票据号码																	
备注																	
					复核　记账												

中国建设银行　**转账借方传票**

2020年06月20日

科目 （借）**清算资金往来**		对方科目 （贷）**吸收存款——活期存款**										
户名或账号	摘　要	金　额										
		亿	千	百	十	万	千	百	十	元	角	分
合　计												

会计　　　　出纳　　　　复核　　　　记账　　　　制票

中国建设银行　**邮划借方报单**（来账卡片）1

发报行	行号		编制　年　月　日									收报行	行号	号码
	行名												行名	
付款人账号或名称		收款人账号或名称	亿	千	百	十	万	千	百	十	元	角	分	合计金额：亿 千 百 十 万 千 百 十 元 角 分
														事由
														附件
备注：		发报行	发报行联行专用章									收报行	核对印鉴　核押 复核　记账 转账日期　年　月　日	

中国建设银行 **邮划借方报单**（来账报告卡）2

<table>
<tr><td rowspan="2">发报行</td><td>行号</td><td></td><td>编制　年　月　日</td><td rowspan="2">收报行</td><td>行号</td><td></td><td>号码</td><td></td></tr>
<tr><td>行名</td><td colspan="2"></td><td>行名</td><td colspan="3"></td></tr>
</table>

<table>
<tr><td>付款人账号或名称</td><td>收款人账号或名称</td><td>亿</td><td>千</td><td>百</td><td>十</td><td>万</td><td>千</td><td>百</td><td>十</td><td>元</td><td>角</td><td>分</td><td>合计金额</td><td>亿</td><td>千</td><td>百</td><td>十</td><td>万</td><td>千</td><td>百</td><td>十</td><td>元</td><td>角</td><td>分</td></tr>
<tr><td></td><td></td><td></td><td></td><td></td><td></td><td></td><td></td><td></td><td></td><td></td><td></td><td></td><td colspan="12">事由</td></tr>
<tr><td></td><td></td><td></td><td></td><td></td><td></td><td></td><td></td><td></td><td></td><td></td><td></td><td></td><td colspan="12" rowspan="3">附件</td></tr>
<tr><td></td><td></td><td></td><td></td><td></td><td></td><td></td><td></td><td></td><td></td><td></td><td></td><td></td></tr>
<tr><td></td><td></td><td></td><td></td><td></td><td></td><td></td><td></td><td></td><td></td><td></td><td></td><td></td></tr>
<tr><td colspan="25">发报行联行专用章</td></tr>
</table>

中国建设银行 **邮划借方报单**（往账报告卡）3

<table>
<tr><td rowspan="2">发报行</td><td>行号</td><td></td><td>编制　年　月　日</td><td rowspan="2">收报行</td><td>行号</td><td></td><td>号码</td><td></td></tr>
<tr><td>行名</td><td colspan="2"></td><td>行名</td><td colspan="3"></td></tr>
</table>

<table>
<tr><td>付款人账号或名称</td><td>收款人账号或名称</td><td>亿</td><td>千</td><td>百</td><td>十</td><td>万</td><td>千</td><td>百</td><td>十</td><td>元</td><td>角</td><td>分</td><td>合计金额</td><td>亿</td><td>千</td><td>百</td><td>十</td><td>万</td><td>千</td><td>百</td><td>十</td><td>元</td><td>角</td><td>分</td></tr>
<tr><td></td><td></td><td></td><td></td><td></td><td></td><td></td><td></td><td></td><td></td><td></td><td></td><td></td><td colspan="12">事由</td></tr>
<tr><td></td><td></td><td></td><td></td><td></td><td></td><td></td><td></td><td></td><td></td><td></td><td></td><td></td><td colspan="12" rowspan="3">附件</td></tr>
<tr><td></td><td></td><td></td><td></td><td></td><td></td><td></td><td></td><td></td><td></td><td></td><td></td><td></td></tr>
<tr><td></td><td></td><td></td><td></td><td></td><td></td><td></td><td></td><td></td><td></td><td></td><td></td><td></td></tr>
<tr><td colspan="25">发报行联行专用章</td></tr>
</table>

中国建设银行 **邮划借方报单**（往账卡片）4

<table>
<tr><td rowspan="2">发报行</td><td>行号</td><td></td><td>编制　年　月　日</td><td rowspan="2">收报行</td><td>行号</td><td></td><td>号码</td><td></td></tr>
<tr><td>行名</td><td colspan="2"></td><td>行名</td><td colspan="3"></td></tr>
</table>

<table>
<tr><td>付款人账号或名称</td><td>收款人账号或名称</td><td>亿</td><td>千</td><td>百</td><td>十</td><td>万</td><td>千</td><td>百</td><td>十</td><td>元</td><td>角</td><td>分</td><td>合计金额</td><td>亿</td><td>千</td><td>百</td><td>十</td><td>万</td><td>千</td><td>百</td><td>十</td><td>元</td><td>角</td><td>分</td></tr>
<tr><td></td><td></td><td></td><td></td><td></td><td></td><td></td><td></td><td></td><td></td><td></td><td></td><td></td><td colspan="12">事由</td></tr>
<tr><td></td><td></td><td></td><td></td><td></td><td></td><td></td><td></td><td></td><td></td><td></td><td></td><td></td><td colspan="12" rowspan="3">附件</td></tr>
<tr><td></td><td></td><td></td><td></td><td></td><td></td><td></td><td></td><td></td><td></td><td></td><td></td><td></td></tr>
<tr><td></td><td></td><td></td><td></td><td></td><td></td><td></td><td></td><td></td><td></td><td></td><td></td><td></td></tr>
<tr><td colspan="11">备注：</td><td colspan="2">收报行</td><td colspan="12">编制　　复核</td></tr>
</table>

（4）商业汇票。

①银行收到建行太原迎泽路支行寄来的邮划贷方报单第一、二联及托收凭证第四联，

系本行开户的华韵建筑设计院于6月14日委托收取的汇票款，金额320 000元，按规定办理转账。

中国建设银行 **托收凭证** 4　　　　　　　　（五联）

委托日期：2020年06月14日

业务类型	委托收款（☑邮划 □电划）			托收承付（□邮划 □电划）		
付款人 全称	太原市园林局			收款人 全称	华韵建筑设计院	
付款人 账户	30017862130014650887			收款人 账户	37001616108050001345	
付款人 地址	山西省太原市县（区）	开户银行	建行迎泽路支行	收款人 地址	山东省济南市县（区）	开户银行 建行解放路支行

金额 人民币（大写）		亿	千	百	十	万	千	百	十	元	角	分
	人民币叁拾贰万元整			¥	3	2	0	0	0	0	0	0

款项内容	设计费	托收凭据名称	商业承兑汇票	附寄单证张数	1张
商品发运情况			合同名称号码		
备注： 复核　记账	上列款项已划回收入你方账户内 银行印鉴				

中国建设银行 **邮划贷方报单**（来账卡片）1

发报行	行号	105100008032	编制2020年06月17日	收报行	行号	105451000598	号码4526669
发报行	行名	建行太原迎泽路支行		收报行	行名	建行济南解放路支行	

付款人账号或名称	收款人账号或名称	亿	千	百	十	万	千	百	十	元	角	分	合计金额	亿	千	百	十	万	千	百	十	元	角	分
																¥	3	2	0	0	0	0	0	0
太原市园林局	华韵建筑设计院			¥	3	2	0	0	0	0	0	0	事由　结清汇票款											
													附件　商业承兑汇票											

备注：	发报行	发报行联行专用章	收报行	核对印鉴　核押 复核　记账 转账日期2020年06月17日

中国建设银行 **邮划贷方报单**（来账报告卡）2

发报行	行号	105100008032	编制2020年06月17日	收报行	行号	105451000598	号码4526669
	行名	建行太原迎泽路支行			行名	建行济南解放路支行	

付款人账号或名称	收款人账号或名称	亿	千	百	十	万	千	百	十	元	角	分

合计金额	亿	千	百	十	万	千	百	十	元	角	分
事由											
附件											

发报行联行专用章

②银行收到之前通知常青生态园大酒店付款的一张商业承兑汇票款，金额300 000元，银行按规定办理汇款。

商业承兑汇票 2 号码Ⅷ365894

出票日期贰零贰零年零叁月零贰拾日

（大写）

付款人	全称	常青生态园大酒店	收款人	全称	武汉市丁丁香燃气炊具厂		
	账户	3700161608050005632		账户	42010001876213245546		
	开户银行	建行解放路支行		开户银行	建行工业路支行	行号	105100006201

出票金额	人民币（大写）	人民币叁拾万元整	亿	千	百	十	万	千	百	十	元	角	分
					¥	3	0	0	0	0	0	0	0

汇票到期日	2020/06/20	交易合同号码	
本汇票已经承兑，到期无条件支付票款 承兑人签章 承兑日期2020年3月20日		本汇票请予以承兑，于到期日付款 出票人签章	

中国建设银行 **托收凭证** 3 （五联）

委托日期：2020年06月14日

业务类型	委托收款（☑邮划 □电划）			托收承付（□邮划 □电划）			
付款人	全称	常青生态园大酒店		收款人	全称		
	账户	37001616108050005632			账户		
	地址	省 市 县（区）	开户银行 建行解放路支行		地址	省 市 县（区）	开户银行

金额人民币（大写）		亿	千	百	十	万	千	百	十	元	角	分

款项内容	货款	托收凭据名称	商业承兑汇票	附寄单证张数	1张
商品发运情况			合同名称号码		
备注： 复核 记账			银行印鉴		

中国建设银行 **托收凭证** 4　　　　（五联）

委托日期：2020年06月14日

业务类型		委托收款（☑邮划 □电划）				托收承付（□邮划 □电划）			
付款人	全称	常青生态园大酒店			收款人	全称			
	账户	37001616108050005632				账户			
	地址	省 市 县（区）	开户银行	建行解放路支行		地址	省 市 县（区）	开户银行	
金额 人民币（大写）							亿千百十万千百十元角分		
款项内容		货款	托收凭据名称	商业承兑汇票		附寄单证张数	1张		
商品发运情况				合同名称号码					
备注： 复核 记账				银行印鉴					

中国建设银行 **托收凭证** 5　　　　（五联）

委托日期：2020年06月14日

业务类型		委托收款（☑邮划 □电划）				托收承付（□邮划 □电划）			
付款人	全称	常青生态园大酒店			收款人	全称			
	账户	37001616108050005632				账户			
	地址	省 市 县（区）	开户银行	建行解放路支行		地址	省 市 县（区）	开户银行	
金额 人民币（大写）							亿千百十万千百十元角分		
款项内容		货款	托收凭据名称	商业承兑汇票		附寄单证张数	1张		
商品发运情况				合同名称号码					
备注： 复核 记账				银行印鉴					

中国建设银行 **邮划贷方报单**（来账卡片）1

发报行	行号	105451000598	编制2020年06月20日	收报行	行号	105100003869	号码365894
	行名				行名		
付款人账号或名称	收款人账号或名称	亿千百十万千百十元角分		合计金额	亿千百十万千百十元角分 ¥ 3 0 0 0 0 0 0 0		
				事由 结清汇票款			
				附件 商业承兑汇票			
备注：	发报行	发报行联行专用章		收报行	核对印鉴 核押 复核 记账 转账日期2020年06月20日		

中国建设银行 **邮划贷方报单**（来账报告卡）2

发报行	行号	105451000598	编制2020年06月20日	收报行	行号	10510003869	号码365894
	行名				行名		

付款人账号或名称	收款人账号或名称	亿	千	百	十	万	千	百	十	元	角	分

合计金额	亿	千	百	十	万	千	百	十	元	角	分
			¥	3	0	0	0	0	0	0	0

事由 结清汇票款

附件 商业承兑汇票

发报行联行专用章

③银行开户单位环宇电力公司持银行承兑汇票办理承兑，经银行有关部门审核后同意承兑，按要求填写承兑协议并向其按票面金额的5‰收取手续费，票据金额580 000元。

银行承兑协议（留存）

编号：000030

银行承兑汇票的内容：

出票人全称 环宇电力公司	收款人全称 泰安高压开关厂
开户银行 建行解放路支行	开户银行 建行青年路支行
账号 3700161608050002206	账号 3700971508060005688
汇票号码 36521012	汇票金额（大写）人民币伍拾捌万元整
出票日期 2020年06月20日	到期日期 2020年09月20日

以上汇票经银行承兑，出票人愿遵守《支付结算办法》的规定及下列条款：

一、出票人于汇票到期日前将应付票款足额交存承兑银行。

二、承兑手续费按票面金额万分之（五）计算，在银行承兑时一次付清。

三、出票人与持票人如发生任何交易纠纷，均由其双方自行处理，票款于到期前仍按第一条办理不误。

四、承兑汇票到期日，承兑银行凭票无条件支付票款，如到期日之前出票人不能足额支付票款时，承兑银行对不足支付部分的票款转作出票申请人逾期贷款，并按照有关规定计收罚息。

五、承兑汇票款付清后，本协议自动失效。

承兑银行签章　　　　出票人签章

订立承兑协议日期2020年06月20日

银行承兑协议（副本）

编号：000030

银行承兑汇票的内容：

出票人全称 环宇电力公司　　　收款人全称 泰安高压开关厂

开户银行 建行解放路支行　　　开户银行 建行青年路支行

账　　号 3700161608050002206　　　账　　号 3700971508060005688

汇票号码 36521012　　　汇票金额（大写）人民币伍拾捌万元整

出票日期 2020年06月20日　　　到期日期 2020年09月20日

以上汇票经银行承兑，出票人愿遵守《支付结算办法》的规定及下列条款：

一、出票人于汇票到期日前将应付票款足额交存承兑银行。

二、承兑手续费按票面金额万分之（五）计算，在银行承兑时一次付清。

三、出票人与持票人如发生任何交易纠纷，均由其双方自行处理，票款于到期前仍按第一条办理不误。

四、承兑汇票到期日，承兑银行凭票无条件支付票款，如到期日之前出票人不能足额支付票款时，承兑银行对不足支付部分的票款转作出票申请人逾期贷款，并按照有关规定计收罚息。

五、承兑汇票款付清后，本协议自动失效。

承兑银行签章　　　出票人签章

订立承兑协议日期2020年06月20日

银行承兑汇票　（卡片）　1

号码Ⅷ36521012

出票日期（大写）贰零贰零年零陆月零贰拾日

<table>
<tr><td>出票人全称</td><td colspan="2">环宇电力公司</td><td rowspan="3">收款人</td><td>全　称</td><td colspan="11">泰安高压开关厂</td></tr>
<tr><td>出票人账户</td><td colspan="2">3700161608050002206</td><td>账　户</td><td colspan="11">3700971508060005688</td></tr>
<tr><td>开户行全称</td><td colspan="2">中国建设银行济南解放路支行</td><td>开户银行</td><td>建行青年路支行</td><td>行号</td><td colspan="9">105633000366</td></tr>
<tr><td rowspan="2">出票金额</td><td rowspan="2">人民币（大写）</td><td rowspan="2" colspan="4">人民币伍拾捌万元整</td><td>亿</td><td>千</td><td>百</td><td>十</td><td>万</td><td>千</td><td>百</td><td>十</td><td>元</td><td>角</td><td>分</td></tr>
<tr><td></td><td></td><td>¥</td><td>5</td><td>8</td><td>0</td><td>0</td><td>0</td><td>0</td><td>0</td><td>0</td></tr>
<tr><td>汇票到期日</td><td colspan="2">2020/09/20</td><td rowspan="2">付款行</td><td>行号</td><td colspan="11">105451000598</td></tr>
<tr><td>承兑协议编号</td><td colspan="2">00030</td><td>地址</td><td colspan="11">建行解放路支行</td></tr>
<tr><td colspan="2">本汇票请你行承兑，此项汇票款我单位按承兑协议到期日前足额交存你行，到期请予以支付。

出票人签章
日期2020年06月20日</td><td colspan="3">

备注</td><td colspan="11">密押

复核　　记账</td></tr>
</table>

银行承兑汇票 2 号码Ⅷ36521012

出票日期（大写） 贰零贰零年零陆月零贰拾日

出票人全称	环宇电力公司	收款人	全　称	泰安高压开关厂	
出票人账户	3700161608050002206		账　户	3700971508060005688	
开户行全称	中国建设银行济南解放路支行		开户银行	建行青年路支行	行号 105633000366

出票金额	人民币（大写）	亿	千	百	十	万	千	百	十	元	角	分
	人民币伍拾捌万元整			¥	5	8	0	0	0	0	0	0

汇票到期日	2020/09/20	付款行	行号	105451000598
承兑协议编号	00030		地址	建行解放路支行

本汇票请你行承兑，到期无条件付款。 出票人签章	本汇票已经承兑，到期日由本行付款。 承兑行签章 承兑日期2020年06月20日 备注	密押 复核　　记账

中国建设银行

业务收费凭证

币别：人民币　　2020年06月20日　　流水号：003655

付款人			账　号		
项目名称	工本费	手续费	电子汇划费	—	金额
汇票承兑					
金额（大写）					¥
付款方式	转账				
业务类型：对公收费					

④银行开户单位济南飞翔技校的一张银行承兑汇票到期，汇票金额260 000元，银行按协议收取票款。

银行承兑协议（副本）

编号：000012

银行承兑汇票的内容：

出票人全称 济南飞翔技校　　收款人全称 泰安起重机厂

开 户 银 行 建行解放路支行　　开 户 银 行 建行青年路支行

账　　　号 3700161608050001116　　账　　　号 3700971508060003620

汇 票 号 码 00521016　　汇 票 金 额（大写）人民币贰拾陆万元整

出 票 日 期 2020年04月18日　　到 期 日 期 2020年06月20日

以上汇票经银行承兑，出票人愿遵守《支付结算办法》的规定及下列条款：

一、出票人于汇票到期日前将应付票款足额交存承兑银行。

二、承兑手续费按票面金额万分之（五）计算，在银行承兑时一次付清。

三、出票人与持票人如发生任何交易纠纷，均由其双方自行处理，票款于到期前仍按第一条办理不误。

四、承兑汇票到期日，承兑银行凭票无条件支付票款，如到期日之前出票人不能足额支付票款时，承兑银行对不足支付部分的票款转作出票申请人逾期贷款，并按照有关规定计收罚息。

五、承兑汇票款付清后，本协议自动失效。

承兑银行签章　　出票人签章

订立承兑协议日期2020年04月20日

银行承兑汇票（卡片）1　　号码 VIIC0521016

出票日期（大写）贰零贰零年零肆月壹拾捌日

出票人全称	济南飞翔技校	收款人	全称	泰安起重机厂										
出票人账户	3700161608050001106	收款人	账户	3700971508060003620										
开户行全称	中国建设银行济南解放路支行	收款人	开户银行	建行青年路支行	行号	105633000366								
出票金额	人民币（大写）	人民币贰拾陆万元整		亿	千	百	十	万	千	百	十	元	角	分
					¥	2	6	0	0	0	0	0	0	0
汇票到期日	2020/06/20	付款行	行号	105451000598										
承兑协议编号	00012	付款行	地址	建行解放路支行										
本汇票请你行承兑，此项汇票款我单位按承兑协议到期日前足额交存你行，到期请予以支付。 出票人签章 日期2020年06月20日		备注		密押 复核　记账										

中国建设银行 **特种转账借方传票**

年 月 日

付款单位	全 称				收款单位	全 称													
	账号或地址					账号或地址													
	开户金融企业		行号			开户金融企业		行号											
金额	人民币（大写）					金额													附件
						亿	千	百	十	万	千	百	十	元	角	分			
原始凭证金额		赔偿金			科目（借）<u>吸收存款——活期存款</u>														张
原始凭证名称		号码			对方科目（贷）<u>其他应付款——应解汇款</u>														
转账原因	银行盖章				会计 复核 记账														

会计 出纳 复核 记账 制票

中国建设银行 **特种转账借方传票**

年 月 日

付款单位	全 称				收款单位	全 称													
	账号或地址					账号或地址													
	开户金融企业		行号			开户金融企业		行号											
金额	人民币（大写）					金额													附件
						亿	千	百	十	万	千	百	十	元	角	分			
原始凭证金额		赔偿金			科目（借）<u>吸收存款——活期存款</u>														张
原始凭证名称		号码			对方科目（贷）<u>其他应付款——应解汇款</u>														
转账原因	银行盖章				会计 复核 记账														

会计 出纳 复核 记账 制票

中国建设银行　**特种转账贷方传票**

年　　月　　日

收款单位	全　　称			付款单位	全　　称		
	账号或地址				账号或地址		
	开户金融企业		行号		开户金融企业		行号

		金额										
金额	人民币（大写）	亿	千	百	十	万	千	百	十	元	角	分

原始凭证金额		赔偿金		科目（贷）其他应付款——应解汇款
原始凭证名称		号码		对方科目（借）吸收存款——活期存款
转账原因		银行盖章		会计　　复核　　记账

附件　　张

会计　　出纳　　复核　　记账　　制票

（5）汇兑。

①银行收到本行开户单位济南飞翔技校交来的信汇凭证一份，金额160 000元，要求汇往建行开户的浙江嵊州鹏远仪器设备厂，银行审核后转账付款。

中国建设银行 **信汇凭证**（回单）1

委托日期 2020年06月20日　　　　第20号

汇款人	全　　称	济南飞翔技校	收款人	全　　称	浙江嵊州鹏远仪器设备厂
	账　　户	370016160805000116		账　　户	105106260405000322
	汇出地点	山东 省 济南 市/县		汇入地点	浙江 省 嵊州 市/县
汇出行名称		建行解放路支行	汇入行名称		建行嵊州路支行

金额	人民币（大写）人民币壹拾陆万元整	亿	千	百	十	万	千	百	十	元	角	分
				¥	1	6	0	0	0	0	0	0

	支票密码　365021
	附加信息及用途：货款
汇出行签章	复核　　记账

中国建设银行 **信汇凭证**（借方凭证）2

委托日期　　年　　月　　日　　　　　　　　　　　　　　第　号

汇款人	全　称		收款人	全　称	
	账　户			账　户	
	汇出地点	省　　市/县		汇入地点	省　　市/县
汇出行名称			汇入行名称		
金额	人民币（大写）				亿 千 百 十 万 千 百 十 元 角 分
			支票密码		
			附加信息及用途：		
汇出行签章			复核		记账

中国建设银行 **信汇凭证**（贷方凭证）3

委托日期　　年　　月　　日　　　　　　　　　　　　　　第　号

汇款人	全　称		收款人	全　称	
	账　户			账　户	
	汇出地点	省　　市/县		汇入地点	省　　市/县
汇出行名称			汇入行名称		
金额	人民币（大写）				亿 千 百 十 万 千 百 十 元 角 分
			支票密码		
			附加信息及用途：		
汇出行签章			复核		记账

中国建设银行 **信汇凭证**（收账通知）4

委托日期　　年　　月　　日　　　　　　　　　　　　　　第　号

汇款人	全　称		收款人	全　称	
	账　户			账　户	
	汇出地点	省　　市/县		汇入地点	省　　市/县
汇出行名称			汇入行名称		
金额	人民币（大写）				亿 千 百 十 万 千 百 十 元 角 分
			支票密码		
			附加信息及用途：		
汇出行签章			复核		记账

中国建设银行　**邮划贷方报单**（来账卡片）1

发报行	行号		编制　年　月　日	收报行	行号		号码	
	行名				行名			

付款人账号或名称	收款人账号或名称	亿	千	百	十	万	千	百	十	元	角	分	合计金额	亿	千	百	十	万	千	百	十	元	角	分
													事由											
													附件											

备注：	发报行	发报行联行专用章	收报行	核对印鉴　核押
				复核　记账
				转账日期　年　月　日

中国建设银行　**邮划贷方报单**（来账报告卡）2

发报行	行号		编制　年　月　日	收报行	行号		号码	
	行名				行名			

付款人账号或名称	收款人账号或名称	亿	千	百	十	万	千	百	十	元	角	分	合计金额	亿	千	百	十	万	千	百	十	元	角	分
													事由											
													附件											

发报行联行专用章

中国建设银行　**邮划贷方报单**（往账报告卡）3

发报行	行号		编制　年　月　日	收报行	行号		号码	
	行名				行名			

付款人账号或名称	收款人账号或名称	亿	千	百	十	万	千	百	十	元	角	分	合计金额	亿	千	百	十	万	千	百	十	元	角	分
													事由											
													附件											

发报行联行专用章

中国建设银行 **邮划贷方报单**（往账卡片）4

发报行	行号		编制 年 月 日	收报行	行号		号码
	行名				行名		

付款人账号或名称	收款人账号或名称	亿	千	百	十	万	千	百	十	元	角	分	合计金额	亿	千	百	十	万	千	百	十	元	角	分
													事由											
													附件											

备注：	收报行	编制 复核

中国建设银行 **转账贷方传票**

2020年06月20日

科目 （贷）**清算资金往来**		对方科目 （借）**吸收存款——活期存款**										
户名或账号	摘 要	亿	千	百	十	万	千	百	十	元	角	分
合 计												

会计　　出纳　　复核　　记账　　制票

②银行收到由建行北京新华支行寄来的邮划贷方报单第一、二联和信汇凭证第三、四联，汇款金额320 000元，系本行开户单位济南万通机械设备公司的销货款，银行审核无误后办理转账。

中国建设银行 **邮划贷方报单**（来账卡片）1

发报行	行号	105100001036	编制2020年06月17日	收报行	行号	105451000598	号码35641
	行名	**建行北京新华支行**			行名	**建行济南解放路支行**	

付款人账号或名称	收款人账号或名称	亿	千	百	十	万	千	百	十	元	角	分	合计金额	亿	千	百	十	万	千	百	十	元	角	分
11001019200019800032	37001616108050001266			¥	3	2	0	0	0	0	0	0				¥	3	2	0	0	0	0	0	0
													事由：**货款**											
													附件：**信汇凭证第三、四联**											

备注：	发报行	发报行联行专用章	收报行	核对印鉴 核押 复核 记账 转账日期2020年06月20日

中国建设银行　**邮划贷方报单**（来账报告卡）2

<table>
<tr><td rowspan="2">发报行</td><td>行号</td><td>105100001036</td><td>编制2020年06月17日</td><td rowspan="2">收报行</td><td>行号</td><td>105451000598</td><td>号码35641</td></tr>
<tr><td>行名</td><td colspan="2">建行北京新华支行</td><td>行名</td><td colspan="2">建行济南解放路支行</td></tr>
</table>

<table>
<tr><td rowspan="2">付款人账号或名称</td><td rowspan="2">收款人账号或名称</td><td rowspan="2">亿</td><td rowspan="2">千</td><td rowspan="2">百</td><td rowspan="2">十</td><td rowspan="2">万</td><td rowspan="2">千</td><td rowspan="2">百</td><td rowspan="2">十</td><td rowspan="2">元</td><td rowspan="2">角</td><td rowspan="2">分</td><td>合计</td><td>亿</td><td>千</td><td>百</td><td>十</td><td>万</td><td>千</td><td>百</td><td>十</td><td>元</td><td>角</td><td>分</td></tr>
<tr><td>金额</td><td></td><td></td><td>¥</td><td>3</td><td>2</td><td>0</td><td>0</td><td>0</td><td>0</td><td>0</td><td>0</td></tr>
<tr><td>110010192000
19800032</td><td>370016161080
50001266</td><td></td><td></td><td>¥</td><td>3</td><td>2</td><td>0</td><td>0</td><td>0</td><td>0</td><td>0</td><td>0</td><td colspan="12">事由：货款</td></tr>
<tr><td></td><td></td><td></td><td></td><td></td><td></td><td></td><td></td><td></td><td></td><td></td><td></td><td></td><td colspan="12" rowspan="3">附件：信汇凭证第三、四联</td></tr>
<tr><td></td><td></td><td></td><td></td><td></td><td></td><td></td><td></td><td></td><td></td><td></td><td></td><td></td></tr>
<tr><td></td><td></td><td></td><td></td><td></td><td></td><td></td><td></td><td></td><td></td><td></td><td></td><td></td></tr>
<tr><td colspan="25">发报行联行专用章</td></tr>
</table>

中国建设银行　**信汇凭证**（贷方凭证）3

委托日期 2020年06月17日　　　　第 16 号

<table>
<tr><td rowspan="3">汇款人</td><td>全　称</td><td>北京归元仪器有限公司</td><td rowspan="3">收款人</td><td>全　称</td><td colspan="11">济南万通机械设备公司</td></tr>
<tr><td>账　户</td><td>110010192000198000032</td><td>账　户</td><td colspan="11">370016161080500001266</td></tr>
<tr><td>汇出地点</td><td>北京市 省　市/县</td><td>汇入地点</td><td colspan="11">山东 省　济南 市/县</td></tr>
<tr><td colspan="2">汇出行名称</td><td>建行北京新华支行</td><td colspan="2">汇入行名称</td><td colspan="11">建行济南解放路支行</td></tr>
<tr><td rowspan="2">金额</td><td rowspan="2">人民币（大写）</td><td rowspan="2" colspan="4">人民币叁拾贰万元整</td><td>亿</td><td>千</td><td>百</td><td>十</td><td>万</td><td>千</td><td>百</td><td>十</td><td>元</td><td>角</td><td>分</td></tr>
<tr><td></td><td>¥</td><td>3</td><td>2</td><td>0</td><td>0</td><td>0</td><td>0</td><td>0</td><td>0</td></tr>
<tr><td colspan="3" rowspan="2">汇出行签章</td><td colspan="2">支票密码</td><td colspan="11"></td></tr>
<tr><td colspan="13">附加信息及用途：货款
复核　　记账</td></tr>
</table>

中国建设银行　**信汇凭证**（收账通知）4

委托日期 2020年06月17日　　　　第 16 号

<table>
<tr><td rowspan="3">汇款人</td><td>全　称</td><td>北京归元仪器有限公司</td><td rowspan="3">收款人</td><td>全　称</td><td colspan="11">济南万通机械设备公司</td></tr>
<tr><td>账　户</td><td>110010192000198000032</td><td>账　户</td><td colspan="11">370016161080500001266</td></tr>
<tr><td>汇出地点</td><td>北京市 省　市/县</td><td>汇入地点</td><td colspan="11">山东 省　济南 市/县</td></tr>
<tr><td colspan="2">汇出行名称</td><td>建行北京新华支行</td><td colspan="2">汇入行名称</td><td colspan="11">建行济南解放路支行</td></tr>
<tr><td rowspan="2">金额</td><td rowspan="2">人民币（大写）</td><td rowspan="2" colspan="4">人民币叁拾贰万元整</td><td>亿</td><td>千</td><td>百</td><td>十</td><td>万</td><td>千</td><td>百</td><td>十</td><td>元</td><td>角</td><td>分</td></tr>
<tr><td></td><td>¥</td><td>3</td><td>2</td><td>0</td><td>0</td><td>0</td><td>0</td><td>0</td><td>0</td></tr>
<tr><td colspan="3" rowspan="2">汇出行签章</td><td colspan="2">支票密码</td><td colspan="11"></td></tr>
<tr><td colspan="13">附加信息及用途：货款
复核　　记账</td></tr>
</table>

中国建设银行　**转账借方传票**

年　月　日

科目（借）清算资金往来		对方科目（贷）吸收存款——活期存款										
户名或账号	摘要	金额										
		亿	千	百	十	万	千	百	十	元	角	分
合计												

会计　出纳　复核　记账　制票

（6）托收承付。

①银行通知济南华宇经贸公司付款一笔托收款项，金额300 000元，济南华宇经贸公司同意付款，银行按照规定办理款项的划转。

中国建设银行　**托收凭证**　3　（五联）

委托日期：2020年06月16日

业务类型	委托收款（□邮划　□电划）			托收承付（□邮划　☑电划）			
付款人 全称	济南华宇经贸公司			收款人 全称	大连远华船运有限公司		
账户	37001616108050003236			账户	22108127013121040106		
地址	山东省　济南市县	开户银行	建行济南解放路支行	地址	辽宁省　大连市县	开户银行	建行大连白沙路支行105222001577
金额 人民币（大写）	人民币叁拾万元整			亿千百十万千百十元角分	¥30000000		
款项内容	货款	托收凭据名称	托收承付	附寄单证张数	3张		
商品发运情况	货物已通过火车发运			合同名称号码	220635		
备注：收款人开户行收到日期　年　月　日	上列款项随附有关债务证明，请予办理。收款人预留银行印鉴			转讫章　复核：　经办：			

中国建设银行　**托收凭证**　4　　（五联）

委托日期：2020年06月16日

业务类型	委托收款（□邮划　□电划）				托收承付（□邮划　☑电划）			
付款人	全称	济南华宇经贸公司			收款人	全称	大连远华船运有限公司	
	账户	37001616108050003236				账户	22108127013121040106	
	地址	山东省 济南 市县	开户银行	建行济南解放路支行		地址	辽宁省 大连 市县	开户银行 建行大连白沙路支行105222001577
金额 人民币（大写）	人民币叁拾万元整						亿 千 百 十 万 千 百 十 元 角 分	¥ 3 0 0 0 0 0 0 0
款项内容	货款	托收凭据名称	托收承付		附寄单证张数	3张		
商品发运情况	货物已通过火车发运				合同名称号码	220635		
备注： 收款人开户行收到日期 年　月　日	上列款项随附有关债务证明，请予办理。 收款人预留银行印鉴				转讫章	复核：　经办：		

中国建设银行　**电划贷方补充报单**（来账卡片）1

发报行	行号		编制　年　月　日	收报行	行号	号码302
	行名				行名	

付款人账号或名称	收款人账号或名称	亿	千	百	十	万	千	百	十	元	角	分	合计金额 亿 千 百 十 万 千 百 十 元 角 分
													事由：
													附件：

备注：	发报行	发报行联行专用章	收报行	核对印鉴　核押 复核　记账 转账日期　年　月　日

中国建设银行 **电划贷方补充报单**（来账报告卡）2

发报行	行号		编制 年 月 日	收报行	行号		号码302
	行名				行名		

付款人账号或名称	收款人账号或名称	亿	千	百	十	万	千	百	十	元	角	分	合计金额	亿	千	百	十	万	千	百	十	元	角	分
													事由：											
													附件：											

发报行联行专用章

中国建设银行 **电划贷方补充报单**（往账报告卡）3

发报行	行号		编制 年 月 日	收报行	行号		号码302
	行名				行名		

付款人账号或名称	收款人账号或名称	亿	千	百	十	万	千	百	十	元	角	分	合计金额	亿	千	百	十	万	千	百	十	元	角	分
													事由：											
													附件：											

发报行联行专用章

中国建设银行 **电划贷方补充报单**（往账卡片）4

发报行	行号		编制 年 月 日	收报行	行号		号码302
	行名				行名		

付款人账号或名称	收款人账号或名称	亿	千	百	十	万	千	百	十	元	角	分	合计金额	亿	千	百	十	万	千	百	十	元	角	分
													事由：											
													附件：											

备注：	收报行	编制 复核

中国建设银行　**特种转账借方传票**

年　月　日

<table>
<tr><td rowspan="3">付款单位</td><td>全　称</td><td colspan="3"></td><td rowspan="3">收款单位</td><td>全　称</td><td colspan="3"></td></tr>
<tr><td>账号或地址</td><td colspan="3"></td><td>账号或地址</td><td colspan="3"></td></tr>
<tr><td>开户金融企业</td><td></td><td>行号</td><td></td><td>开户金融企业</td><td></td><td>行号</td><td></td></tr>
<tr><td>金额</td><td colspan="7">人民币
(大写)</td><td colspan="2">金额
亿 千 百 十 万 千 百 十 元 角 分</td></tr>
<tr><td colspan="2">原始凭证金额</td><td></td><td>赔偿金</td><td></td><td colspan="5" rowspan="3">科目(借)<u>吸收存款——活期存款</u>
对方科目(贷)<u>清算资金往来</u>

会计　　复核　　记账</td></tr>
<tr><td colspan="2">原始凭证名称</td><td></td><td>号码</td><td></td></tr>
<tr><td>转账原因</td><td colspan="4">银行盖章</td></tr>
</table>

附件　张

会计　　出纳　　复核　　记账　　制票

②银行收到由建行上海东明支行寄来的电划报单和托收凭证第四联，系本行开户的明达化工公司的一笔货款，金额100 000元，银行及时转账入户。

中国建设银行　**电划贷方补充报单**（来账卡片）1

<table>
<tr><td rowspan="2">发报行</td><td>行号</td><td>105100000235</td><td>编制2020年06月20日</td><td rowspan="2">收报行</td><td>行号</td><td>105451000598</td><td>号码0046</td></tr>
<tr><td>行名</td><td colspan="2">建行上海东明支行</td><td>行名</td><td colspan="2">建行济南解放路支行</td></tr>
<tr><td colspan="2">付款人账号或名称</td><td>收款人账号或名称</td><td>亿 千 百 十 万 千 百 十 元 角 分</td><td colspan="4">合计金额　亿 千 百 十 万 千 百 十 元 角 分
¥ 1 0 0 0 0 0 0 0</td></tr>
<tr><td colspan="2">4300101010001880023</td><td>37001616108050003433</td><td>¥ 1 0 0 0 0 0 0 0</td><td colspan="4">事由：货款
附件：托收凭证第四联</td></tr>
<tr><td colspan="2">备注：</td><td>发报行
发报行联行专用章</td><td></td><td>收报行</td><td colspan="3">核对印鉴　核押
复核　记账
转账日期2020年06月17日</td></tr>
</table>

中国建设银行 **电划贷方补充报单**（来账报告卡）2

发报行	行号	105100000235	编制2020年06月20日	收报行	行号	105451000598	号码0046
	行名	建行上海东明支行			行名	建行济南解放路支行	

付款人账号或名称	收款人账号或名称	亿	千	百	十	万	千	百	十	元	角	分	合计金额	亿	千	百	十	万	千	百	十	元	角	分
																¥	1	0	0	0	0	0	0	0
4300101010001880023	37001616108050003433			¥	1	0	0	0	0	0	0	0	事由：货款											
													附件：托收凭证第四联											

发报行联行专用章

中国建设银行 **托收凭证** 4 （五联）

委托日期：2020年06月16日

业务类型	委托收款（□邮划 □电划）			托收承付（□邮划 ☑电划）				
付款人	全称	上海市华利环保公司		收款人	全称	济南市明达化工公司		
	账户	37001616108050003236			账户	37001616108050003433		
	地址	上海市省 市县	开户银行 建行上海东明支行		地址	山东省 济南市县	开户银行 建行济南解放路支行	
金额 人民币（大写）	人民币壹拾万元整					亿 千 百 十 万 千 百 十 元 角 分	¥ 1 0 0 0 0 0 0 0	
款项内容	货款	托收凭据名称	托收承付		附寄单证张数	3张		
商品发运情况	货物已通过火车发运			合同名称号码	Ⅷ00623			
备注： 收款人开户行收到日期 2020年06月20日	上列款项随附有关债务证明，请予办理。 收款人预留银行印鉴			转讫章 复核： 经办：				

中国建设银行 **托收凭证**　2　　（五联）

委托日期：2020年06月16日

业务类型	委托收款 （□邮划　□电划）					托收承付 （□邮划　☑电划）				
付款人	全称	上海市华利环保公司				收款人	全称	济南市明达化工公司		
	账户	37001616108050003236					账户	37001616108050003433		
	地址	上海市省	市县	开户银行	建行上海东明支行		地址	山东省	济南市县	开户银行 建行济南解放路支行

金额 人民币（大写）	人民币壹拾万元整	亿	千	百	十	万	千	百	十	元	角	分
				¥	1	0	0	0	0	0	0	0

款项内容	货款	托收凭据名称	托收承付	附寄单证张数	3张
商品发运情况	货物已通过火车发运	合同名称号码	Ⅷ00623		

备注：	上列款项随附有关债务证明，请予办理。	
收款人开户行收到日期 2020年06月20日	收款人预留银行印鉴	转讫章　复核：　经办：

中国建设银行 **特种转账贷方传票**

年　月　日

收款单位	全　称				付款单位	全　称			
	账号或地址					账号或地址			
	开户金融企业		行号			开户金融企业		行号	

金额	人民币（大写）	金额										
		亿	千	百	十	万	千	百	十	元	角	分

原始凭证金额		赔偿金		科目（贷）＿＿＿＿＿＿
原始凭证名称		号　码		对方科目（借）＿＿＿＿＿＿
转账原因		银行盖章		会计　复核　记账

附件　张

会计　　出纳　　复核　　记账　　制票

第六章

往来业务

学习目标

1. 了解商业银行往来业务的含义；
2. 了解我国往来系统主要的框架体系；
3. 掌握联行往来的基本做法及业务处理；
4. 掌握同城票据交换的基本做法及业务处理。

第一节　往来业务概述

银行间往来业务是银行的特色业务之一。安全高效的往来业务对于加速资金周转，提高资源配置效率，有效促进经济增长，满足社会公众日益增长的支付需求，提高人民的生活质量具有重要意义；同时，有助于畅通货币政策传导，密切各金融市场的有机联系，推动金融创新，防范金融风险，维护金融稳定。

一、往来业务的含义

银行间往来业务包括联行往来和同业往来，前者又称系统内往来，后者又称跨系统往来。

联行往来是同一银行不同行处之间由于办理支付结算、内部清算、资金调拨，相互间代收、代付款项而引起的各种账务往来。

同业往来是各金融机构之间的账务往来，有广义和狭义之分。广义的同业往来包括中央银行与商业银行的往来、各商业银行之间的往来、中央银行与非银行金融机构之间的往来、商业银行与非银行金融机构之间的往来、非银行金融机构之间的往来业务；狭义的同业往来仅包括中央银行与商业银行的往来、各商业银行之间的往来业务。本章仅讲述狭义的同业往来业务。

二、我国主要支付清算往来业务体系

目前，随着网络技术的发展，我国已经形成了较为完善的支付清算框架体系，主要有：

（一）中国人民银行现代化支付系统

中国人民银行现代化支付系统（CNAPS）是中国人民银行按照我国支付清算需要，

利用现代计算机技术和通信网络开发建设的，能够高效、安全处理各银行办理的异地、同城各种人民币支付业务及其资金清算和货币市场交易资金清算的应用系统。CNAPS主要由大额实时支付系统（HVPS）和小额批量支付系统（BEPS）两个业务应用系统组成。

大额实时支付系统（HVPS）主要处理同城和异地在规定金额起点以上的大额贷记支付业务（目前为2万元以上）和紧急的小额贷记支付业务。大额支付指令逐笔实时发送，全额清算资金。

小额批量支付系统（BEPS）主要处理同城和异地纸质凭证截留的借记业务以及每笔金额在规定起点以下的小额贷记支付业务。支付指令批量发送，轧差净额清算资金。该系统实行7×24小时不间断运行，为银行业金融机构的小金额、大批量跨行支付清算业务提供了一个低成本的公共支付平台。

（二）全国支票影像交换系统

全国支票影像交换系统是指运用影像技术将实物支票转换为支票影像信息，通过计算机及网络将影像信息传递至出票人开户银行提示付款的业务处理系统。影像交换系统定位于处理银行机构跨行和行内的支票影像信息交换，其资金清算通过中国人民银行覆盖全国的小额支付系统处理。支票影像业务的处理分为影像信息交换和业务回执处理两个阶段，即支票提出银行通过影像交换系统将支票影像信息发送至提入行提示付款；提入行通过小额支付系统向提出行发送回执完成付款。

（三）同城票据交换系统

同城票据交换系统是我国支付清算系统的重要组成部分。票据交换系统是由中国人民银行分支行组织的，在指定区域内定时、定点集中交换结算票据的跨行支付清算本系，其主要任务是清分中国人民银行和银行业金融机构所提出交换的结算票据。票据交换系统主要处理纸质票据不能截留的支票、本票、跨行银行汇票，以及跨行代收、代付的纸质凭证。

票据交换运行的主要机构是各地的票据交换所。目前，我国在县级以上城市共建有票据交换所近2 000家，北京和天津、上海和南京、广州和深圳等地票据交换所还联合建成了区域性票据交换中心。

（四）银行业金融机构行内支付系统

银行业金融机构行内支付系统是银行业金融机构综合业务处理系统的重要组成部分，是其内部资金往来与资金清算的渠道，在支付清算系统中居于基础地位。各大商业银行先后建设了新一代行内支付系统，成为集汇划业务、清算业务、结算业务等功能为一体的综合性应用系统。

（五）银行卡支付系统

银行卡支付系统是专门处理银行卡跨行数据的信息交换和交易资金清算的业务系统，由银行卡跨行支付系统及发卡银行行内银行卡支付系统组成。经过近几年的发展，我国已形成了以中国银联银行卡跨行支付系统为主干，连接各发卡银行行内银行卡支付系统的银行卡支付网络架构。银行卡支付体系已实现了银行卡的联网通用。

（六）城市商业银行汇票处理系统

城市商业银行汇票处理系统依托中国人民银行现代化支付系统，其银行汇票使用经中国人民银行批准，由城市商业银行资金清算中心颁布统一标识的银行汇票凭证、统一印模的汇票专用章和统一的密押系统。清算中心负责城市商业银行银行汇票业务的资金清算。

（七）农信银支付清算系统

农信银支付清算系统是由农信银资金清算中心根据全国农村合作金融机构支付结算业务的特点，借鉴现代化支付系统和全国性商业银行资金清算及支付结算业务系统的先进经验，应用现代计算机网络和信息技术开发的、集资金清算和信息服务为一体的支付清算平台。

（八）境内外币支付系统

境内外币支付系统由中国人民银行牵头建设，由清算总中心集中运营，由直接参与机构等单一法人集中接入，采用“Y”型信息流结构，由外币清算处理中心负责对支付指令进行接收、清算和转发，由代理结算银行负责对支付指令进行结算的系统。

三、会计科目设置

往来业务中，商业银行使用的会计科目主要有：

（1）“系统内上存款项”科目属于资产类科目，核算和反映各清算分中心存放在总行清算中心、经办行存放在分中心的清算备付金存款。本科目可按存放款项的性质和机构进行明细核算。期末余额在借方，反映本行存放上级行的各种款项。

（2）“系统内款项存放”科目属于负债类科目，由总行、省区分行或分中心核算的下级行存放在本行的清算备付金存款。本科目可按存放款项的性质和机构进行明细核算。期末余额在贷方，反映下级行存放在本行的各种款项。

（3）“存放中央银行款项”科目属于资产类科目，核算本行存放在中央银行的款项。本科目存入时记借方，减少时记贷方。期末余额在借方，反映本行在中央银行存款的余额。本科目可按照款项的性质进行明细核算。

（4）“拆出资金”科目属于资产类科目，核算本行拆借给其他金融机构的款项。本科目拆出时记借方，收回时记贷方。期末余额在借方，反映本行尚未收回的拆出资金。本科目可按照拆入行进行明细核算。

（5）“向中央银行借款”科目属于负债类科目，核算本行向中央银行借入的款项。本科目借入时记贷方，归还时记借方。期末余额在贷方，反映尚未归还的借款。

（6）“贴现负债”科目属于负债类科目，核算本行商业汇票的再贴现、转贴现等业务融入资金的款项。本科目可按贴现类别，分别“面值”“交易费用”进行明细核算。期末余额在贷方，反映再贴现、转贴现业务款项的余额。

（7）“拆入资金”科目属于负债类科目，核算本行从其他金融机构拆入的款项。本科目拆入时记贷方，归还时记借方。期末余额在贷方，反映本行尚未归还的拆入资金。本科目可按拆出行进行明细核算。

第二节 联行往来

商业银行联行往来业务主要是通过行内支付系统（电子汇划）完成，其是商业银行综合业务处理系统的主要组成部分，是银行内部资金往来与资金清算的主要渠道，在整个支付系统中居于基础地位。

现行商业银行联行管理模式是各家银行自成系统。各联行系统内资金往来与清算、联行系统的建设、联行往来操作程序及联行往来核算方法，均由各系统自行制定执行。各联行系统内的分支机构由总行批准，统一编制系统内联行行号，纳入联行往来业务管理体系。

商业银行联行往来业务分为三个层次，即全国联行往来、省行辖内往来和支行辖内往来。本节主要介绍全国联行往来业务。

一、参与机构和基本做法

（一）参与机构

行内支付清算系统由发报经办行、发报清算分中心、总行清算中心、收报清算分中心、收报经办行等机构组成，各行间通过计算机网络联结。

总行清算中心负责办理系统内各清算分中心之间的资金清算及资金拆借、清算账户对账等账务的核算和管理。

清算分中心在总行清算中心开立备付金存款账户，办理行内汇划业务往来的报文转发、账务核算管理、资金清算，对下属经办行进行业务指导。

各经办行负责行内汇划往来业务的发报、收报以及办理有关查询、查复业务。

（二）基本做法

尽管商业银行都有各自独立的行内电子汇划系统，但商业银行行内电子汇划与资金清算的基本做法通常采取“实存资金、同步清算、头寸控制、集中监督”的方式。

1.实存资金

实存资金是以清算分中心为单位在总行清算中心开立备付金存款账户，用于汇划款项时的资金清算。

2.同步清算

同步清算是经办行汇出汇入资金要同时进行清算，随发随收，即当发报经办行通过其清算分中心经总行清算中心将款项汇划至收报经办行的同时，总行清算中心每天根据各行汇出汇入资金情况，从各清算分中心备付金账户付出资金或存入资金，从而实现各清算分中心之间的资金清算同步进行。

3.头寸控制

头寸控制是各清算分中心在总行清算中心开立的备付金存款账户，保证有足额的存款，总行清算中心对各行汇划资金实行集中清算。

4.集中监督

集中监督是电子汇划系统中，总行清算中心对汇划往来数据发送、资金清算、备付金存款账户资信情况和行际间查询、查复情况进行管理和监督。

二、上存资金

支付业务清算前，各清算分中心应先将清算款项上划至总行清算中心，形成在总行的备付金存款。款项应通过中国人民银行汇入总中心，具体做法是：根据资金营运部门的资金调拨单，填制中国人民银行电汇凭证，通过中国人民银行将款项汇入总行清算中心。分中心的会计处理为：

借：其他应收款——待处理汇划款项

　贷：存放中央银行款项

待总行清算中心收到后，由系统自动作账务处理。分中心的会计处理为：

借：系统内上存款项——上存总行备付金存款

贷：其他应收款——待处理汇划款项

总行清算中心收到各清算分中心上存的款项后，应当日通知有关清算分中心，并进行账务处理。总中心的会计处理为：

借：存放中央银行款项

贷：系统内款项存放——××清算分中心

三、日间业务

行内汇划清算系统，要经过发报经办行、发报清算分中心、总行清算中心、收报清算分中心、收报经办行五个处理环节。

（一）发报经办行的处理

发报经办行是资金汇划业务的发生行，业务发生时，要经过录入、复核和授权三个环节。

1.业务受理

客户委托银行办理汇划业务时，要填写行内汇划凭证及有关结算凭证。经办人员按业务种类审核凭证无误后，将汇划业务的内容、用途等录入计算机，并经复核员全面审查、复核后办理转账。

2.办理转账

经办人员根据客户填写的凭证或内部转账指令，办理转账手续，向发报清算分中心传输信息。如发出贷记业务（付款），其会计处理为：

借：吸收存款——××活期存款——××户

贷：清算资金往来

如为借记业务（收款），其会计处理相反。

（二）发报清算分中心的处理

发报清算分中心的任务是将各发报经办行传输来的全国汇划业务实时上传至总行清算中心。

收到发报经办行贷记业务信息时，会计处理为：

借：清算资金往来

贷：系统内上存款项——上存总行备付金存款

如为借记业务，其会计处理相反。

（三）总行清算中心的处理

总行清算中心收到各发报清算分中心汇划款项信息，由计算机自动登记后，将款项传送至收报清算分中心。每日营业终了，更新各清算分中心在总行开立的备付金存款。

如为贷记业务，其会计处理为：

借：系统内款项存放——发报清算分中心

贷：系统内款项存放——收报清算分中心

如为借记业务，其会计处理相反。

日终处理结束后，计算机自动生成总中心的“系统内汇划往来汇总报单”“系统内汇划日报表”和相应对账信息，下发分中心对账。

（四）收报清算分中心的处理

收报清算分中心收到总行清算中心传来的汇划业务数据，计算机自动检测收报经办行是否为辖属行处，并经核押无误后自动进行账务处理。

收到行内汇划贷记业务时，会计处理为：

借：系统内上存款项——上存总行备付金存款

　贷：清算资金往来

如为借记业务，其会计处理相反。

日终处理结束后，由计算机自动生成分中心的汇总报单、日报表及各类对账单，打印核对无误后，结束当日汇划业务。

（五）收报经办行的处理

收报经办行收到收报清算分中心传来的汇划信息后，经检查无误，打印“系统内汇划贷（借）方补充报单”，并自动进行账务处理。

如为贷记业务，其会计处理为：

借：清算资金往来

　贷：吸收存款——××活期存款——××户

如为借记业务，其会计处理相反。

【例6-1】××公司委托其开户银行中国工商银行××支行向中国工商银行河北××支行开户的××公司电子汇款1 000 000元，经核对无误，办理转账。各行的会计处理为：

（1）发报经办行：

借：吸收存款——单位活期存款——××公司　　1 000 000

　贷：清算资金往来　　1 000 000

（2）发报清算分中心：

借：清算资金往来　　1 000 000

　贷：系统内上存款项——上存总行备付金存款　　1 000 000

（3）总行清算中心：

借：系统内款项存放——发报清算分中心　　1 000 000

　贷：系统内款项存放——收报清算分中心　　1 000 000

（4）收报清算分中心：

借：系统内上存款项——上存总行备付金存款　　1 000 000

　贷：清算资金往来　　1 000 000

（5）收报经办行：

借：清算资金往来　　1 000 000

　贷：吸收存款——单位活期存款——××公司　　1 000 000

第三节　同业往来

同业往来是指各金融机构之间的往来，包括商业银行与中国人民银行、商业银行与商业银行之间的往来。

一、商业银行与中国人民银行往来业务

（一）往来业务主要内容

中国人民银行是管理全国银行业的银行。作为中央银行，中国人民银行有三大基本职能：国家的银行、发行的银行、银行的银行。中国人民银行在职能的实现中与商业银行发生大量的业务往来。

商业银行与中国人民银行往来业务的主要内容见表6-1。

表6-1 商业银行与中国人民银行往来业务主要内容

（1）在当地中国人民银行开立存款户，将业务资金存入中国人民银行，与中国人民银行建立收支往来关系。
（2）商业银行上下级行、处之间的业务资金调拨，可通过开户中国人民银行划拨。
（3）商业银行与其他商业银行的资金清算，要通过中国人民银行办理。
（4）商业银行的业务现金，要向中国人民银行发行库办理存取。
（5）商业银行要按规定向中国人民银行缴存财政性存款和法定存款准备金。
（6）商业银行可以在核定额度内向中国人民银行借款。
（7）商业银行按规定通过中国人民银行办理资金拆出、拆入，再贴现。

（二）现金存取

1.向中国人民银行缴存现金

当商业银行向中国人民银行发行库缴存现金时，由库管员根据现金情况，提出缴存现金数额，填制中国人民银行“现金入库单”一式两联。根据入库单，填制“现金出库单”一式两联，经出纳负责人和主管行长审查，在出库单上签章，据以办理现金出库手续。

现金和两联入库单一并交缴款人。缴款人持单押款到中国人民银行发行库办理现金缴存手续。

现金缴存后，缴款人应立即将中国人民银行签章退回的“现金入库单”回单联交库管员，库管员审查无误后，一联出库单凭以登记“库存现金登记簿”，另一联出库单连同“现金入库单”交出纳人员，出纳人员凭以登记“现金付出登记簿”后，“现金入库单”回单联交会计部门作借方凭证，“现金付出日记簿”和一联出库单作为附件据以记账，办理转账。其会计处理为：

借：存放中央银行款项——备付金存款

  贷：库存现金

2.从中国人民银行提取现金

商业银行向中国人民银行发行库提取现金时，由库管员根据库存现金情况，提出提取现金数额，由出纳人员签开本行“现金支票”，经由出纳负责人和主管行长审批同意，在“现金支票”存根联上签字，由会计主管人员审核，加盖预留中国人民银行印鉴，交提款人向中国人民银行发行库提取现金。提取时，应当场验看券别，逐捆卡把，点清总数。

现金提回后，应立即交库管员办理现金入库手续。库管员逐捆卡把，清点核对现金无误后，填制“现金入库单”一式两联，一联留存，凭以登记“库存现金登记簿”，另一联递交出纳人员，出纳人员根据现金支票存根和入库单登记“现金收入登记簿”，并加盖现金收讫章及经办人员名章后，将“现金支票”存根联交会计部门作贷方记账凭证，另集中编制借方记账凭证，“现金收入日记簿”和一联现金入库凭单作借方凭证附件，办理转账。

其会计处理为：

借：库存现金

　贷：存放中央银行款项——备付金存款

（三）缴存存款

1.基本规定

商业银行向中国人民银行缴存存款的基本规定见表6-2。

表6-2　缴存存款的基本规定

（1）缴存种类。 缴存存款分为两类：缴存财政性存款和缴存一般性存款（法定存款准备金）。 （2）缴存比例。 财政性存款的缴存比例为100%，即全额缴存。法定存款准备金按一般性存款的一定比率缴存，此比率即为法定存款准备金率。 （3）缴存银行。 财政性存款由一般存款行缴存。法定准备金由下级行统一上划总行，由总行统一缴存。 （4）缴存时间。 财政性存款，除第一次按规定时间缴存外，城市分支行（包括所属部、处）每旬调整一次，于旬后5日内办理；县支行及其所属处、所，每月调整一次，于月后8日内办理。 法定存款准备金，各商业银行每旬调整一次，于旬后5日内办理。缴存单位为千元，缴存数额通过余额表计算。

下面主要介绍缴存财政性存款的业务处理。

2.缴存财政性存款的核算

各商业银行代理财政性存款，需要定期缴存到中国人民银行。商业银行向中国人民银行缴存时，应根据存款科目余额，填制“缴存存款科目余额表”，并按缴存金额，填制“缴存财政性存款划拨凭证”一式四联，办理缴存。

（1）首次缴存。

其会计处理为：

借：存放中央银行款项——向××人民银行缴存财政性存款

　贷：存放中央银行款项——备付金存款

转账后，将划拨凭证的第三、四联签章后与余额表一并送交中国人民银行。

（2）调整缴存。

①调增（补缴）财政性存款。其会计处理为：

借：存放中央银行款项——向××人民银行缴存财政性存款

　贷：存放中央银行款项——备付金存款

转账后，将划拨凭证的第三、四联签章后与余额表一并送交中国人民银行。

②调减（退缴）财政性存款。其会计处理为：

借：存放中央银行款项——备付金存款

　贷：存放中央银行款项——向××人民银行缴存财政性存款

（3）欠缴。

对欠缴财政性存款银行的处理规定见表6-3。

表 6-3　**欠缴存款的处理规定**

(1) 商业银行对本次能实缴的存款和欠缴的存款要分开填写凭证。
(2) 中国人民银行对欠缴的存款待商业银行调入资金后，应一次性全额收回，不予分次扣收。
(3) 中国人民银行对欠缴的存款每日按5‱计收罚款，随扣收存款一并收取。

①欠缴的会计处理。

对实缴存款部分，处理与首次缴存和调增缴存相同。其会计处理为：

借：存放中央银行款项——向××人民银行缴存财政性存款

　贷：存放中央银行款项——备付金存款

对欠缴存款部分，另填制“欠缴凭证”一式四联，第一、二联留存，据以填制“待清算凭证”表外科目收入传票。

收入：待清算凭证

然后，将“欠缴凭证”第三、四联与“划拨凭证”第三、四联及“存款科目余额表”一并送交中国人民银行。

②欠缴收回的会计处理。

对欠缴的存款，商业银行应积极筹集调度资金，及时补缴。

中国人民银行对商业银行欠缴的存款，应按日计收罚款，随同欠缴存款一并扣收。罚款的计算是从旬后第5天或月后第8天起至欠缴款项收回日止，算头不算尾。

商业银行收到中国人民银行的扣款通知后，抽出原保管的“欠缴凭证”第一、二联，办理转账。其会计处理为：

借：存放中央银行款项——向××人民银行缴存财政性存款

　　营业外支出

　贷：存放中央银行款项——备付金存款

同时，销记表外登记。

付出：待清算凭证

【例6-2】中国工商银行××支行缴存财政性存款科目余额表见表6-4。缴存财政性存款划拨凭证见表6-5。

表 6-4　**中国工商银行××支行缴存财政性存款科目余额表**

202×年7月15日　　单位：元

科目代号	余额	科目代号	余额
	位数		位数
××××261	1 250 000.00		
××××262	2 386 000.00		
××××296	4 215 000.00		
××××468	127 000.00		
合　计	7 978 000.00	合　计	

表6-5　　缴存（或调整）财政性存款划拨凭证（贷方凭证）　　总字第××号

收受银行	名称	中国人民银行××支行	缴存银行	名称	中国工商银行××支行
	账号	××××		账号	××××
存款类别	202×年7月15日	缴存比例	应缴存款余额	存款类别	202×年7月15日
财政性存款	7 978 000.00	100%	7 978 000.00	财政性存款	7 978 000.00
1.合计					7 978 000.00
2.已缴存金额					3 000 000.00
3.本次应补缴金额（1-2）					4 978 000.00
4.本次应退回金额（2-1）					
上列缴存金额或应补缴和应退回金额，已按规定办理划转		备注：		会计分录： 科目（借）______ 对方科目（贷）______ 会计　复核　记账	

其会计处理为：

本次应调增缴存金额=7 978 000-3 000 000=4 978 000（元）

借：存放中央银行款项——向××人民银行缴存财政性存款　　4 978 000

　贷：存放中央银行款项——备付金存款　　4 978 000

【例6-3】接【例6-2】，假设中国工商银行××支行7月15日在中国人民银行备付金账户资金只有4 000 000元，欠缴金额978 000元于7月19日被中国人民银行主动扣收，并按每日5‰计收罚款。

其会计处理为：

（1）7月15日缴存4 000 000元已有存款。

借：存放中央银行款项——向××人民银行缴存财政性存款　　4 000 000

　贷：存放中央银行款项——备付金存款　　4 000 000

同时，欠缴金额进行表外登记。

收入：待清算凭证　　978 000

（2）7月19日接到扣款通知。

罚款=978 000×4×5‰=1 956（元）

借：存放中央银行款项——向××人民银行缴存财政性存款　　978 000

　　营业外支出　　1 956

　贷：存放中央银行款项——备付金存款　　979 956

同时，销记“待清算凭证”表外科目登记簿。

付出：待清算凭证　　978 000

（四）再贷款

中国人民银行对商业银行发放的贷款，又称再贷款，主要有年度性贷款、季节性贷款和日拆性贷款。

1.贷款借入

商业银行各级行、处向中国人民银行申请再贷款时，应填制一式两份的再贷款申请书，报送中国人民银行计划部门批准。签批后，商业银行会计部门填制一式五联的借款凭证，在借款凭证上加盖预留印鉴，提交中国人民银行办理借款手续。其会计处理为：

借：存放中央银行款项——备付金存款

　贷：向中央银行借款

2.贷款归还

贷款归还时，正确计算本利和后进行款项划转。其会计处理为：

借：向中央银行借款

　　利息支出

　贷：存放中央银行款项——备付金存款

（五）再贴现

再贴现是商业银行持未到期的已贴现票据向中国人民银行申请的贴现。

1.票据贴现的处理

商业银行应填制一式五联的再贴现凭证，同已背书的承兑汇票一并交中国人民银行。待收到中国人民银行退回的第四联再贴现凭证（收账通知）时，分别编制两联特种转账借、贷方传票，办理转账。其会计处理为：

借：存放中央银行款项

　　贴现负债——交易费用

　贷：贴现负债——面值

资产负债表日，结转利息费用。其会计处理为：

借：利息支出

　贷：贴现负债——交易费用

2.票据到期的处理

再贴现票据到期，中国人民银行主动从申请银行存款账户中扣除票款。商业银行根据第五联再贴现凭证（到期卡），分别编制两联特种转账借、贷方传票，办理转账。其会计处理为：

借：贴现负债——面值

　贷：存放中央银行款项

（六）同城票据交换

同城票据交换是同一票据交换区域内（同城）商业银行各行处将相互代收、代付的票据，按照中国人民银行规定的时间和场次，集中到指定的票据交换所进行交换，当场轧记往来行之间应收、应付差额，并由中国人民银行清算差额资金的一种方法。

1.票据交换的基本做法

票据交换的基本做法见表6-6。

表6-6　　票据交换的基本做法

（1）严格统一交换票据（凭证）格式，用打码机处理提出票据。

①特制统一的交换票据（凭证），由于票据格式不一，须经打码处理后才能提出交换。

②打码机在每张票据、凭证末端，打印一行数码。这行数码根据票据和凭证填写的有关要素打印，包括票据号码、交换行号、单位账号、借（贷）方代码及金额五项内容，以供计算机打印提出交换的清单。

③为便于分批处理提出交换票据（凭证），在每批（不超过100张）打码机处理后，另打制"批控卡"，以控制分批金额。

（2）填制"交换提出报告单"，连同票据、凭证提出交换。

提出行根据"批控卡"的借方（贷方）总额填入"交换提出报告单"，结计合计总数，并与打码机的总数核对相符，连同本场交换提出的全部票据一并装袋送交换所。

（3）交换所清分、打印及提回交换凭证。

交换所工作人员在柜面与交换行送达的票据、凭证办理交接手续，按规定必须在每场交换规定时间前送达。然后，将交换票据、凭证送交机房，由工作人员陆续投入计算机运行，自动按提入行进行清分、读数，打印明细清单，直至最后把提入票据、凭证输进各提入行的票据箱，整个交换工作即告完成。

（4）打印"交换差额报告单"。

根据提出、提入票据及凭证的借、贷方总金额轧计，打印"交换差额报告单"，送中国人民银行营业部门办理转账。

（5）提入行将票据及凭证处理入账。

提入行提回的票据及凭证，通过终端机输入，记入各单位账户。

2.票据交换的基本规定

票据交换的基本规定见表6-7。

表6-7　　票据交换的基本规定

（1）商业银行间的票据交换一般由当地中国人民银行通过设立票据交换所完成。

（2）参加票据交换的行处一般是同城内的有关商业银行。但交通方便的地区，也可吸收毗邻市县的有关行处参加本市的票据交换。

（3）票据交换的具体场次和时间，须根据各地的具体情况而定。一般在大中城市，星期一至星期五（节假日除外）每天上下午进行两次交换；在中小城市，每天进行一次交换。

（4）参加票据交换的行处，必须向中国人民银行交换清算部门申请并核发该行交换号码，并通报全市各参加交换的银行，自那一天起参加交换。

（5）票据交换分"提出行"和"提入行"两个系统。提出行，向他行提出票据交换的行处；提入行，接受他行提出票据的行处。一般参加交换的行处，既是提出行，也是提入行。

3.票据交换的种类

各行提出交换的票据可分为两类：代收票据和代付票据。

从提出行的角度定义为：代收票据，又称贷方票据，是在本行[①]开户的付款单位提交的委托本行向他行[②]开户单位付款的票据；代付票据，又称借方票据，是在本行开户的收款单位提交的应由他行开户单位付款的票据。

注：①本行指提出行；②他行指提入行。

由上述定义可知，银行提出借方票据和提入贷方票据意味着本行收取款项；提出贷方票据和提入借方票据意味着本行付出款项。收付款之差就是本次交换中的应收差额或应付差额。

4.账务处理

参与票据交换的每一家银行既是提出行，也是提入行。会计核算分提出行和提入行两个核算系统。

（1）提出行的核算。

①提出借方票据时，会计处理为：

借：清算资金往来——同城票据清算

  贷：其他应付款

俟退票时间过后，再为收款人办理转账。其会计处理为：

借：其他应付款

  贷：吸收存款——单位活期存款——××户

其中，“其他应付款”科目的使用，是因为中国人民银行票据清算在前，款项由其先行划入，交换提入在后，在信息未明之前，款项先挂账处理。

②提出贷方票据时，一般无退票。其会计处理为：

借：吸收存款——单位活期存款——××户

  贷：清算资金往来——同城票据清算

（2）提入行的核算。

①提入借方票据时，会计处理为：

借：其他应收款

  贷：清算资金往来——同城票据清算

审核无误后，办理转账。其会计处理为：

借：吸收存款——单位活期存款——××户

  贷：其他应收款

其中，“其他应收款”科目的使用，是因为交换成功后中国人民银行先行划出款项，提入行对提入票据审核，审核无误后方可依据票据向客户收款。在票据未审核之前，款项先挂账处理。

②提入贷方票据时，一般无退票。其会计处理为：

借：清算资金往来——同城票据清算

  贷：吸收存款——单位活期存款——××户

（3）差额清算的核算。

①若清算差额为应收差额，会计处理为：

借：存放中央银行款项

  贷：清算资金往来——同城票据清算

②若清算差额为应付差额，会计处理为：

借：清算资金往来——同城票据清算

  贷：存放中央银行款项

从理论上讲，提出或提入的票据、凭证每笔资金清算都要通过中国人民银行办理，即逐笔与“存放中央银行款项”对转，而实务上只是汇总轧差清算。为使各行处与中国人民银行账务核对相符，一般不直接使用“存放中央银行款项”科目，而需通过相应的过渡科目列账，最终清算时才以“存放中央银行款项”和“清算资金往来——同城票据清算”科目进行核算。

（4）退票的核算。

退票大多发生在提入借方票据（付款）业务中，下面仅就此作简要说明。

提入行提入的借方票据，如支票，因付款人账户冻结、空头、印鉴不符等原因不能转账而提出退票时，应在下次票据交换时退还给原提出行，并在退票时间内电话通知原提出行（北京市为下午4点以前电话通知退票）。办理退票时，会计处理为：

借：清算资金往来——同城票据清算

　贷：其他应收款

原提出行收到退回的票据后，会计处理为：

借：其他应付款

　贷：清算资金往来——同城票据清算

【例6-4】××市中国建设银行××支行、中国工商银行××支行、中国农业银行××支行在×交换日上午交换提出、提入的票据见表6-8。

表6-8　**各行交换票据情况**

参加票据交换银行	提出行提出的票据	提入行提入的票据	轧算差额	
			应收差额	应付差额
中国建设银行××支行	提出转账支票20张，金额85万元；提出进账单2套，金额45万元	从工行提入商业汇票2张，金额52万元；从工行提入支票6张，金额40万元；从农行提入支票2张，金额22万元；从工行提入进账单1套，金额15万元		590 000元
中国工商银行××支行	提出转账支票10张，金额60万元；提出商业汇票2张，金额52万元；提出进账单2套，金额40万元	从建行提入支票15张，金额60万元；从农行提入支票2张，金额20万元；从建行提入进账单2套，金额45万元；从农行提入本票1张，金额50万元		130 000元
中国农业银行××支行	提出转账支票4张，金额42万元；提出本票1张，金额50万元	从建行提入支票5张，金额25万元；从工行提入支票4张，金额20万元；从工行提入进账单1套，金额25万元	720 000元	

要求：计算各行应收或应付差额，并分别编制各行差额清算的会计分录。

1.计算各行差额资金

（1）中国建设银行××支行。

应收款=850 000+150 000=1 000 000（元）

应付款=450 000+520 000+400 000+220 000=1 590 000（元）

应付差额=1 590 000−1 000 000=590 000（元）

（2）中国工商银行××支行。

应收款=600 000+520 000+450 000=1 570 000（元）

应付款=400 000+600 000+200 000+500 000=1 700 000（元）

应付差额=1 700 000−1 570 000=130 000（元）

（3）中国农业银行××支行。

应收款=420 000+500 000+250 000=1 170 000（元）

应付款=250 000+200 000=450 000（元）

应收差额=1 170 000−450 000=720 000（元）

2.编制各行差额清算的会计分录

（1）中国建设银行××支行。

借：清算资金往来——同城票据清算　　590 000

　贷：存放中央银行款项　　590 000

（2）中国工商银行××支行。

借：清算资金往来——同城票据清算　　130 000

　贷：存放中央银行款项　　130 000

（3）中国农业银行××支行。

借：存放中央银行款项　　720 000

　贷：清算资金往来——同城票据清算　　720 000

补充中国人民银行的会计分录如下：

借：××建设银行金融机构存款　　590 000

　　××工商银行金融机构存款　　130 000

　贷：××农业银行金融机构存款　　720 000

【例6-5】接【例6-4】，假定中国工商银行从中国农业银行提入的票据中有1张金额为120 000元的转账支票系本行开户的宏利针织厂开出，中国工商银行提入后核对发现支票为“空头”，按规定时间电话通知中国农业银行下午交换时退票（罚款略）。

要求：编制中国工商银行提入、中国农业银行提出及退票的处理。

其会计处理为：

1.中国工商银行的处理

（1）提入：

借：其他应收款　　120 000

　贷：清算资金往来——同城票据清算　　120 000

（2）退票：

借：清算资金往来——同城票据清算　　120 000

　贷：其他应收款　　120 000

2.中国农业银行的处理

（1）提出：

借：清算资金往来——同城票据清算　　120 000

贷：其他应付款　　120 000

（2）退回：

借：其他应付款　　120 000

贷：清算资金往来——同城票据清算　　120 000

二、商业银行与商业银行（异行）往来业务

商业银行间的往来业务主要包括异地跨系统转汇和同业拆借。

（一）异地跨系统转汇

跨系统转汇是由于客户办理异地结算业务而引起的各商业银行之间相互汇划款项的业务。目前，异地跨系统转汇主要有两种处理方法：一是通过中国人民银行支付系统办理转汇，二是通过商业银行行内汇划业务办理转汇。下面仅介绍通过商业银行行内汇划业务办理转汇内容。

根据商业银行机构设置的不同，可分别采用“先横后直”“先直后横”“先直后横再直”三种转汇方式。其中，“横”指的是跨系统转汇，“直”指的是系统内转汇。

1.“先横后直”的方式

该方式适用于汇出行所在地为双设机构的地区，即汇出行所在地除本行外还设有汇入行系统的银行机构。其划款程序是：由汇出行将跨系统的汇划凭证，通过同城票据交换的方式将款项划至汇入行的转汇行，转汇行再通过联行将款项转划给汇入行。其具体做法如图6-1所示。

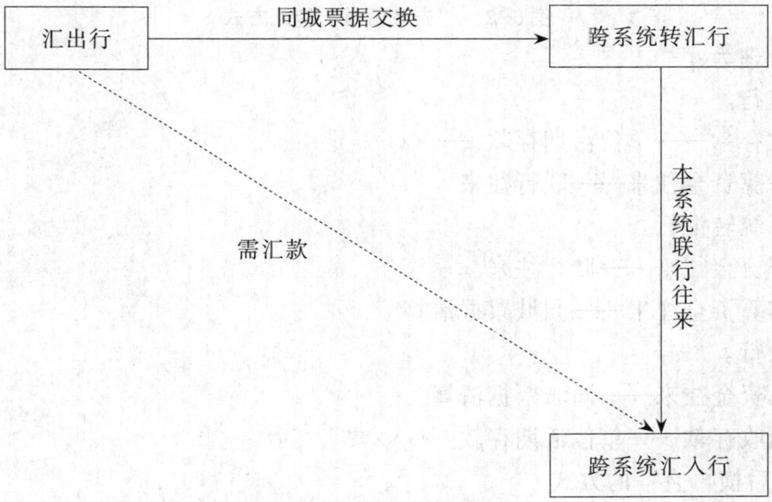

图6-1　“先横后直”转汇方式

其会计处理为：

（1）汇出行。

借：吸收存款——单位活期存款——××户

贷：清算资金往来——同城票据清算

（2）跨系统转汇行。

借：清算资金往来——同城票据清算

贷：清算资金往来——联行往来

（3）汇入行。

借：清算资金往来——联行往来

　贷：吸收存款——单位活期存款——××户

2.“先直后横”的方式

该方式适用于汇出行所在地为单设机构地区，即汇出行所在地没有汇入行系统的银行机构。其划款程序是：由汇出行将款项通过本系统联行划入汇入行所在地的转汇行，再由其通过同城票据交换的方式转划汇入行。其具体做法如图6-2所示。

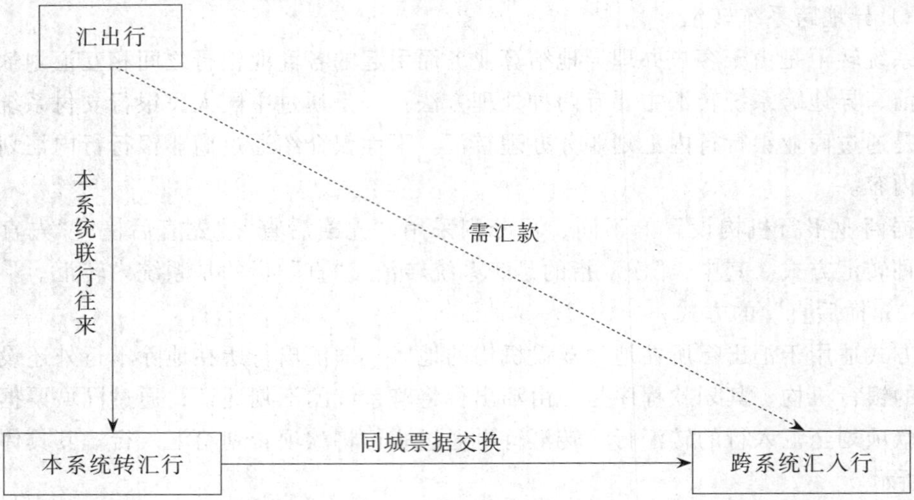

图6-2 “先直后横”转汇方式

其会计处理为：

(1) 汇出行。

借：吸收存款——单位活期存款——××户

　贷：清算资金往来——联行往来

(2) 本系统转汇行。

借：清算资金往来——联行往来

　贷：清算资金往来——同城票据清算

(3) 汇入行。

借：清算资金往来——同城票据清算

　贷：吸收存款——单位活期存款——××户

3.“先直后横再直”的方式

该方式适用于汇出行和汇入行所在地均为单设机构地区。其划款程序是：由汇出行先通过本系统联行将款项划至就近的、双设机构的本系统转汇行，再由其通过同城票据交换将款项划至跨系统汇入行的转汇行，最后由汇入行的转汇行通过本系统联行转划给汇入行。其具体做法如图6-3所示。

其会计处理为：

(1) 汇出行。

借：吸收存款——单位活期存款——××户

　贷：清算资金往来——联行往来

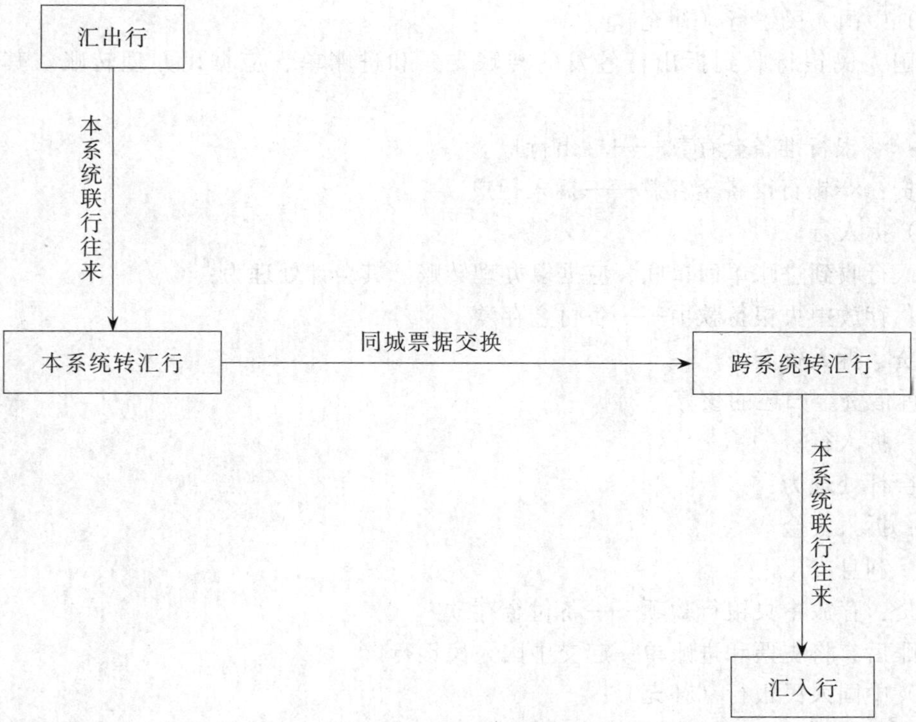

图6-3　“先直后横再直”转汇方式

（2）本系统转汇行。

借：清算资金往来——联行往来

　贷：清算资金往来——同城票据清算

（3）跨系统转汇行。

借：清算资金往来——同城票据清算

　贷：清算资金往来——联行往来

（4）汇入行。

借：清算资金往来——联行往来

　贷：吸收存款——单位活期存款——××户

（二）同业拆借

同业拆借是商业银行之间临时融通资金的一种短期借贷行为，是解决因转汇或票据交换等业务而产生的资金不足的一种有效方法。其特点是拆借时间短，定期归还。拆借资金均要通过中国人民银行办理，跨地区拆借须报管辖行批准，跨省拆借应报总行审批。

1.拆出、拆入资金的核算

（1）拆出行。

拆出行经有关部门批准，与拆入行签订拆借合同后，应签发其在中国人民银行备付金账户的转账支款凭证（一般以转账支票代替），办理转账手续。其会计处理为：

借：拆出资金

　贷：存放中央银行款项——备付金存款

转账后，将转账支票连同进账单一起交拆入行或开户行（即中国人民银行）。

（2）中国人民银行（补充）。

中国人民银行收到拆出行签发的转账支票和进账单，应据以办理转账。其会计处理为：

借：××银行准备金存款——拆出行户

　贷：××银行准备金存款——拆入行户

（3）拆入行。

拆入行收到进账单回单联，应据以办理转账。其会计处理为：

借：存放中央银行款项——备付金存款

　贷：拆入资金

2.拆借资金归还的核算

（1）拆入行。

其会计处理为：

借：拆入资金

　利息支出

　贷：存放中央银行款项——备付金存款

转账后，将支票和进账单一起交中国人民银行。

（2）中国人民银行（补充）。

中国人民银行收到拆入行签发的转账支票和进账单，应据以办理转账。其会计处理为：

借：××银行准备金存款——拆入行户

　贷：××银行准备金存款——拆出行户

转账后，将进账单第一联盖转讫章交拆出行。

（3）拆出行。

拆出行收到进账单回单联，应据以办理转账。其会计处理为：

借：存放中央银行款项——备付金存款

　贷：拆出资金

　　利息收入

思考题

1.什么是联行往来和同业往来？它们有何区别？

2.行内电子汇划的基本做法是什么？

3.什么是同城票据交换？对代收、代付票据如何理解？

练习题

1.单项选择题

（1）转账支票跨行交换属于（　　）。

A.中国人民银行支付系统　　B.行内资金汇划清算系统

C.票据交换系统　　D.银行卡系统

（2）下列银行没有自己的全国联行系统的是（　　）。

A.中国银行　B.中国农业银行　C.交通银行　D.农村商业银行

(3) 下列不是资金汇划清算系统的基本做法的是（　）。

A.实存资金　B.同步清算　C.联行汇差　D.集中监督

(4) 下列关于同城票据交换业务说法错误的是（　）。

A.参与者是同城商业银行和中国人民银行

B.有规定的时间和场次

C.有集中交换的场所

D.不能当场轧计出差额

(5) 如果汇出地为单设机构，而汇入地为双设机构，则可以采取（　）的转汇方式。

A."先直后横"　B."先横后直"　C."先直后横再直"　D.以上都可以

(6) 商业银行在中国人民银行开立的存款账户，其中可以用来办理清算的账户是（　）。

A.法定存款准备金账户　B.缴存财政性存款账户

C.备付金账户　D.再贷款账户

(7) 同城票据交换的主持者是（　）。

A.中国人民银行　B.商业银行　C.提出行　D.提入行

(8) 本行为收款行，他行为付款行，这类提出交换的票据为（　）。

A.代收票据　B.代付票据　C.应收票据　D.应付票据

(9) 本行为付款行，他行为收款行，这类提出交换的票据又称为（　）。

A.应收票据　B.代付票据　C.应付票据　D.代收票据

(10) 参加票据交换的行处轧算的票据交换应收差额是（　）。

A.提出的借方票据+提入的贷方票据>提出的贷方票据+提入的借方票据

B.提出的借方票据+提入的贷方票据<提出的贷方票据+提入的借方票据

C.提出的借方票据+提入的借方票据<提出的贷方票据+提入的贷方票据

D.提出的借方票据+提入的借方票据>提出的贷方票据+提入的贷方票据

2.业务题

(1) 甲市、乙市各银行发生转汇业务如下：

①甲市中国农业银行的开户单位种子公司办理电汇业务，汇往乙市中国工商银行的开户单位农药公司，支付货款78 000元，通过甲市中国工商银行将款项汇出。

②甲市中国农业银行的开户单位纺织印染厂电汇20 000元，收款单位是在乙市中国银行开户的蔬菜进出口公司。因当地没有中国银行机构，通过乙市中国农业银行转划。

③甲市中国银行的开户单位外贸进出口公司电汇乙市中国工商银行的开户单位板栗供销公司货款50 000元，汇出地为双设机构地区，采取"先横后直"的划款方式。

要求：根据上述资料分别编制汇出行、转汇行、汇入行的相关会计分录。

(2) ××市中国建设银行因季节性资金需要于6月5日从本市中国工商银行折借资金3 000 000元，经中国人民银行审核批准，确定折借期限为7天，月利率为2.5‰。中国建设银行于6月12日归还折借资金本息。

要求：编制中国建设银行的相关会计分录。

（3）中国工商银行××支行于3月18日向中国人民银行申请季节性贷款，金额450万元，期限3个月，贷款月利率3‰。经中国人民银行审查同意，办理贷款发放手续。5月23日，中国工商银行提前归还贷款250万元，其余200万元和利息于到期日6月18日全部归还。

要求：编制中国工商银行的相关会计分录。

（4）中国工商银行与中国农业银行8月2日的第一次票据交换情况如下：

①中国工商银行提出转账支票12张，金额67 441元；提出进账单4张，金额11 021元；提入转账支票7张，金额41 200元；提入进账单2张，金额8 456元。

②中国农业银行提出转账支票9张，金额59 784元；提出进账单5张，金额39 004元；提入支票10张，金额72 097元；提入进账单6张，金额27 900元。

要求：根据上述资料分别计算中国工商银行和中国农业银行应收金额、应付金额和交换差额，并编制相关会计分录。

（5）××支行缴存存款情况如下：

①××支行缴存存款每旬调整一次，6月5日调整后余额如下：

“缴存中央银行财政性存款”科目余额12 394 000.00元；

“缴存中央银行一般性存款”科目余额66 191 000.00元。

②××支行6月10日各种存款余额见表6-9。

表6-9 ××支行各种存款余额 单位：元

项　目	余　额
1.财政性存款	112 527 000.00
2.企业存款	812 350 000.00
3.储蓄存款	40 120 000.00

③××支行缴存比例是：财政性存款100%；其他存款19%。

要求：根据上述资料编制××支行6月上旬调整缴存财政性存款和一般性存款的相关会计分录。

（6）中国工商银行××支行的开户单位尤里科技公司汇款1 000 000元，向中国工商银行北京海淀支行联想集团公司购买计算机。

要求：编制中国工商银行××支行的相关会计分录。

（7）中国工商银行××支行为开户单位茂名针织厂提交的由中国工商银行上海浦东支行签发的银行汇票第二、三联，金额150 000元，办理收款入账。

要求：编制中国工商银行××支行的相关会计分录。

3.实训练习

实训要求：根据实训资料填写有关凭证。

（1）山东济南万通机械设备公司交来银行汇票第二联、第三联及三联进账单，票面金额120 000元，与实际结算金额相同，付款人为江苏徐州永利煤机公司，银行审核无误后代理付款。

中国建设银行

银行汇票 2 江苏 号码：Ⅷ3326023

付款期限
壹 个 月

出票日期（大写）贰零贰零年零陆月壹拾贰日

代理付款行：济南建行解放路支行

行号：105451000598

收款人：济南万通机械设备公司		账号：3700161608050001266										
出票金额	人民币（大写）	人民币壹拾贰万元整	￥120 000.00									
实际结算金额	人民币（大写）	人民币壹拾贰万元整	千	百	十	万	千	百	十	元	角	分
				￥	1	2	0	0	0	0	0	0

申请人：徐州永利煤机公司　　账　号：230012120805000132

出票行：徐州建行永安支行

行　号：105303000164

备　注：

凭票付款

出票行签章

密押	362262									
多余金额										
千	百	十	万	千	百	十	元	角	分	复核
										记账

中国建设银行

银行汇票（解讫通知） 3 江苏 号码：Ⅷ3326023

付款期限
壹 个 月

出票日期（大写）贰零贰零年零陆月壹拾贰日

代理付款行：济南建行解放路支行

行号：105451000598

收款人：济南万通机械设备公司		账号：3700161608050001266										
出票金额	人民币（大写）	人民币壹拾贰万元整	￥120 000.00									
实际结算金额	人民币（大写）	人民币壹拾贰万元整	千	百	十	万	千	百	十	元	角	分
				￥	1	2	0	0	0	0	0	0

申请人：徐州永利煤机公司　　账　号：230012120805000132

出票行：徐州建行永安支行

行　号：105303000164

备　注：

凭票付款

出票行签章

密押	362262									
多余金额										
千	百	十	万	千	百	十	元	角	分	复核
										记账

中国建设银行 **进账单**（回单）1

2020年6月20日

出票人	全　　称		收款人	全　　称												
	账　　号			账　　号												
	开户银行			开户银行												
金额	人民币（大写）					亿	千	百	十	万	千	百	十	元	角	分
票据种类		票据张数														
票据号码																
复核	记账			开户银行签章												

此联由收款人开户银行作贷方凭证

中国建设银行 **进账单**（收账通知）3

2020年6月20日

出票人	全称	
	账号	
	开户银行	
金额	人民币（大写）	位　数
收款人	全称	
	账号	
	开户银行	
票据号码		
收款人开户行签章		
复核　记账		

中国建设银行 **进账单**（贷方凭证）2

2020年6月20日

出票人	全称		收款人	全称												
	账号			账号												
	开户银行			开户银行												
金额	人民币（大写）					亿	千	百	十	万	千	百	十	元	角	分
票据种类		票据张数														
票据号码																
备注				复核	记账											

中国建设银行　**转账贷方传票**

2020年06月20日

科目 （贷）吸收存款——活期存款		对方科目 （借）清算资金往来										
户名或账号	摘要	金额										
		亿	千	百	十	万	千	百	十	元	角	分
合计												

会计　　出纳　　复核　　记账　　制票

中国建设银行　**邮划借方报单**（来账卡片）1

发报行	行号		编制　年　月　日	收报行	行号		号码
	行名				行名		

付款人账号或名称	收款人账号或名称	亿	千	百	十	万	千	百	十	元	角	分

合计金额	亿	千	百	十	万	千	百	十	元	角	分
事由											
附件											

备注：	发报行	发报行联行专用章	收报行	核对印鉴　核押 复核　记账 转账日期　年　月　日

中国建设银行 **邮划借方报单**（来账报告卡）2

发报行	行号		编制 年 月 日	收报行	行号		号码
	行名				行名		

付款人账号或名称	收款人账号或名称	亿	千	百	十	万	千	百	十	元	角	分	合计金额	亿	千	百	十	万	千	百	十	元	角	分
													事由											
													附件											

发报行联行专用章

中国建设银行 **邮划借方报单**（往账报告卡）3

发报行	行号		编制 年 月 日	收报行	行号		号码
	行名				行名		

付款人账号或名称	收款人账号或名称	亿	千	百	十	万	千	百	十	元	角	分	合计金额	亿	千	百	十	万	千	百	十	元	角	分
													事由											
													附件											

发报行联行专用章

中国建设银行 **邮划借方报单**（往账卡片）4

发报行	行号		编制 年 月 日	收报行	行号		号码
	行名				行名		

付款人账号或名称	收款人账号或名称	亿	千	百	十	万	千	百	十	元	角	分	合计金额	亿	千	百	十	万	千	百	十	元	角	分
													事由											
													附件											

备注：	收报行	编制 复核

（2）银行交换提入进账单，系本行开户单位灵玉雕刻厂的一笔货款，金额36 000元，无退款，审核无误后办理入账。

中国建设银行 **进账单**（收账通知）3

2020年6月20日

出票人	全称	鹏远工艺品店
	账号	3700181710904003021
	开户银行	工行历下支行
金额	人民币（大写）	位 数
		人民币叁万陆仟元整
收款人	全称	灵玉雕刻厂
	账号	3700161610805001136
	开户银行	建行解放路支行
票据号码		Ⅷ3701231
收款人开户行签章		
复核 记账		

中国建设银行 **进账单**（贷方凭证）2

2020年6月20日

出票人	全称	鹏远工艺品店	收款人	全称	灵玉雕刻厂
	账号	3700181710904003021		账号	3700161610805001136
	开户银行	工行历下支行		开户银行	建行解放路支行

金额	人民币（大写）	人民币叁万陆仟元整	亿	千	百	十	万	千	百	十	元	角	分
						¥	3	6	0	0	0	0	0

票据种类	转支	票据张数	1
票据号码	Ⅷ3701231		
备注			复核 记账

中国建设银行 **转账贷方传票**

年 月 日

<table>
<tr><td colspan="2">科目
（贷）吸收存款——活期存款——
灵玉雕刻厂</td><td colspan="11">对方科目
（借）其他应付款</td></tr>
<tr><td rowspan="2">户名或账号</td><td rowspan="2">摘 要</td><td colspan="11">金 额</td></tr>
<tr><td>亿</td><td>千</td><td>百</td><td>十</td><td>万</td><td>千</td><td>百</td><td>十</td><td>元</td><td>角</td><td>分</td></tr>
<tr><td></td><td></td><td></td><td></td><td></td><td></td><td></td><td></td><td></td><td></td><td></td><td></td><td></td></tr>
<tr><td></td><td></td><td></td><td></td><td></td><td></td><td></td><td></td><td></td><td></td><td></td><td></td><td></td></tr>
<tr><td colspan="2">合 计</td><td></td><td></td><td></td><td></td><td></td><td></td><td></td><td></td><td></td><td></td><td></td></tr>
</table>

会计 出纳 复核 记账 制票

第七章

外汇业务

学习目标

1.了解外汇业务核算的特点；
2.掌握外汇买卖业务的核算；
3.掌握外汇存款业务的核算；
4.掌握外汇贷款业务的核算；
5.掌握国际结算业务的核算。

第一节 外汇业务概述

一、含义

外汇是国际汇兑（Foreign Exchange）的简称，是以外国货币表示的可以用于国际清偿和国际结算的支付手段和资产。根据《中华人民共和国外汇管理条例》的规定，外汇包括外国货币、外币有价证券、外币支付凭证、特殊债权以及其他外汇资金等。

我国对外汇实行统一政策、集中管理的方针。国家授权外汇管理局行使外汇管理职权，国务院授权中国人民银行管理国家外汇业务。经中国人民银行核准的各金融机构，可在核准经营的范围内开展外汇业务。

二、主要内容

外汇业务是以记账本位币以外的货币进行的款项收付、往来结算等业务。经营外汇业务是银行业务经营的重要组成部分。

目前，我国商业银行主要从事的外汇业务有：外汇买卖，外汇存款，外汇贷款，外汇汇款，外币兑换，外汇同业拆借，外汇借款，发行或代理发行股票以外的外币有价证券，买卖或代理买卖股票以外的外币有价证券，外汇票据的承兑和贴现，贸易、非贸易结算，外汇担保，外汇信用卡的发行和代理国外信用卡的发行及付款，资信调查、咨询和鉴证业务等。

三、核算方法

外汇业务核算方法有外汇分账制和外汇统账制两种。

（一）外汇分账制

外汇分账制，也称原币记账法，是指经营外汇业务的银行，对外币与记账本位币实行分账核算的一种记账方法。

采用外汇分账制核算的银行，应按业务发生时的各种原币填制凭证、登记账簿、编制会计报表。银行发生结售汇以及各种货币之间的兑换及账务间的联系时，均通过“货币兑换”科目，并按业务发生时的汇率记账。资产负债表日，银行应将以原币编制的财务会计报表折算为记账本位币，其中，货币性项目按资产负债表日即期汇率折算，非货币性项目按交易日即期汇率折算，产生的汇兑差额计入当期损益。

（二）外汇统账制

外汇统账制，也称本币记账法或本币统账制，是指经营外汇业务的银行，对外汇的买卖、收付等都折合成记账本位币，统一用记账本位币进行核算的一种记账方法。

采用外汇统账制核算的银行，应分别记账本位币和各种外币进行明细核算。银行发生外汇业务时，应将有关外币金额折合为记账本位币记账，并登记外币金额和折算率。除另有规定外，所有与外汇业务有关的账户，应当采用业务发生时的汇率或业务发生当期期初的汇率折算。

目前，我国银行对外汇业务的核算主要采用外汇分账制。

四、会计科目设置

外汇业务核算涉及的主要会计科目有：

（1）“存放同业”科目属于资产类科目，核算境内银行存放在境外银行的外汇款项及往来款项。本科目可按国外代理行设置分户账进行明细核算。期末余额在借方，反映境外银行存放的款项。

（2）“存出保证金”科目属于资产类科目，核算银行因办理业务需要存出或交纳的各种保证金款项。本科目可按保证金的类别及存放单位进行明细核算。期末余额在借方，反映已存出的保证金款项。

（3）“汇出汇款”科目属于负债类科目，核算汇出行办理汇款的业务。期末余额在贷方，反映尚未汇出的款项。本科目为“其他应付款”科目的明细科目。

（4）“存入保证金”科目属于负债类科目，核算银行收到其他单位存入的各种保证金款项。本科目可按保证金的类别及存放单位进行明细核算。期末余额在贷方，反映已存入的保证金款项。本科目为“其他应付款”科目的明细科目。

（5）“货币兑换”科目属于资产负债共同类科目，核算银行间发生的外汇买卖及兑换业务。当买入外汇时，借记有关科目（外币），贷记本科目（外币）；同时，借记本科目（人民币），贷记有关科目（人民币）。当卖出外汇时，借记本科目（外币），贷记有关科目（外币）；同时，借记有关科目（人民币），贷记本科目（人民币）。期末余额在贷方，则表明该货币买入大于卖出，为多头；期末余额在借方，则表明该外币卖出大于买入，为空头。

第二节　外汇买卖

一、主要内容

银行的外汇买卖业务主要包括自营外汇买卖、代客外汇买卖和临柜业务中的结售汇等。

自营外汇买卖是银行根据国家外汇管理规定及自身外汇头寸保值、增值的需要，以自身的外汇资金，通过境内外同业银行进行外汇头寸的转换，以期赚取差价利润的业务。

代客外汇买卖是银行接受客户委托，代其在国际金融市场上或通过中国外汇交易中心或外汇调剂市场进行的外汇或本位币调剂买卖交易的业务。

临柜业务则主要表现为结汇、售汇、外币兑换和套汇的业务。

（一）结汇

我国对经常项目下的外汇收入实行结汇制。境内企事业单位、机关和社会团体按国家外汇管理政策的规定，将各类外汇收入按银行挂牌汇率结售给银行。银行购入外汇，付给人民币。结汇有强制结汇、意愿结汇和限额结汇等多种形式。目前，我国主要实行的是强制结汇制。

（二）售汇

境内企事业单位、机关和社会团体经常项目下的正常用汇，可以持有效凭证，用人民币到银行办理兑付，由银行售出外汇。

（三）外币兑换

外币兑换是指银行从个人手中买入外币付给人民币，或者收进人民币兑出外币。

（四）套汇

由于不同币种间没有直接的汇价，或者客户拥有的某种外汇与其支付所需要的币种不一致，可要求银行套算兑换。

二、外汇汇率

外汇必须按一定的价格进行买卖，从而对不同货币进行折算。这个价格就是外汇汇价，也称外汇汇率。外汇汇率是用一种货币单位表示另一种货币单位的价格。

按银行买卖外汇划分，汇率可分为买入汇率、卖出汇率、中间汇率和现钞汇率；按外汇交易交割期限划分，有即期汇率和远期汇率。

外汇汇率有两种标价方法，即直接标价法和间接标价法。直接标价法是用外国货币表示本国货币；间接标价法是用本国货币表示外国货币。

我国外汇牌价采用直接标价法。

三、会计处理

（一）结售汇业务

1.结汇

买入外汇时，外币金额记入“货币兑换”科目的贷方，与原币有关科目对转，相应的人民币金额记入该科目的借方，与人民币有关科目对转。其会计处理为：

借：××科目（外币）

　贷：货币兑换——汇（钞）买价（外币）

借：货币兑换——汇（钞）买价（人民币）

　贷：××科目（人民币）

【例7-1】××客户持200美元到银行兑换人民币现金。业务发生时，美元现钞买入价为USD100=CNY623。其会计处理为：

借：库存现金　USD200

　贷：货币兑换——钞买价　USD200

借：货币兑换——钞买价　CNY1 246

　贷：库存现金　CNY1 246

2.售汇

卖出外汇时，外币金额记入“货币兑换”科目的借方，与原币有关科目对转，相应的人民币金额记入该科目的贷方，与人民币有关科目对转。其会计处理为：

借：××科目（人民币）

　贷：货币兑换——汇（钞）卖价（人民币）

借：货币兑换——汇（钞）卖价（外币）

　贷：××科目（外币）

【例7-2】××公司向开户银行购买1 000 000美元支付进口货款。业务发生时，美元汇卖价为USD100=CNY625。其会计处理为：

借：吸收存款——单位活期存款——××公司　CNY6 250 000

　贷：货币兑换——汇卖价　CNY6 250 000

借：货币兑换——汇卖价　USD1 000 000

　贷：汇出汇款　USD1 000 000

（二）套汇业务

当两种外币进行兑换时，需要通过人民币来进行折算。套汇有以下两种具体情况：

一是两种外币之间的套算，即一种外币兑换为另一种外币，必须通过人民币进行套汇。二是同种货币之间的套算，包括钞兑汇或汇兑钞。同一种外币体现在汇率上，现钞和现汇价格有所差异，必须按套汇方法处理。

1.两种外币之间的套算

其会计处理为：

借：××科目（A外币）

　贷：货币兑换——汇（钞）买价（A外币）

借：货币兑换——汇（钞）买价（人民币）

　贷：货币兑换——汇（钞）卖价（人民币）

借：货币兑换——汇（钞）卖价（B外币）

　贷：××科目（B外币）

【例7-3】××公司以其外汇美元存款申请汇往我国香港地区，以支付××客户货款250 000港元。业务发生时，美元汇买价为USD100=CNY625，港元汇卖价为HKD100=CNY86。其会计处理为：

借：吸收存款——外汇活期存款——××公司　USD34 400

　贷：货币兑换——汇买价　USD34 400

借：货币兑换——汇买价　　　　　　　　　　CNY215 000

　贷：货币兑换——汇卖价　　　　　　　　　　CNY215 000

借：货币兑换——汇卖价　　　　　　　　　　HKD250 000

　贷：汇出汇款等有关科目　　　　　　　　　　HKD250 000

2.同种外币之间的套算

其会计处理为：

借：××科目（A外币）

　贷：货币兑换——汇（钞）买价（A外币）

借：货币兑换——汇（钞）买价（人民币）

　贷：货币兑换——汇（钞）卖价（人民币）

借：货币兑换——汇（钞）卖价（A外币）

　贷：××科目（A外币）

【例7-4】××公司持美元现钞USD10 000，要求汇往美国纽约。当日美元钞买价为USD100=CNY606.23；美元汇卖价为USD100=CNY613.57。其会计处理为：

借：库存现金　　　　　　　　　　USD10 000

　贷：货币兑换——钞买价　　　　　　　　　　USD10 000

借：货币兑换——钞买价　　　　　　　　　　CNY60 623

　贷：货币兑换——汇卖价　　　　　　　　　　CNY60 623

借：货币兑换——汇卖价　　　　　　　　　　USD9 880.37

　贷：汇出汇款　　　　　　　　　　USD9 880.37

第三节　外汇存款

外汇存款是银行以信用方式吸收的国内外单位和个人在经济活动中暂时闲置的并能自由兑换或在国际上获得偿付的外币资金。银行外汇存款包括甲种外汇存款、乙种外汇存款和丙种外汇存款三种。

甲种外汇存款的主要对象为：各国驻华外交代表机构、领事机构、商务机构，驻华的国际组织机构和民间机构；在中国境外（包括中国港澳地区）的中外企业、团体；在中国境内的机关、团体、学校、国有企事业单位、城乡集体经济组织；在中国境内的外商投资企业。甲种外汇存款的存款外汇币种有美元、英镑、欧元、日元、港元等。定期存款起存金额不低于人民币1万元的等值外汇，存期分为1个月、3个月、6个月、1年、2年五个档次；活期存款起存金额不低于人民币1 000元的等值外汇。

乙种外汇存款的主要对象为：居住在国外或中国港澳地区的外国人、外籍华人、港澳同胞、短期来华者以及居住在中国境内的驻华使馆、驻华代表机构外籍人员、外国专家学者、海外留学生、实习生等，还有按国家规定有个人留成外汇的中国人等。乙种外汇存款的存款外汇币种包括美元、英镑、欧元、港元等。定期存款起存金额不低于人民币500元的等值外汇，存期分为1个月、3个月、6个月、1年、2年五个档次；活期存款起存金额不低于人民币100元的等值外汇。

丙种外汇存款的主要对象为：中国境内的居民，包括归侨、侨眷、港澳台胞的亲属。

丙种外汇存款的存款外汇币种有美元、港元等。其起存金额及定期存款的存期与乙种外汇存款相同。丙种外币现钞户一般不准汇往国外。

甲种外汇存款为单位外汇存款，乙种和丙种外汇存款为个人外汇存款。甲种外汇存款一般只有现汇户，没有现钞户。乙种和丙种外汇存款既有现汇户，又有现钞户。甲、乙、丙三种外汇存款又均可分为外汇定期存款和外汇活期存款。下面仅介绍外汇活期存款。

一、单位外汇活期存款

凡经国家外汇管理局核准开立外汇账户的企（事）业法人或其他经济组织，当需要将境内资金汇出或将境外资金汇入或者办理其他存款和转账业务时，可持外汇管理局核准的《开立外汇账户批准书》等相关材料，到银行开立外汇账户。

单位以现钞存入或支取现钞时，应按要求进行货币兑换。

（一）存入

1.以外币现钞存入

单位存入外币现钞时，应按存入日的现钞买入价和同种货币现汇卖出价折算入账（属于同种货币之间的套算）。其会计处理为：

借：库存现金（外币）

　贷：货币兑换——钞买价（外币）

借：货币兑换——钞买价（人民币）

　贷：货币兑换——汇卖价（人民币）

借：货币兑换——汇卖价（外币）

　贷：吸收存款——外汇活期存款——××户（外币）

2.直接以国外收汇或国内转汇存入

（1）如存款单位以汇入的原币存入，会计处理为：

借：汇入汇款（外币）

　贷：吸收存款——外汇活期存款——××户（外币）

（2）如汇入币种与存入币种不同时，则按当天两种外汇汇价套汇入账，会计处理为：

借：汇入汇款（A外币）

　贷：货币兑换——汇买价（A外币）

借：货币兑换——汇买价（人民币）

　贷：货币兑换——汇卖价（人民币）

借：货币兑换——汇卖价（B外币）

　贷：吸收存款——外汇活期存款——××户（B外币）

（3）如境内机构转汇存入（同币种），会计处理为：

借：清算资金往来（外币）

　贷：吸收存款——外汇活期存款——××户（外币）

（二）支取

1.从现汇账户中支取原币现钞

从现汇账户中支取原币现钞时，按汇买价、钞卖价套汇后，支取原币现钞。其会计处理为：

借：吸收存款——外汇活期存款——××户（A外币）

　贷：货币兑换——汇买价（A外币）

借：货币兑换——汇买价（人民币）

贷：货币兑换——钞卖价（人民币）

借：货币兑换——钞卖价（A外币）

贷：库存现金（A外币）

【例7-5】××外资企业从其英镑现汇账户中支取现钞5 000英镑。当日英镑汇买价为GBP100=CNY930.73；英镑钞卖价为GBP100=CNY930.37。其会计处理为：

借：吸收存款——外汇活期存款 GBP4 998.07

贷：货币兑换——汇买价 GBP4 998.07

借：货币兑换——汇买价 CNY46 518.5

贷：货币兑换——钞卖价 CNY46 518.5

借：货币兑换——钞卖价 GBP5 000

贷：库存现金 GBP5 000

2.以原币汇往国外

以原币汇往国外时，直接办理。其会计处理为：

借：吸收存款——外汇活期存款——××户（外币）

贷：汇出汇款（外币）

3.以存款货币外的另一种货币汇出

当支取货币与原存款货币不同时，需按汇买价、汇卖价套汇后办理。其会计处理为：

借：吸收存款——外汇活期存款——××户（A外币）

贷：货币兑换——汇买价（A外币）

借：货币兑换——汇买价（人民币）

贷：货币兑换——汇卖价（人民币）

借：货币兑换——汇卖价（B外币）

贷：汇出汇款（B外币）

二、个人外汇活期存款

个人外汇存款既可以开立外汇现钞户，又可以开立外汇现汇户。

（一）存入

1.以外币现钞存入

存款人将外币现钞存入外币现钞户，会计处理为：

借：库存现金（外币）

贷：吸收存款——个人外汇活期存款——××户（外币）

2.以境外汇入的汇款或托收的外币票据收妥存入

存款人将境外汇入的汇款或托收的外币票据收妥存入现汇户，会计处理为：

借：存放同业（外币）

贷：吸收存款——个人外汇活期存款——××户（外币）

（二）支取

存款人从现钞账户中支取外币现钞，会计处理为：

借：吸收存款——个人外汇活期存款——××户（外币）

贷：库存现金（外币）

（三）汇出汇款

办理现汇户的汇出汇款时，签发结算凭证，办理账务划转手续。其会计处理为：

借：吸收存款——个人外汇活期存款——××户（外币）

贷：汇出汇款（外币）

同时，按规定收取等值人民币汇款手续费。其会计处理为：

借：库存现金（人民币）

贷：手续费及佣金收入——汇费收入户（人民币）

【例7-6】储户王亮从其活期存款美元现汇账户中支取2 000英镑，申请汇往英国××大学交纳学费。客户按有关要求办妥汇款手续，办理汇款；银行按1‰收取手续费。当日美元汇买价为USD100=CNY625，英镑汇卖价为GBP100=CNY875。其会计处理为：

借：吸收存款——个人外汇活期存款——王亮	USD2 800	
贷：货币兑换——汇买价		USD2 800
借：货币兑换——汇买价	CNY17 500	
贷：货币兑换——汇卖价		CNY17 500
借：货币兑换——汇卖价	GBP2 000	
贷：汇出汇款		GBP2 000

同时，收取汇款手续费。其会计处理为：

借：库存现金	CNY17.5	
贷：手续费及佣金收入——汇费收入户		CNY17.5

第四节 外汇贷款

外汇贷款也称外汇放款，是银行对借款人自主提供的，以外币为计价单位的，按双方约定的利率和期限还本付息的贷款。

目前，外汇贷款种类主要有：

①按照发放贷款的投向分，有境内外汇贷款和境外外汇贷款；

②按照还款期限分，有短期外汇贷款和中长期外汇贷款；

③按照外汇贷款资金的用途和性质分，有流动资金贷款和固定资金贷款；

④按照融资的目的分，有对外贸易融资和出口信贷；

⑤按照外汇贷款发放条件分，有信用贷款、担保贷款和抵押贷款；

⑥按照外汇贷款利率形式分，有浮动利率贷款、固定利率贷款和优惠利率贷款；

⑦按照外汇贷款资金来源分，有现汇贷款、转贷款和项目贷款等。

下面只介绍现汇贷款、贸易融资和买方信贷的会计处理。

一、现汇贷款

现汇贷款是企业根据业务需要采用信用证、托收或汇款等结算方式，在国际市场上采购适用商品，向银行申请的额度内外汇贷款。贷款到期，借款单位以外汇收入或其他外汇来源偿还本息。

现汇贷款的核算主要包括贷款发放、计收利息、到期偿还三个环节。

（一）现汇贷款的发放

1.贷款直接转入单位外汇存款户

其会计处理为：

借：贷款——××外汇贷款——××户（外币）

　贷：吸收存款——外汇活期存款——××户（外币）

2.使用贷款对外付汇

借款单位直接使用外汇贷款对外支付货款，会计处理为：

借：贷款——××外汇贷款——××户（外币）

　贷：存放同业（外币）

3.使用非贷款货币对外付汇

其会计处理为：

借：贷款——××外汇贷款——××户（外币）

　贷：货币兑换——汇买价（外币）

借：货币兑换——汇买价（人民币）

　贷：货币兑换——汇卖价（人民币）

借：货币兑换——汇卖价（支付货币）

　贷：存放同业（支付货币）

（二）现汇贷款的计息

外汇贷款的利率可以根据合同规定，采用浮动利率、固定利率和优惠利率。现汇贷款根据合同规定，按季或按月结息。结息时，应分别根据不同的贷款利率，算出结息期内共计应收利息，由银行填制“外汇贷款结息凭证”办理转账。结息期计收的利息，应区别不同情况进行处理。

1.借款单位以原币偿还贷款利息

借款单位以外汇存款偿还利息，会计处理为：

借：吸收存款——外汇活期存款——××户（外币）

　贷：利息收入

2.将利息转为贷款本金

借款单位不以原币偿还贷款利息，可按与银行达成的协定，将利息转为贷款本金。其会计处理为：

借：贷款——××外汇贷款——××户（外币）

　贷：利息收入

（三）现汇贷款本金的偿还

1.以外汇存款偿还

借款单位用外汇存款偿还贷款本金，会计处理为：

借：吸收存款——外汇活期存款——××户（外币）

　贷：贷款——××外汇贷款——××户（外币）

2.用人民币购汇偿还

借款单位经批准用人民币购买外汇偿还贷款本金，会计处理为：

借：吸收存款——单位活期存款——××户（人民币）

贷：货币兑换——汇卖价（人民币）

借：货币兑换——汇卖价（外币）

贷：贷款——××外汇贷款——××户（外币）

3.用非原贷款货币偿还

借款单位用非原贷款货币的外汇存款偿还，会计处理为：

借：吸收存款——外汇活期存款——××户（还款外币）

贷：货币兑换——汇买价（还款外币）

借：货币兑换——汇买价（人民币）

贷：货币兑换——汇卖价（人民币）

借：货币兑换——汇卖价（贷款外币）

贷：贷款——××外汇贷款——××户（贷款外币）

【例7-7】甲公司于202×年5月9日向中国银行××支行申请并发放6个月浮动利率贷款，金额为1 000 000美元，按季（20日）计息，贷款用以支付澳元货款。银行审查同意后，为其办理贷款并发放手续。假定5月9日的浮动利率为5%，8月9日的浮动利率为4%，甲公司在银行开立美元现汇账户。5月9日的外汇汇率见表7-1。

表7-1 外汇汇率

货币名称	现汇买入价	现汇卖出价
美元（USD）	612.97	615.43
澳元（AUD）	520.92	524.58

银行的会计处理为：

（1）5月9日发放并支付货款。

借：贷款——外汇贷款——甲公司　USD1 000 000

贷：货币兑换——汇买价　USD1 000 000

借：货币兑换——汇买价　CNY6 129 700

贷：货币兑换——汇卖价　CNY6 129 700

借：货币兑换——汇卖价　AUD1 168 496.70

贷：存放同业　AUD1 168 496.70

（2）6月20日计息。

1 000 000×43×5%÷360=USD5 972.22

借：应收利息　USD5 972.22

贷：利息收入　USD5 972.22

借：吸收存款——外汇活期存款——甲公司　USD5 972.22

贷：应收利息　USD5 972.22

（3）9月20日计息。

1 000 000×49×5%÷360+1 000 000×43×4%÷360=USD11 583.34

借：应收利息　USD11 583.34

贷：利息收入　USD11 583.34

借：吸收存款——外汇活期存款——甲公司　USD11 583.34

贷：应收利息　USD11 583.34

（4）11月9日收回贷款。

1 000 000×49×4%÷360=USD5 444.44

借：吸收存款——外汇活期存款——甲公司　USD1 005 444.44

贷：贷款——外汇贷款——甲公司　USD1 000 000

利息收入　USD5 444.44

二、贸易融资

贸易融资是银行结合进出口贸易结算业务，对进口商、出口商和中间商提供融通资金的便利，是外贸、外贸结算和资金融通三者的有机结合。针对进出口贸易结算的不同阶段和环节，银行提供的贸易融资主要包括：进口押汇、出口押汇、票据贴现和打包贷款。

（一）进口押汇

进口押汇是进口商以进口货物的物权作抵押，向银行申请的短期资金融通。依据结算方式的不同，进口押汇可分为信用证项下进口押汇和托收项下进口押汇两种。

1.承做进口押汇的核算

进口商申请进口押汇时，必须填制“进口押汇申请书”，并提供信托收据、贸易合同和其他有关资料。经银行审核同意，办理进口押汇，对外付款。其会计处理为：

借：贷款——进口押汇——××户（外币）

贷：存放同业（外币）

2.偿还押汇本息的核算

进口商向银行偿还进口押汇本息，赎取单据时，银行应抽出保管的有关凭证，并冲销卡片账，计算并扣除自进口押汇日起至进口商赎单还款日止的利息。其会计处理为：

借：吸收存款——外汇活期存款——××户（外币）

贷：贷款——进口押汇——××户（外币）

利息收入

（二）出口押汇

出口押汇是企业（信用证受益人）在向银行提交信用证项下单据议付时，银行（议付行）根据企业的申请，凭企业提交的全套单证相符的单据作为质押进行审核，审核无误后，参照票面金额将款项垫付给企业，然后向开证行寄单索汇，并向企业收取押汇利息和银行费用并保留追索权的一种短期出口融资业务。

1.承做出口押汇的核算

银行在承做出口押汇时，出口单位需填制“出口押汇申请书”，并与押汇银行签订“出口押汇总质权书”，明确双方的权利和义务。银行经审核同意后，从押汇之日起加上开证行或付款行合理的工作日，加邮程时间，加票据期限，计算押汇垫款利息，办理出口押汇。其会计处理为：

借：贷款——出口押汇——××户（外币）

贷：利息收入（外币）

货币兑换——汇买价（外币）

借：货币兑换——汇买价（人民币）

贷：吸收存款——单位活期存款——××户（人民币）

2.收款偿还押汇的核算

押汇银行收到海外联行或代理行寄来的贷方报单时，要考核押汇时间是否合理，然后收回出口押汇款项。其会计处理为：

借：存放同业（外币）

贷：手续费及佣金收入（外币）

贷款——出口押汇——××户（外币）

【例7-8】××进出口公司于202×年3月4日将即期信用证项下全套单据，金额USD30 000，连同押汇申请书交××银行。经审核单据符合押汇要求，该银行按3%利率收取15天的利息，并将余额按当日美元挂牌汇买价USD100= CNY625折合人民币后，转入该公司人民币存款户。3月20日，该银行收到国外代理行（开证行）的通知，金额USD30 100（其中USD100为银行费用），经审核无误后办理转账。其会计处理为：

（1）3月4日承做出口押汇。

押汇利息=30 000×15×3%÷360=USD37.5

借：贷款——出口押汇——××进出口公司	USD30 000	
贷：利息收入		USD37.5
货币兑换——汇买价		USD29 962.5
借：货币兑换——汇买价	CNY187 265.63	
贷：吸收存款——单位活期存款——××进出口公司		CNY187 265.63

（2）3月20日收到通知。

借：存放同业	USD30 100	
贷：手续费及佣金收入		USD100
贷款——出口押汇——××进出口公司		USD30 000

（三）票据贴现

票据贴现是远期票据经承兑后，在到期日前，由银行从票面金额中扣减贴现息后，将余款支付给持票人的一种融资方式。

银行只承做银行承兑汇票的贴现业务。在办理银行承兑汇票的贴现时，应认真审核票据的真实性、流通性和法律依据。

1.贴入票据的核算

持票人申请贴现时，应填制贴现申请书，并提供开证行、保兑行或付款行承兑的远期汇票，经银行审核无误并同意后，计算贴现息并办理贴现。其会计处理为：

借：贴现资产——××户（外币）

贷：吸收存款——外汇活期存款——××户（外币）

利息收入（外币）

2.收回票款的核算

票据到期，收回贴现票据款。其会计处理为：

借：存放同业（外币）

贷：贴现资产——××户（外币）

（四）打包贷款

打包贷款是信用证的受益人受证后，如果缺乏本币资金备货，可凭正本信用证按规定手续向当地银行申请一种融资性的出口前期短期贷款。该贷款只是用以缓解受益人在备货期间资金不足的临时困难。

1.打包贷款发放

发放打包贷款，会计处理为：

借：贷款——打包贷款——××户（人民币）

　贷：吸收存款——单位活期存款——××户（人民币）

2.打包贷款本息偿还

偿还打包贷款本息时，银行原则上从打包贷款受益人的出口议付货款中主动扣还，也可以受益人存款归还，应视还款的具体情况进行不同的账务处理。

（1）以出口押汇归还打包贷款本息，会计处理为：

借：贷款——出口押汇——××户（外币）

　贷：货币兑换——汇买价（外币）

借：货币兑换——汇买价（人民币）

　贷：贷款——打包贷款——××户（人民币）

　　　利息收入（人民币）

　　　吸收存款——单位活期存款——××户（人民币）

（2）以收妥结汇款归还打包贷款本息，会计处理为：

借：存放同业（外币）

　贷：货币兑换——汇买价（外币）

借：货币兑换——汇买价（人民币）

　贷：贷款——打包贷款——××户（人民币）

　　　利息收入（人民币）

　　　吸收存款——单位活期存款——××户（人民币）

（3）以人民币存款归还打包贷款本息，会计处理为：

借：吸收存款——单位活期存款——××户（人民币）

　贷：贷款——打包贷款——××户（人民币）

　　　利息收入（人民币）

三、买方信贷

买方信贷是出口国银行直接向买方或买方银行提供的贷款，用于向出口国购买技术和设备，解决买方一时筹集巨额资金的困难。

买方信贷分为出口买方信贷和进口买方信贷。目前，我国银行办理的主要是进口买方信贷，即从出口国银行取得并按需要转贷给国内借款单位使用的信贷。进口买方信贷是我国利用外资的重要形式之一。

买方信贷应包括对外签订协议、支付定金、使用贷款和收回贷款本息四个环节。

（一）对外签订协议

总行根据国家的有关法规、政策与计划，统一对外谈判，签订买方信贷总协议，并通知各分行和有关部门，总协议下每个项目的具体信贷协议，或按贸易合同逐笔申请的贷款，由总行对外谈判签订，也可由总行授权分行谈判签订。分协议签订后，均由总行使用“买方信贷用款限额”表外科目核算，并登记“买方信贷用款限额登记簿”。其会计处

理为：

收入：买方信贷用款限额（外币）

在使用贷款时，按使用金额随时逐笔转销表外科目。其会计处理为：

付出：买方信贷用款限额（外币）

（二）支付定金

根据买方信贷运作的惯例，单位使用买方信贷前，一般要向国外出口商先支付一定比例的定金。

1.购汇支付

借款单位以人民币购买外汇支付定金，会计处理为：

借：吸收存款——单位活期存款——××户（人民币）

　贷：货币兑换——汇卖价（人民币）

借：货币兑换——汇卖价（外币）

　贷：存放同业（外币）

2.现汇支付

借款单位通过现汇户支付定金，会计处理为：

借：吸收存款——单位外汇存款——××户（外币）

　贷：存放同业（外币）

（三）使用贷款

在进口单位支付定金后，买方信贷协议方可生效，使用贷款时，由出口国银行代向其国内出口商支付款项，同时意味着进口国银行取得了买方信贷并向国内进口单位代为发放了买方信贷款。

（1）若进口单位与总行在同地，由总行直接发放贷款。其会计处理为：

借：贷款——买方信贷——××户（外币）

　贷：借入买方信贷款——××户（外币）

同时，冲销表外科目用款限额。

付出：买方信贷用款限额（外币）

（2）若进口单位与总行在异地，由辖属分行发放外汇贷款。其会计处理为：

借：贷款——买方信贷——××户（外币）

　贷：清算资金往来（外币）

总行收到其辖属分行发来的报单后进行账务处理。

借：清算资金往来（外币）

　贷：借入买方信贷款——××户（外币）

同时，冲销表外科目用款限额。

付出：买方信贷用款限额（外币）

（四）收回贷款本息

买方信贷款是由总行统一对外偿还本息，对内本着谁贷款、谁负责收回的原则，因而贷款收回阶段的核算分为对外偿还贷款本息和对内收回贷款本息两个部分。

若是总行对内发放的买方信贷款，则由总行负责收回贷款本息，这时总行对内收回贷款本息，对外偿还本息；若是分行发放的买方信贷外汇贷款，则需要由分行负责收回，并通过全国联行往来转入总行账户，再由总行偿还本息。其会计处理分别为：

1.总行收回本息偿还贷款

（1）收回本息。

借：吸收存款——外汇活期存款——××户（外币）

　贷：贷款——买方信贷——××户（外币）

　　　利息收入（外币）

（2）归还贷款。

借：借入买方信贷款——××户（外币）

　　利息支出（外币）

　贷：存放同业（外币）

2.分行收回本息

（1）分行收回本息并上划总行。

借：吸收存款——外汇活期存款——××户（外币）

　贷：清算资金往来（外币）

（2）总行收到上划资金并偿还贷款。

借：清算资金往来（外币）

　贷：贷款——买方信贷——××户（外币）

　　　利息收入（外币）

借：借入买方信贷款——××户（外币）

　　利息支出（外币）

　贷：存放同业（外币）

第五节　国际结算

国际结算是指不同国家（地区）的企业之间，通过银行办理相互间由于贸易或非贸易而引起的货币收付或债权债务的结算，主要包括国际汇兑、国际托收、信用证等业务的结算。

一、国际汇兑

国际汇兑是银行利用汇票和其他信用工具，通过联行或同业相互间款项的划拨代替现金运送，以清算处理在不同国家或地区间的买卖双方债权债务或款项授受的一种结算方式。常见的国际汇兑结算方法有两种：

1.汇出法

汇出法也称顺汇，是由汇款人通过银行将款项汇给国外收款人或债权人以清偿债务的方式，在银行业务中表现为汇款方式，多用于非贸易收支结算。

2.出票法

出票法也称逆汇，是由收款人向汇款人签发汇票，委托银行代为收款的结算方式，在银行业务中多表现为托收方式和信用证方式，常用于贸易收支结算。

本节只介绍用于贸易结算方式的方法。

贸易结算方式按款项授受来划分，主要分为汇出国汇出汇款和国外汇入汇款两种。汇款结算程序，如图7-1所示。

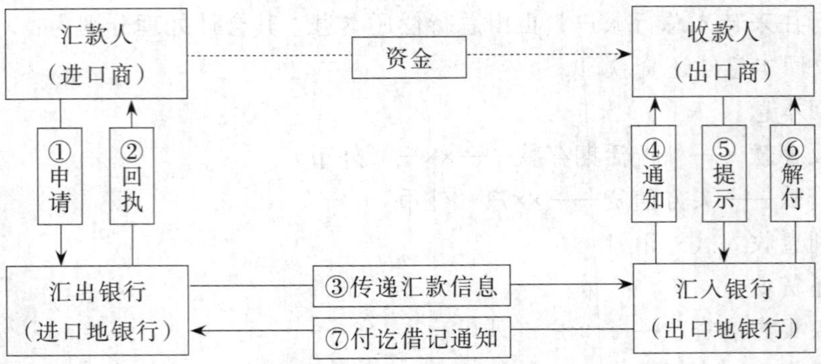

图7-1 汇款结算程序图

（一）汇出汇款

汇出汇款是银行接受汇款人的委托，以电汇、信汇、票汇的方式，将款项汇往国外收款人开户行的行为。接受汇款人委托、汇出款项的银行，称为汇出行。

1.受理汇出汇款

汇款人要求汇款时，应向银行提出申请，填制汇款申请书，并在申请汇款时，需按有关汇出汇款的管理规定提供相关部门核准件。经银行审核后，结合不同的汇款方式，计算业务手续费，填制不同的汇款凭证，办理汇出汇款手续。

（1）以现汇存款办理汇出。

汇款人若以现汇存款办理汇出，会计处理为：

借：吸收存款——外汇活期存款——××户（外币）

　贷：汇出汇款（外币）

借：吸收存款——单位活期存款——××户（人民币）

　贷：手续费及佣金收入（人民币）

若汇款人要求汇出款项货币与现汇存款货币不同时，需按汇买价、汇卖价套汇后办理。

（2）以人民币购汇汇出。

汇款人若以人民币购汇汇出，会计处理为：

借：吸收存款——单位活期存款——××户（人民币）

　贷：手续费及佣金收入（人民币）

　　货币兑换——汇卖价（人民币）

借：货币兑换——汇卖价（外币）

　贷：汇出汇款（外币）

2.汇款解付

国外银行解付汇款后，将已解付汇款的报单寄回汇出行。汇出行在接到国外联行或代理行的报单时，即凭报单销账。其会计处理为：

借：汇出汇款（外币）

　贷：存放同业（外币）

【例7-9】××贸易公司通过银行电汇美国××公司交易货款100 000美元，汇费费率为1‰，当日美元汇卖价为USD100=CNY625。半个月后，银行收到国外某代理行付讫报单，办理转账。其会计处理为：

借：吸收存款——单位活期存款——××贸易公司 CNY625 625

贷：手续费及佣金收入 CNY625

货币兑换——汇卖价 CNY525 000

借：货币兑换——汇卖价 USD100 000

贷：汇出汇款 USD100 000

半个月后，银行接到解付通知：

借：汇出汇款 USD100 000

贷：存放同业 USD100 000

（二）汇入汇款

汇入汇款是银行根据与国外联行、代理行约定，凭国外联行、代理行发出的电报或信汇委托书代为解付的汇款。

1.收到汇款

汇入行收到国外汇出行的汇款资金时，应分两种情况进行处理：

（1）汇入行直接入账。

若汇入行与国外汇出行直接开立账户或汇入行实行集中开户分散记账的做法，则收到汇款资金时，直接入账反映。其会计处理为：

借：存放同业（外币）

贷：汇入汇款（外币）

（2）上划总行入账。

若汇入行不实行集中开户分散记账的做法或国外汇出行在总行开立现汇账户的，汇入行收到汇款时，应通过“清算资金往来”科目，随附存放同业等报单上划总行，由总行入账反映。其会计处理为：

借：清算资金往来（外币）

贷：汇入汇款（外币）

总行收到上划报单：

借：存放同业（外币）

贷：清算资金往来（外币）

2.解付汇款

解付汇款时，通过“货币兑换”科目办理结汇。其会计处理为：

借：汇入汇款（外币）

贷：货币兑换——汇买价（外币）

借：货币兑换——汇买价（人民币）

贷：吸收存款——单位活期存款——××户（人民币）

若汇款直接以外币转入有关单位外汇存款账户时，会计处理为：

借：汇入汇款（外币）

贷：吸收存款——外汇活期存款——××户（外币）

若汇入款项货币与收款人现汇存款货币不同时，需按汇买价、汇卖价套汇后办理。

【例7-10】××银行收到美国花旗银行代××航运公司电汇我国××外轮代理公司的港口费

用USD100 000，授权借记该行在××银行总行开立的账户，款项解付入收款人现汇存款账户。

（1）经办行收到汇款通知，会计处理为：

借：清算资金往来　　USD100 000

　贷：汇入汇款　　USD100 000

（2）总行收到上划报单，会计处理为：

借：存放同业——美国花旗银行　　USD100 000

　贷：清算资金往来　　USD100 000

（3）汇款解付入收款人现汇存款账户，会计处理为：

借：汇入汇款　　USD100 000

　贷：吸收存款——外汇活期存款——××外轮代理公司　　USD100 000

二、国际托收

国际托收是由卖方开立汇票，委托出口地银行通过在国外的联行或代理行，向买方收取货款和劳务费用的一种结算方式。托收是建立在商业信用基础上的一种结算方式，其基本特征是“收妥付汇，实收实付”。目前，托收种类主要有光票托收和跟单托收两种。

光票托收是卖方仅开立汇票而不附带任何货运单据，委托银行收取款项的一种托收方式，主要用于非贸易结算。

跟单托收是由卖方开立跟单汇票（即汇票连同一套货运单据）交给银行，委托银行代为收款的托收方式，主要用于贸易结算。

跟单托收的结算程序一般包括出口商发货交单、出口地银行寄单托收、进口地银行提示单据、进口商承付或承兑、进口地银行付款或承兑交单后偿付、出口地银行收妥结汇等内容。

下面仅对跟单托收业务的核算进行讲解。跟单托收结算程序，如图7-2所示。

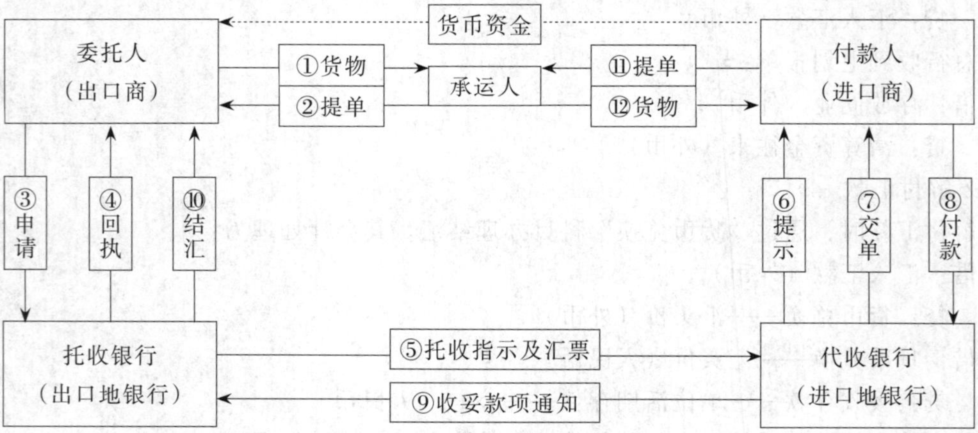

图7-2　跟单托收结算程序图

（一）出口托收业务

出口跟单托收结算方式，是出口商根据买卖双方签订的贸易合同规定，在货物运出后，将有关货运单据和以进口商为付款人的汇票交给银行，由银行委托国外银行向进口商收取货款的一种结算方式。因出口托收不经国外银行开来信用证，没有信用证及银行信用作付款保证，故又称“无证托收”。

1.交单的处理

出口商委托银行代收货款时，应备妥出口托收单据，填具“无证出口托收申请书”，连同出口单据一并送交银行办理托收。在托收申请书上，应由申请人注明收款方式、交单条件和其他有关收款事项。银行审单后，根据申请书的要求，填制“出口托收委托书”，注明货款收妥后的处理办法，连同有关单据寄交国外代收银行委托收款。

银行在寄出托收委托书及有关单据时，为表示代表物权的单据已经寄出，货款尚未收妥而对进出口各方的权责关系，应通过“应收出口托收款项”和“出口托收款项”对转科目进行核算。其会计处理为：

借：应收出口托收款项（外币）

　贷：出口托收款项（外币）

2.收妥结汇

出口托收款项一律实行收妥结汇。国内托收银行接到国外代收银行收妥货款的报单或授权通知书后，给出口单位办理结汇。其会计处理为：

借：出口托收款项（外币）

　贷：应收出口托收款项（外币）

借：存放同业（外币）

　贷：货币兑换——汇卖价（外币）

借：货币兑换——汇卖价（人民币）

　贷：吸收存款——单位活期存款——××户（人民币）

如出口托收遇到国外拒付时，应核销上述对转科目。

（二）进口代收业务

进口代收结算方式是国外出口商根据贸易合同规定，不通过开立信用证，在货物发运后委托出口地银行寄单，通过进口地银行向进口商收取货款的一种结算方式。

1.国外寄来进口代收单据的处理

银行收到国外寄来的进口代收单据后，应将单据编列顺序号，并填制“进口代收单据通知书”，将汇票和单据连同进口代收通知书送进口商审核，请其确认付款。同时，填制有关凭证，进行账务处理。其会计处理为：

借：应收进口代收款项（外币）

　贷：进口代收款项（外币）

如进口商不同意承付，应提出拒付理由书，连同单据退还银行，由银行转告国外委托行。如进口商提出部分拒付，在取得国外委托行同意后，按实际付款金额办理付款手续，并按部分付款的金额进行相应的转账。拒付时也应转销对转科目。

2.进口单位确认付款

进口商审核同意承付后，将承付确认书交给银行，通知银行办理结汇并对外付款。远期汇票经进口商承兑后将已承兑汇票到期日通知国外委托行，待汇票到期日按即期付款手续处理。其会计处理为：

借：吸收存款——单位活期存款——××户（人民币）

贷：货币兑换——汇卖价（人民币）

借：货币兑换——汇卖价（外币）

贷：存放同业（外币）

同时，转销对转科目。

借：进口代收款项（外币）

贷：应收进口代收款项（外币）

按照国际惯例，代收行应按规定费率计收进口代收手续费，此项费用若按规定由进口商负担者向进口商计收，如托收委托书上没有明确由谁负担，则从收妥的进口代收款项中扣收等值外汇。出口商如有异议，由交易双方直接交涉，代收行不必过问。

进口代收款项收妥后，须按托收委托书上规定的付款办法及付汇路线划给托收行。

三、信用证

信用证是开证银行根据开证申请人（进口商）的要求和指示向受益人（出口商）开立的一定金额，在一定期限内凭议付行寄来规定单据付款或承兑汇票的书面承诺，也是银行有条件保证付款的凭信。

信用证结算是当前国际贸易结算的主要方式，有如下特点：

(1) 信用证是以银行信用保证代替商业信用保证，即开证银行以自己的信用作付款保证，承担第一性的、首要的付款责任。

(2) 信用证是一项独立的保证文件，虽以买卖双方交易合同为基础，但不依附于交易合同，开证银行只对信用证负责。

(3) 信用证业务处理的是代表货物所有权或证明货物已发运的单据，而非货物，故信用证交易把合同的货物交易转变为只管单证是否相符的单据交易。

(4) 银行对信用证项下不能控制的一切事故免责，信用证主要起保证作用和资金融通作用。

信用证的结算程序一般包括进口商申请开证，进口地银行开证，出口地银行通知信用证，出口商装货备单，出口地银行议付、索汇，进口商赎单提货等内容。

跟单信用证结算程序，如图7-3所示。

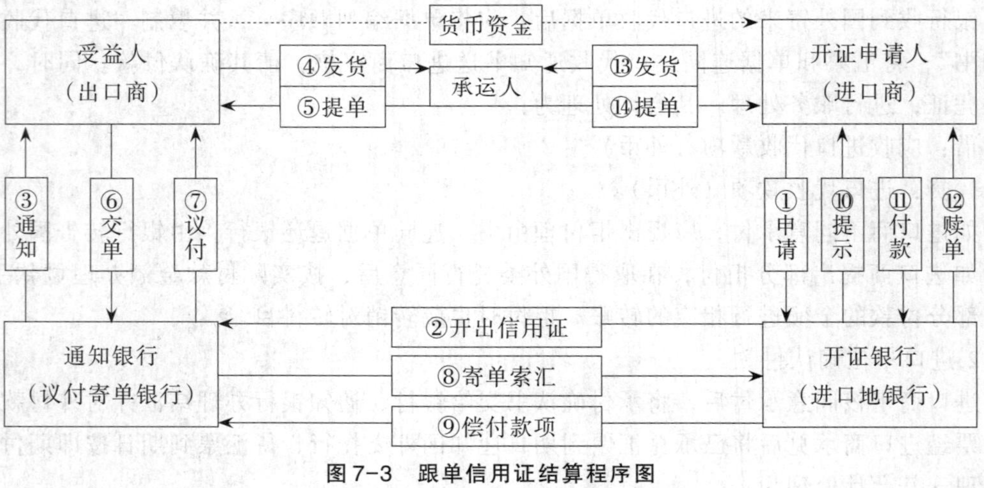

图7-3 跟单信用证结算程序图

(一) 信用证项下出口业务

出口信用证结算是出口商根据国外进口商通过国外银行开来的信用证，按照合同条款规定，将出口单据送交国内银行，由银行办理审单议付，在向国外银行收取外汇后，对出口商办理结汇的一种结算方式。

出口信用证结算方式的会计处理手续主要包括信用证的受证与通知、交单议付、收汇与结汇等三个环节。

1.受证与通知

银行接到国外开来的信用证时，首先应对开证银行的资信、资金实力、进口商的偿付能力和保证条款等进行全面审查，并明确表示信用证能否接受或如何修改。对有关贸易条款方面的问题，由出口单位根据合同审查，如需修改，由出口单位与进口商联系。

信用证经审核无误后，即编制信用证通知流水号，并将信用证正本及时通知出口商，以便其备货出运。同时，根据信用证副本填制“国外开来保证凭信”记录卡，并依据各联不同的作用分别处理。该过程虽未发生资金收付，但已在银行与进出口商之间形成了一种潜在的权责关系，为明确责任，应进行表外科目记录。其会计处理为：

收入：国外开来保证凭信（外币）

银行办理信用证通知后，应将信用证副本及“国外开来保证凭信”记录卡留底联归档严格保管，以后有关修改和使用情况，均需随时记录，以便查考。

如国外银行在开证时已预先汇入信用证项下部分或全部保证金，授权出口地银行在议付单据后进行扣抵，则应在信用证留底及其他有关单证上详细记录，并通过“存入保证金”科目进行核算。其会计处理为：

借：存放同业（外币）

　贷：存入保证金（外币）

出口商按信用证规定备妥出口单证，向银行交单议付时，即可使用保证金办理结汇，多退少补。

2.交单议付

国外开证银行履行信用证的付款责任，是以信用证规定的条款为依据，以单证相符、单单一致为前提。出口商如同意接受国外开来的信用证，必须严格按照信用证规定条款办理，备妥一切单证，按期运出商品。

银行接受出口商送来办理议付的信用证和单据，应及时审核，要求单证相符、单单一致，以及单据内容正确完备，并经审核无误后，在信用证上批注议付日期及运输方式，并填制“出口寄单议付通知书”，销记表外科目。“出口寄单议付通知书”是银行出口收汇的索偿证书，也是出口收汇和结汇的主要业务凭证。其会计处理为：

借：应收信用证出口款项（外币）

　贷：代收信用证出口款项（外币）

付出：国外开来保证凭信（外币）

如信用证规定部分货款托收，或按信用证金额超额出口，在议付时，均需在“出口寄单议付通知书”上分别注明信用证议付金额及托收金额，并另填制“出口托收委托书”，以便分别进行核算。

对在审单过程中发现的单据不符，银行应迅速向出口商反映，以便出口商及时与有关方面协商解决。

3.收汇与结汇

出口收结汇是银行办理出口信用证业务的最后环节，是议付行在议付单据或代为收妥出口款项后，按当日银行挂牌汇率，买入外汇，同时折算成相应的人民币支付给出口商的结算过程。出口方议付行待接到国外银行付款入账的“已贷记”或“请借记”通知书时，办理出口结汇手续。其会计处理为：

借：代收信用证出口款项（外币）

　贷：应收信用证出口款项（外币）

借：存放同业（外币）

　贷：吸收存款——外汇活期存款——××户（外币）

如该出口商仅有人民币账户，应按当日外汇牌价折算成人民币结汇入账。其会计处理为：

借：存放同业（外币）

　贷：货币兑换——汇买价（外币）

借：货币兑换——汇买价（人民币）

　贷：吸收存款——单位活期存款——××户（人民币）

【例7-11】中国银行××分行于202×年7月10日接到香港汇丰银行开来即期信用证一份，受益人为××进出口公司，信用证金额为1 500 000港元；8月6日，公司将全套单据向××分行办理议付，单证相符；8月20日，该分行收到香港汇丰银行的贷记报单，办理结汇入该公司人民币账户。假设当日港元的买入价为HKD100=CNY86.08。其会计处理为：

（1）7月10日收到信用证。

收入：国外开来保证凭信　　HKD1 500 000

（2）8月6日寄单索汇。

付出：国外开来保证凭信　　HKD1 500 000

借：应收信用证出口款项　　HKD1 500 000

　贷：代收信用证出口款项　　HKD1 500 000

（3）8月20日收汇与结汇。

借：代收信用证出口款项　　HKD1 500 000

　贷：应收信用证出口款项　　HKD1 500 000

借：存放同业——香港汇丰银行　　HKD1 500 000

　贷：货币兑换——汇买价　　HKD1 500 000

借：货币兑换——汇买价　　CNY1 291 200

　贷：吸收存款——单位活期存款——××进出口公司　　CNY1 291 200

（二）信用证项下进口业务

进口信用证结算是银行根据进口商申请开证的要求，向国外出口商（受益人）开立一定金额、在一定期限内按规定条件保证付款的信用证，凭国外寄来的按照信用证条款规定的单据对国外付款，并向进口商办理售汇的一种结算方式。

进口信用证结算业务主要包括开立信用证、修改信用证、审单与付款三个环节。银行开立信用证时，要通过“应收开出信用证”和“开出信月证”科目进行核算。

1.开立信用证

进口商和国外出口商签订贸易合同后，按照合同规定条件，填具“开立信用证申请书”，并连同有关批件、证明一同交银行申请开立信用证。银行接到开证申请书及相关文件，应全面审核，经审核同意后，根据开证申请人的自身情况，酌情收取保证金，并选择信誉高、资本实力雄厚和经营能力强的国外银行作为代理行，签发信用证。

随着信用证的签发，银行对外承担了第一性的付款责任。不论即期还是远期信用证，银行均对此办理相应的转账。其会计处理为：

借：应收开出信用证款项（外币）

　贷：应付开出信用证款项（外币）

2.修改信用证

信用证开出后，如因情况变化，进口商提出修改信用证，银行应予以同意，但需协助审核，如审核申请修改的信用证号码、修改后的条款等；然后将修改条款通知国外代理行或联行，转送国外出口商。如国外出口商要求修改原信用证，经进口商同意后，也可修改，并将修改内容分别与进出口双方及代理行联系，其修改后的增减金额，应通过“应收开出信用证”和“开出信用证”科目进行调整，并在信用证留底账卡上加以批注。

（1）如修改增额，会计处理为：

借：应收开出信用证款项（外币，增加额）

　贷：应付开出信用证款项（外币，增加额）

（2）如修改减额，会计处理为：

借：应付开出信用证款项（外币，减少额）

　贷：应收开出信用证款项（外币，减少额）

3.审单与付款

银行收到国外议付行寄来的单据后，应立即通知进口商，并与原信用证所要求的条款核对，做好收单、审单工作。进口商提交海关申报单、涉外付汇申报单及外管局批文、付汇确认书，经银行审核确认付款后，由银行按信用证条款规定，在付款登记簿上详细登记信用证号码、付款日期、金额、账户行名称、寄单行名称及业务编号，办理付款或承兑，并对进口商办理结售汇。

信用证付款方式分为即期付款和远期付款两种。

（1）即期付款信用证。

即期付款信用证支付方式，又可分为单到国内审单付款、国外审单主动借记付款等形式。

①单到国内审单付款。

单到国内审单付款即银行接到国外代理行寄来的单据后，立即送交进口商审核，并约定进口商于3日内通知银行对外售汇付款或提出拒付理由办理拒付。银行在进口商确认付款后，即对国外代理行发出付款通知，同时，对进口商办理售汇转账手续。其会计处理为：

借：吸收存款——单位活期存款——××户（人民币）

　贷：货币兑换——汇卖价（人民币）

借：货币兑换——汇卖价（外币）

　贷：存放同业（外币）

同时，转销对转科目。

借：应付开出信用证款项（外币）

　贷：应收开出信用证款项（外币）

【例7-12】中国银行××分行受××公司委托于202×年5月15日向香港华商公司开出即期信用证一份，金额HKD200 000，购买货物一批，信用证由香港汇丰银行通知，规定支付方式为“单到国内审单付款”。6月20日，接到香港汇丰银行寄来全套单据，金额HKD200 000，以及议付费用HKD2 000，共计HKD202 000，随即通知该公司。该公司于6月22日送来确认承付书，全额承付，银行当即办理付汇与售汇手续。假设售汇当日港元汇卖价为HKD100=CNY86.08。其会计处理为：

（1）5月15日开立信用证。

借：应收开出信用证　　HKD200 000

　贷：开出信用证　　HKD200 000

（2）6月22日对外付汇。

借：吸收存款——单位活期存款——××公司　　CNY173 881.6

　贷：货币兑换——汇卖价　　CNY173 881.6

借：货币兑换——汇卖价　　HKD202 000

　贷：存放同业——香港汇丰银行　　HKD202 000

借：应付开出信用证款项　　HKD200 000

　贷：应收开出信用证款项　　HKD200 000

②国外审单主动借记付款。

国外审单主动借记付款是出口商将有关单据交由议付行审核后，如单据相符，议付行即可主动借记开证行在该行所开立的账户，并将单据连同借记报单一并寄送开证行。

在会计核算中，该种方式与单到国内审单付款方式的差别在于：由于银行先垫款，进口商应负担自国外银行划款日起至其归还银行垫款日止的银行利息。其会计处理为：

借：吸收存款——单位活期存款——××户（人民币）

　贷：货币兑换——汇卖价（人民币）

借：货币兑换——汇卖价（外币）

　贷：存放同业（外币）

　　　利息收入（外币）

同时，转销对转科目。

借：应付开出信用证款项（外币）

　贷：应收开出信用证款项（外币）

（2）远期付款信用证。

远期付款信用证是为进口商提供远期付款的便利，由开证行对出口商提供的一种银行担保，保证出口商提交远期跟单汇票时，在单单、单证一致的情况下，银行给予承兑，并在信用证到期时付款。

远期付款信用证分两个阶段进行，即承兑和到期付款。

①承兑。

开证行收到远期信用证项下进口单据后，将单据连同“进口信用证单据通知书”送交进口商确认到期付款。进口商确认到期付款后，银行即办理远期汇票的承兑手续，并将已承兑汇票或承兑通知书寄国外议付行。汇票一经承兑，即反映承兑行对国外议付行承担到期付款的责任，也反映承兑行对进口商拥有的权益，对此，应办理承兑时的核算。其会计处理为：

借：应收承兑汇票款（外币）

　贷：承兑汇票（外币）

借：应付开出信用证款项（外币，到期值）

　贷：应收开出信用证款项（外币，到期值）

②到期付款。

在远期汇票承兑到期时，开证行即办理对国外付款和对进口商结汇扣款手续。其会计处理为：

借：吸收存款——外汇活期存款——××公司（外币）

　贷：存放同业（外币）

借：承兑汇票（外币）

　贷：应收承兑汇票款（外币）

思考题

1. 外汇业务中银行记账方法有哪些？
2. 如何认识和使用“货币兑换”科目？
3. 如何理解信用证的结算方法？

练习题

1. 单项选择题

(1)“货币兑换”科目的性质是（　）。

A. 资产类　　B. 负债类　　C. 资产负债共同类　　D. 损益类

(2) 买入外汇时，“货币兑换”科目应（　　）。

A. 借方记外币金额，贷方记人民币金额

B. 借方记外币金额，贷方记外币金额

C. 借方记人民币金额，贷方记外币金额

D. 借方记人民币金额，贷方记人民币金额

(3) 单位外汇存款只准开立（　）账户。

A. 现钞　　B. 现汇　　C. 外币　　D. 本币

(4) 一种外币兑换为另一种外币，可以通过（　）方法办理。

A. 结汇　　B. 售汇　　C. 套汇　　D. 卖汇

(5) 出口国银行直接向买方提供、用于向出口国购买技术和设备的贷款是（　）。

A. 出口买方信贷　　B. 进口买方信贷　　C. 进口押汇　　D. 打包贷款

(6) 信用证是开证银行根据开证申请人的要求开立的具有一定金额、并在一定期限内

凭规定的单据付款或承兑汇票的书面证明，通常开给（　　）。

A.出口商　　B.议付行　　C.开户行　　D.进口商

（7）“货币兑换”科目的外汇余额在借方，人民币余额在贷方，表示（　　）。

A.卖出外汇大于买入外汇　　B.买入外汇大于卖出外汇

C.结汇大于售汇　　D.售汇大于结汇

（8）我国商业银行对外汇业务的会计核算，一般采用的记账方法是（　　）。

A.外汇统账制　　B.外汇分账制　　C.本币记账法　　D.人民币记账法

（9）某外资企业需要从其美元账户汇款2 000 000欧元，银行办理这一业务时应通过（　　）处理。

A.买入美元现汇卖出欧元现汇　　B.买入欧元现汇卖出美元现汇

C.买入美元现钞卖出欧元现汇　　D.卖出美元现钞买入欧元现汇

（10）某客户向银行提交1 000美元现钞申请结汇，银行应向客户支付（　　）元人民币（假设当日美元汇率：钞买价USD100=CNY517.48，汇买价USD100=CNY538.25）。

A.5 304.2　　B.5 174.8　　C.5 339.7　　D.5 382.5

2.业务题

某商业银行发生下列外汇业务，请编制有关会计分录（折算时按表7-2中的外汇汇率计算）。

表7-2　外汇汇率

币　种	外币单位	汇买价	汇卖价	钞买价
美　元	USD100	CNY667.78	CNY667.95	CNY665.05
英　镑	GBP100	CNY877.08	CNY877.33	CNY870.00

（1）客户付平从其美元活期存款账户支取USD1 000，换成等值英镑，汇往国外支付购药费用。

（2）客户刘彤要求将USD200现金兑换成人民币现金。

（3）开户单位甲公司托收出口货款一笔，金额USD20 000，交单方式为即期付款，委托国外联行代收，本行填制委托书并寄出全套单证。10天后，收到代收行划收报单及委托书回单，将收回的货款与甲公司结汇。

（4）乙公司在本行开有美元活期存款账户，应乙公司申请，本行开出由纽约花旗银行通知的不可撤销信用证USD320 000，用于购买设备，支付方式为单到国内审单付款。20天后，收到纽约花旗银行寄来的全套单据，金额USD320 000，以及议付费用USD5 000，当即通知乙公司。乙公司全额承付，本行办理付款手续。

（5）丝绸公司于2月8日将即期信用证项下全套出口单据，金额USD60 000，连同押汇申请书交给开户行，经审核单据，符合押汇要求。通过计算，该银行当天即按5.2%利率扣收20天的利息，转入该公司人民币存款账户。

（6）上接（5），2月28日，银行收到开证行的贷记报单，金额USD60 100（其中USD100为进口商支付给议付行的银行费用），银行在该代理行开有美元账户，经审核无误后办理转账。

（7）某分行于10月5日接到美国代理银行开来即期信用证，金额USD100 000，受益人为中国贸易进出口公司，来证规定单到开证行验单付款。该行审证后，当天通知受益人。10月10日，受益人中国贸易进出口公司备货出运后，送来全套出口单据及跟单汇票USD100 000，该行审核合格，寄单索汇，银行于10月20日对中国贸易进出口公司结汇入户。

第八章

金融资产业务

学习目标

1.了解金融资产的含义和条件；

2.了解金融资产的分类；

3.掌握不同金融资产的账务处理。

第一节 金融资产概述

一、金融资产的含义

金融资产是单位或个人所拥有的以价值形态存在的资产，是代表未来收益或资产合法要求权的凭证。

1.符合金融资产的条件

符合金融资产的条件如下：

（1）从其他方收取现金或其他金融资产的合同权利；

（2）在潜在有利条件下，与其他方交换金融资产或金融负债的合同权利；

（3）将来须用或可用企业自身权益工具进行结算的非衍生工具合同，且企业根据该合同将收到可变数量的自身权益工具；

（4）将来须用或可用企业自身权益工具进行结算的衍生工具合同，但以固定数量的自身权益工具交换固定金额的现金或其他金融资产的衍生工具合同除外。

2.金融资产的内容

金融资产的内容包括：

（1）现金，如库存现金。

（2）持有的其他单位的权益工具，如长期股权投资。

（3）从其他单位收取现金或其他金融资产的合同权利，如应收账款、应收票据。

（4）在潜在有利条件下，与其他单位交换金融资产或金融负债的合同权利，如看涨期权。

二、金融资产的分类

银行根据其管理金融资产的业务模式和金融资产的合同现金流量特征，将金融资产划分为以下三类：

（1）以摊余成本计量的金融资产，如债权投资。

（2）以公允价值计量且其变动计入其他综合收益的金融资产，如其他债权投资。

（3）以公允价值计量且其变动计入当期损益的金融资产，如交易性金融资产。

三、会计科目设置

金融资产业务中使用的会计科目主要有：

（1）“交易性金融资产”属于资产类科目，核算银行分类为以公允价值计量且其变动计入当期损益的金融资产和直接指定为以公允价值计量且其变动计入当期损益的金融资产。本科目按照交易性金融资产类别和品种，分别“成本”“公允价值变动”等进行明细核算。本科目期末借方余额，反映银行持有的交易性金融资产的公允价值。

（2）“公允价值变动损益”属于损益类科目，核算银行交易性金融资产、交易性金融负债，以及采用公允价值模式计量的投资性房地产、衍生工具、套期保值业务中公允价值变动形成的应计入当期损益的利得或损失。本科目按照资产、负债类别进行明细核算。期末，应将本科目余额转入“本年利润”科目，结转后本科目无余额。

（3）“投资收益”属于损益类科目，核算银行确认的投资收益或投资损失。本科目按照投资项目进行明细核算。期末，应将本科目余额转入“本年利润”科目，结转后应无余额。

（4）“债权投资”属于资产类科目，核算银行持有的分类为以摊余成本计量的长期债权投资。本科目按照债权投资类别和品种，分别“成本”“利息调整”“应计利息”等进行明细核算。本科目期末借方余额，反映银行债权投资的公允价值。

（5）“其他债权投资”属于资产类科目，核算银行持有的分类为以公允价值计量且其变动计入其他综合收益的长期债券投资。本科目按照其他债权投资类别和品种，分别“成本”“利息调整”“公允价值变动”等进行明细核算。本科目期末借方余额，反映银行其他债权投资的公允价值。

（6）“其他权益工具投资”属于资产类科目，核算银行持有的指定为以公允价值计量且其变动计入其他综合收益的非交易性权益工具投资。本科目按照投资类别和品种，分别“成本”“公允价值变动”等进行明细核算。本科目期末借方余额，反映银行其他权益工具投资的公允价值。

（7）“其他综合收益”属于权益类科目，核算未在当期损益中确认的各项利得和损失。本科目设有“其他债权投资公允价值变动”“其他权益工具投资公允价值变动”等明细科目。

第二节　交易性金融资产

交易性金融资产是指企业打算通过积极管理和交易以获取利润的债权证券和权益证券。企业通常会频繁买卖这类证券以期在短期价格变化中获取利润。

一、交易性金融资产的确认条件

交易性金融资产的确认应同时符合下列条件：

(1) 取得该金融资产的目的主要是为了近期出售或回购，比如企业从市场购入的股票、债券、基金等。

(2) 相关金融资产在初始确认时属于集中管理的可辨认金融工具组合的一部分，且有客观证据表明近期实际存在短期获利模式。

(3) 相关金融资产属于衍生金融工具，但符合财务担保合同定义的衍生工具以及被指定为有效套期工具的衍生工具除外。

二、交易性金融资产的核算

(一) 取得交易性金融资产

取得交易性金融资产时，按其公允价值，借记"交易性金融资产——成本"科目，按发生的交易费用，借记"投资收益"科目，按已到付息期但尚未领取的利息或已宣告但尚未发放的现金股利，借记"应收利息"或"应收股利"科目，按实际支付的金额，贷记"存放中央银行款项"科目。其会计处理为：

借：交易性金融资产——成本（公允价值）
　　应收利息（或应收股利）
　　投资收益（交易费用）
　贷：存放中央银行款项

【例8-1】202×年5月10日，××银行购买金融债券20 000 000元，并将其划分为交易性金融资产，尚未领取利息100 000元，另支付相关交易费用25 000元。

其会计处理为：

借：交易性金融资产——成本	20 000 000	
应收利息	100 000	
投资收益	25 000	
贷：存放中央银行款项		20 125 000

(二) 持有期间收到利息或股利

银行持有交易性金融资产期间，被投资单位宣告发放现金股利或利息时，贷记"投资收益"科目，会计处理为：

借：应收利息（或应收股利）
　贷：投资收益

收到债券利息或现金股利时，会计处理为：

借：存放中央银行款项
　贷：应收利息（或应收股利）

【例8-2】接【例8-1】，被投资单位于5月20日收到已宣告但尚未收取的该笔利息。

其会计处理为：

借：存放中央银行款项	100 000	
贷：应收利息		100 000

(三) 公允价值变动

资产负债表日，要考核交易性金融资产的公允价值变动情况，公允价值变动金额计入当期损益。如果交易性金融资产的公允价值高于其账面余额，其差额借记“交易性金融资产——公允价值变动”科目，贷记“公允价值变动损益”科目。

其会计处理为：

借：交易性金融资产——公允价值变动

　贷：公允价值变动损益

资产负债表日，如果公允价值低于其账面余额，则做相反的会计处理。

（四）交易性金融资产出售

出售交易性金融资产时，应按实际收到的金额，借记“存放中央银行款项”等科目，按该金融资产的账面余额，贷记“交易性金融资产——成本”科目，按其差额，贷记或借记“投资收益”科目。同时，按照“交易性金融资产——公允价值变动”科目的余额，借记或贷记“公允价值变动损益”科目。

其会计处理为：

借：存放中央银行款项（实际收到金额）

　贷：交易性金融资产——成本

　　（或借）投资收益

　　（或借）交易性金融资产——公允价值变动

【例8-3】接【例8-2】，假设该笔金融债券5月31日市价为20 050 000元，到6月20日出售时，价格为20 080 000元。

其会计处理为：

（1）5月31日市价。

借：交易性金融资产——公允价值变动	50 000	
贷：公允价值变动损益		50 000

（2）6月20日出售。

借：存放中央银行款项	20 080 000	
贷：交易性金融资产——成本		20 000 000
——公允价值变动		50 000
投资收益		30 000

第三节　债权投资

债权投资是指为取得债权所进行的投资，如购买公司债券、购买国库券等。企业进行这种投资，不是为了获得其他企业的剩余资产，而是为了获取高于银行存款利率的利息，并保证按期收回本息。

一、债权投资的确认条件

金融资产同时符合下列条件的，应当分类为债权性金融资产：

（1）银行管理该金融资产的业务模式是以收取合同现金流量为目标。

（2）该金融资产的合同条款规定，在特定日期产生的现金流量，仅为对本金和以未偿付本金金额为基础的利息的支付。

二、债权投资的核算

（一）取得债权投资

银行取得债权投资时，应按照其票面金额，借记“债权投资——成本”科目，按照已到付息期但尚未领取的利息，借记“应收利息”科目，按照公允价值加上交易费用（即实际支付的金额），贷记“存放中央银行款项”科目，按其差额借记或贷记“债权投资——利息调整”科目。

其会计处理为：

借：债权投资——成本（面值）

　　应收利息

　贷：存放中央银行款项（实际支付金额）

　　　（或借）债权投资——利息调整（差额）

收到取得债权投资支付的价款中包含的已到付息期但尚未领取的债券利息，冲减应收利息，借记“存放中央银行款项”科目，贷记“应收利息”科目。

其会计处理为：

借：存放中央银行款项

　贷：应收利息

（二）应收利息

银行应当采用实际利率法、预期信用损失法进行后续计量，按摊余成本和实际利率计算确认利息收入，计入投资收益。实际利率与票面利率差别较小的，按票面利率计算利息收入，计入投资收益。

1.分期付息、一次还本

债权投资为分期付息、一次还本债券的，应于资产负债表日按照票面利率计算确定的应收未收利息，借记“应收利息”科目，按照摊余成本和实际利率计算确定的利息收入，贷记“投资收益”科目，按其差额借记或贷记“债权投资——利息调整”科目。

其会计处理为：

借：应收利息（票面利率）

　贷：投资收益（实际利率）

　　　（或借）债权投资——利息调整（差额）

收到投资利息时，会计处理为：

借：存放中央银行款项

　贷：应收利息

2.一次性还本付息

债权投资为一次性还本付息的，应于资产负债表日按照票面利率计算确定的应收未收利息，借记“债权投资——应计利息”科目，按照摊余成本和实际利率计算确定的利息收入，贷记“投资收益”科目，按其差额借记或贷记“债权投资——利息调整”科目。

其会计处理为：

借：债权投资——应计利息（票面利率）

　贷：投资收益（实际利率）

　　　（或借）债权投资——利息调整（差额）

（三）出售或收回债权投资

出售或收回债权投资时，应按实际收到的金额入账，同时结转其账面余额，差额记入“投资收益”科目。

其会计处理为：

借：存放中央银行款项（实际收到金额）

　贷：债权投资（成本、利息调整、应计利息）

　　　（或借）投资收益（差额）

第四节　其他金融资产

其他金融资产是指风险收益特征、流动性状况等与前述各资产类别存在明显差异，且没有归入前述大类的其他可投资资产。

一、其他金融资产的确认条件

金融资产同时符合下列条件的，应当分类为以公允价值计量且其变动计入其他综合收益的金融资产：

（1）企业管理该金融资产的业务模式既以收取合同现金流量为目标又以出售该金融资产为目标。

（2）该金融资产的合同条款规定，在特定日期产生的现金流量，仅为对本金和以未偿付本金金额为基础的利息的支付。

其他金融资产主要包括其他债权投资和其他权益工具投资。

二、其他债权投资

（一）取得其他债权投资

银行取得其他债权投资，应按照债券的面值，借记“其他债权投资——成本”科目，按照支付的价款中包含的已到付息期但尚未领取的利息，借记“应收利息”科目，按照实际支付的金额，贷记“存放中央银行款项”科目，按其差额借记或贷记“其他债权投资——利息调整”科目。

其会计处理为：

借：其他债权投资——成本（债券面值）

　　应收利息

　贷：存放中央银行款项（实际支付金额）

　　　（或借）其他债权投资——利息调整（差额）

收到已到付息期但尚未领取的利息，冲减应收利息。其会计处理为：

借：存放中央银行款项

　贷：应收利息

（二）利息收入确认及收到利息

1.分期付息、一次还本债券投资

其他债权投资如果为分期付息、一次还本债券投资的，期末按照票面利率计算确定的应收未收利息，借记“应收利息”科目，按照其他债权投资摊余成本和实际利率计算确定的利息收入，贷记“投资收益”科目，按其差额借记或贷记“其他债权投资——利息调整”科目。

其会计处理为：

借：应收利息

贷：投资收益

（或借）其他债权投资——利息调整

2.一次性还本付息

其他债权投资为一次性还本付息的，应于资产负债表日按照票面利率计算确定的应收未收利息，借记“其他债权投资——应计利息”科目，按照摊余成本和实际利率计算确定的利息收入，贷记“投资收益”科目，按其差额借记或贷记“其他债权投资——利息调整”科目。

其会计处理为：

借：其他债权投资——应计利息（票面利率）

贷：投资收益（实际利率）

（或借）其他债权投资——利息调整（差额）

3.实际收到利息

实际收到利息时，会计处理为：

借：存放中央银行款项

贷：应收利息

（三）公允价值变动

期末，其他债权投资的公允价值高于其账面余额的差额，借记“其他债权投资——公允价值变动”科目，贷记“其他综合收益——其他债权投资公允价值变动”科目。

其会计处理为：

借：其他债权投资——公允价值变动

贷：其他综合收益——其他债权投资公允价值变动

期末，如果其他债权投资的公允价值低于其账面余额，则做相反的会计处理。

（四）出售其他债权投资

出售其他债权投资时，应按实际收到的金额入账，结转其账面余额（包括成本、公允价值变动、利息调整），差额计入投资收益；同时，从其他综合收益中转出公允价值累计变动额，借记或贷记“其他综合收益——其他债权投资公允价值变动”科目，贷记或借记“投资收益”科目。

其会计处理为：

借：存放中央银行款项（实际收到金额）

贷：其他债权投资（成本、公允价值变动、利息调整）

（或借）投资收益（差额）

同时，从其他综合收益中转出公允价值累计金额：

借（或贷）：其他综合收益——其他债权投资公允价值变动

贷（或借）：投资收益

三、其他权益工具投资

（一）取得其他权益工具投资

银行取得其他权益工具投资时，应按照其公允价值与交易费用之和，借记“其他权益工具投资——成本”科目，已宣告但尚未发放的现金股利，借记“应收股利”科目，按照实际支付的金额，贷记“存放中央银行款项”科目。

其会计处理为：

借：其他权益工具投资——成本（公允价值与交易费用之和）

　　应收股利

　贷：存放中央银行款项（实际支付金额）

收到已宣告但尚未发放的现金股利，冲减应收股利，借记“存放中央银行款项”科目，贷记“应收股利”科目。

其会计处理为：

借：存放中央银行款项

　贷：应收股利

（二）股利收入确认及收到股利

被投资单位宣告发放股利时，借记“应收股利”科目，贷记“投资收益”科目，收到股利时，借记“存放中央银行款项”科目，贷记“应收股利”科目。

其会计处理为：

借：应收股利

　贷：投资收益

收到股利后：

借：存放中央银行款项

　贷：应收股利

（三）公允价值变动

资产负债表日，其他权益工具投资的公允价值高于其账面余额的差额，借记“其他权益工具投资——公允价值变动”科目，贷记“其他综合收益——其他权益工具投资公允价值变动”科目。

其会计处理为：

借：其他权益工具投资——公允价值变动

　贷：其他综合收益——其他权益工具投资公允价值变动

期末，如果其他权益工具投资的公允价值低于其账面余额，则做相反的会计处理。

（四）出售其他权益工具投资

出售其他权益工具投资时，应按实际收到的金额入账，结转其账面余额（包括成本、公允价值变动），结转其他综合收益，差额计入留存收益。

其会计处理为：

借：存放中央银行款项（实际收到金额）

　　（或贷）其他综合收益——其他权益工具投资公允价值变动

　贷：其他权益工具投资——成本

　　（或借）其他权益工具投资——公允价值变动

　　（或借）盈余公积——法定盈余公积

　　（或借）利润分配——未分配利润

思考题

1.什么是金融资产？

2.交易性金融资产确认条件有哪些？

3.债权投资和其他权益投资有什么区别？

练习题

1.单项选择题

（1）取得交易性金融资产时其含有的已宣告未发放的现金股利，记入（ ）科目。

A.“投资收益” B.“利息收入” C.“应收股利” D.“应收利息”

（2）出售交易性金融资产时实际收到金额大于该金融资产的成本的部分，记入（ ）科目。

A.“投资收益” B.“利息收入” C.“营业外收入” D.“其他业务收入”

（3）交易性金融资产的公允价值变动损益在（ ）结转。

A.购入时 B.出售时 C.资产负债表日 D.年末

（4）其他债权投资持有期间的应收利息与投资收益的差额，应记入（ ）科目。

A.“其他债权投资——利息调整” B.“其他债权投资——成本”

C.“公允价值变动损益” D.“投资收益”

（5）其他债权投资在资产负债表日公允价值发生变动，应记入（ ）科目。

A.“公允价值变动损益” B.“投资收益”

C.“资本公积” D.“其他综合收益”

（6）债权投资如为一次性还本付息，其利息记入（ ）科目借方核算。

A.“投资收益” B.“债权投资——应计利息”

C.“应收利息” D.“债权投资——利息调整”

（7）对于以公允价值计量且其变动计入当期损益的金融资产，下列有关业务中不应贷记“投资收益”科目的是（ ）。

A.收到持有期间获得的现金股利

B.收到持有期间获得的债券利息

C.资产负债表日持有的该类金融资产的市价大于其账面价值

D.企业转让交易性金融资产收到的价款大于其账面价值的差额

（8）关于交易性金融资产的计量，下列说法中正确的是（ ）。

A.资产负债表日，应将交易性金融资产的公允价值变动计入资本公积

B.取得交易性金融资产的相关交易费用应计入其入账价值

C.处置交易性金融资产时，其公允价值与初始入账金额之间的差额应确认为投资收益，不调整公允价值变动损益

D.应以取得该金融资产的公允价值作为初始入账金额，相关交易费用计入当期损益

（9）××银行购入面值为1 000万元的债券，划分为以公允价值计量且其变动计入其他综合收益的金融资产，支付价款1 150万元，其中手续费4万元、已到付息期但尚未领取的利息46万元，则该项金融资产应记入“其他债权工具——成本”科目的金额为（ ）

万元。

A.1 150　　B.1 146　　C.1 104　　D.1 100

（10）2021年1月1日，××银行购入××公司分期付息、到期还本的债券12万张，以银行存款支付价款1 120万元，另支付相关交易费用12万元。该债券系××公司于2020年1月1日发行，每张债券面值为100元，期限为3年，票面利率为5%。××银行将其作为以摊余成本计量的金融资产核算，则2020年1月1日××银行购入××公司债券的初始入账价值为（　）万元。

A.1 120　　B.1 132　　C.1 200　　D.12 125

2.业务题

（1）××银行于2021年1月1日购入某企业于2020年1月1日发行的3年期债券，其债券利息按年支付，到期还本。该债券年利率为5%，票面价值为100 000元，其公允价值为110 000元，支付购买费用1 000元。××银行购入该债券（购入时其上年利息尚未支付）不准备长期持有，用于交易需要。××银行于2021年3月1日收到上年利息。2021年1月31日，该债券公允价值为112 000元。2021年4月1日，××银行以113 000元出售该债券。

要求：编制××银行有关该债券购入及处理的相关会计分录。

（2）××银行于2021年3月1日购入××公司于2021年1月1日发行的到期一次性还本付息债券，该债券期限为3年，票面利率为6%。××银行购入债券的面值为1 000 000元，实际支付价款为960 000元，另支付相关交易费用100 000元。××银行购入后将其划分为以摊余成本计量的金融资产，购入债券的实际利率为8%。2021年9月1日，该银行以1 200 000元出售该债券。

要求：编制××银行有关该债券购入及处理的相关会计分录。

第九章

中间业务

学习目标

1. 了解中间业务的概念和种类；
2. 了解中间业务和传统业务的区别；
3. 掌握银行中间业务的会计处理方法。

第一节　中间业务概述

一、中间业务的含义

中国人民银行曾颁发《商业银行中间业务暂行规定》，其对中间业务的定义是“中间业务是不构成商业银行表内资产、表内负债，形成银行非利息收入的业务”。

从上述定义可以看出，中间业务具有以下四个特征：

（1）银行在业务中发挥中间人的角色，如代收水电费，银行在水电费收费机构和消费者之间起到桥梁作用。

（2）银行在中间业务中仅提供服务，不需要提供资金，所以风险低。

（3）银行以收取手续费为主要目的，因为办理中间业务要付出一定的成本，需要收费加以补偿。

（4）银行中间业务产品是一种固化了商业信誉的金融产品，而不仅仅是一种单纯的金融品种。中间业务的开展是以银行的信誉为基础，而金融服务产品的开发又反过来进一步提高了银行的信誉。

中间业务的发展是商业银行现代化的重要标志。中间业务与资产业务、负债业务被称为现代商业银行的三大业务，发达国家商业银行业务经营的突出特点之一就是中间业务的快速扩展。

发展中间业务对我国商业银行现代化极为重要，对加快我国商业银行现代化改革进程、提高商业银行效益及竞争力具有重要意义。

二、中间业务的分类

按照《商业银行中间业务暂行规定》给定的参考分类标准，商业银行中间业务可分为以下九大类：

（一）支付结算类中间业务

支付结算类业务是由银行为客户办理因债权债务关系引起的与货币支付、资金划拨有关的收费业务。结算业务借助的主要结算工具包括银行汇票、商业汇票、银行本票和支票；结算方式主要包括同城结算方式和异地结算方式。

（二）银行卡类中间业务

银行卡是由银行向社会发行的具有消费信用、转账结算、存取现金等全部或部分功能的信用支付工具。

（三）代理类中间业务

代理类中间业务是银行接受客户委托，代为办理客户指定的经济事务、提供金融服务并收取一定费用的业务，包括代理政策性银行业务、代理中国人民银行业务、代理其他银行业务、代收代付业务、代理证券业务、代理保险业务、代理其他银行的银行卡收单业务等。

（四）担保类中间业务

担保类中间业务是银行为客户债务清偿能力提供担保，承担客户违约风险的业务，主要包括银行承兑汇票、备用信用证、各类保函等业务。

（1）银行承兑汇票，是由收款人或付款人（或承兑申请人）签发，并由承兑申请人向开户银行申请，经银行审查同意承兑的商业汇票。

（2）备用信用证，是开证行应借款人要求，以放款人作为信用证的受益人而开具的一种特殊信用证，以保证在借款人破产或不能及时履行义务的情况下，由开证行向受益人及时支付本利。

（3）各类保函业务，包括投标保函、承包保函、还款担保及借款保函等。

（五）承诺类中间业务

承诺类中间业务是商业银行在未来某一日期按照事前约定的条件向客户提供约定信用的业务，主要指贷款承诺，包括可撤销承诺和不可撤销承诺两种。

（1）可撤销承诺，附有客户在取得贷款前必须履行的特定条款，在银行承诺期内，客户如没有履行条款，则银行可撤销该项承诺。可撤销承诺包括透支额度等。

（2）不可撤销承诺，是银行不经客户允许不得随意取消的贷款承诺，具有法律约束力。不可撤销承诺包括备用信用额度、回购协议、票据发行便利等。

（六）交易类中间业务

交易类中间业务是商业银行为满足客户保值或自身风险管理等方面的需要，利用各种金融工具进行的资金交易活动，主要包括金融衍生业务。

（1）远期合约，是交易双方约定在未来某个特定时间以约定价格买卖约定数量的资产，包括利率远期合约和远期外汇合约。

（2）金融期货合约，是以金融工具或金融指标为标的的期货合约。

（3）互换合约，是交易双方基于自身的比较利益，对各自的现金流量进行交换，一般分为利率互换和货币互换。

（4）期权合约，是期权的买方支付给卖方一笔权利金，获得一种权利，可于期权的存续期内或到期日当天，以执行价格与期权卖方进行约定数量的特定标的的交易。期权按交易标的分为股票指数期权、外汇期权、利率期权、期货期权、债券期权等。

（七）基金托管类中间业务

基金托管业务是有托管资格的商业银行接受基金管理公司委托，安全保管所托管的基金的全部资产，为所托管的基金办理基金资金清算款项划拨、会计核算、基金估值、监督管理人投资运作。基金托管业务包括封闭式证券投资基金托管业务、开放式证券投资基金托管业务和其他基金的托管业务。

（八）咨询顾问类中间业务

咨询顾问类业务是商业银行依靠自身在信息、人才、信誉等方面的优势，收集和整理有关信息，并通过对这些信息以及银行和客户资金运动的记录和分析，形成系统的资料和方案提供给客户，以满足其业务经营管理或发展需要的服务活动。咨询顾问类业务具体包括企业信息咨询业务、资产管理顾问业务、财务顾问业务、现金管理业务等。

（九）其他类中间业务

其他类中间业务包括保管箱业务以及其他不能归入以上八类的业务。

三、会计科目设置

中间业务会计核算中的会计科目主要有：

(1)“代理业务资产”属于资产类科目，本科目核算商业银行接受客户委托代理发放的贷款。期末余额在借方，反映尚未收回的委托贷款。

(2)“结算备付金”属于资产类科目，本科目核算商业银行为证券交易的资金清算而存入指定清算代理机构的款项。期末余额在借方，反映尚未结清的款项。

(3)“代理业务负债”属于负债类科目，本科目核算商业银行接受客户委托办理业务中事先收到的款项。期末余额在贷方，反映尚未划回的款项。

(4)“代理承销证券款”属于负债类科目，本科目核算银行接受委托，采用余额承购包销或代销方式发行证券所形成的应付发行人的承销资金。期末余额在贷方，反映尚未支付给委托人的款项。

(5)“代理兑付证券款”属于负债类科目，本科目核算银行接受委托代理兑付证券业务而收到的兑付资金。期末余额在贷方，反映尚未兑付的款项。

第二节　代理业务

一、代理债券

代理债券业务是银行作为债券代理人，受客户委托代理发行和代理兑付债券的业务。代理债券主要包括国家债券、金融债券、企业债券等。

（一）代理发行债券业务

代理发行债券是银行接受发行人的委托、代理债券发行人承销债券的活动，其主要包括余额包销和代销方式。

目前，商业银行主要通过网上发行债券。

1.余额包销方式

余额包销方式承销证券，是指网上发行时商业银行先在网上代销，发行期结束对尚未售出的证券由商业银行按发行价格认购，将筹集的资金付给发行人，并收取手续费。

通过证券交易所网上发行，于发行日按承销价款在登记簿中登记承销情况。

①售出部分与证券交易所交割，按实际收到的金额入账。其会计处理为：

借：结算备付金

　贷：代理承销证券款

②未售出部分由商业银行认购。其会计处理为：

借：交易性金融资产（或可供出售金融资产）

　贷：代理承销证券款

③发行期结束，将所筹集资金付给委托单位，并收取手续费。其会计处理为：

借：代理承销证券款

　贷：吸收存款（或有关科目）

　　手续费及佣金收入

2.代销方式

代销方式承销证券，是指商业银行按约定的价格网上发行，发行期结束，将实际筹集的资金付给发行人，并收取手续费。

①与证券交易所交割，按实际收到的金额入账。其会计处理为：

借：结算备付金

　贷：代理承销证券款

②发行期结束，将实际筹集的资金付给委托单位，并收取手续费。其会计处理为：

借：代理承销证券款

　贷：吸收存款（或有关科目）

　　手续费及佣金收入

（二）代理兑付债券业务

代理兑付债券是银行按照客户委托对其发行的到期债券进行兑付的业务。

1.收到兑付资金的处理

银行收到委托人划入的还本付息资金时，根据规定办理转账。其会计处理为：

借：吸收存款——××委托人户（或有关科目）

　贷：代理兑付证券款

2.办理兑付的处理

网点办理兑付时，办理转账。其会计处理为：

借：代理兑付证券款

　贷：吸收存款（或有关科目）

3.收取手续费的处理

兑付期结束，银行收取手续费时，办理转账。其会计处理为：

借：吸收存款——××委托人户（或有关科目）

　贷：手续费及佣金收入

二、委托贷款

委托贷款是由委托人提供资金，贷款人（银行）根据委托人确定的贷款对象、用途、金额、期限、利率等而代理发放、监督使用并协助收回的贷款。委托贷款属代理类业务，贷款风险由委托人承担，银行只收取手续费。

(一) 收到委托资金

商业银行与客户签订委托贷款合同后，向客户收取委托资金。其会计处理为：

借：吸收存款——××委托人户（或有关科目）

　贷：代理业务负债

(二) 发放委托贷款

商业银行按规定发放贷款，办理转账。其会计处理为：

借：代理业务资产——成本（本金）

　贷：吸收存款——××借款人户（或有关科目）

(三) 收回委托贷款

借款人按合同约定的借款期限和利率到期还本付息时，办理转账。其会计处理为：

借：吸收存款——××借款人户（或有关科目）

　贷：代理业务资产——成本（本金）

　　　　　　　　——已实现未结算损益（利息）

(四) 收取手续费

商业银行按合同约定比例计收委托贷款收益。其会计处理为：

借：代理业务资产——已实现未结算损益（利息）

　贷：代理业务负债

　　手续费及佣金收入

(五) 归还委托贷款本息

终止委托时，按规定归还委托方本息款。其会计处理为：

借：代理业务负债

　贷：吸收存款——××委托人户（或有关科目）

第三节　保管箱业务

一、保管箱业务的含义

保管箱业务是银行以出租保管箱的形式代客户保管贵重物品、重要文件、有价单证等财物的服务性项目。通过办理此类业务，银行可向委托人收取手续费、保管费或租金。

二、保管箱业务的核算

(一) 保管箱租用

出租保管箱应收取租金和押金。保管箱的租期、租金按年计算。租金一律实行预交，租期内如遇价格调整，均按交付时的价格收取，押金在申请租箱时一次交付，主要用于扣除逾期租金及银行凿箱等费用，租金待租用人退租手续结清后退还租用人。其会计处理为：

借：吸收存款（或有关科目）

　贷：手续费及佣金收入

　　其他应付款——保管箱押金

同时，登记“保管箱租箱、退箱登记簿”，填制表外科目收入凭证，登记表外科目明细账。其会计处理为：

收入：重要空白凭证

（二）保管箱续租

银行经办人收到租用人提交的申请书及有关证件等审核无误后，取出原申请书留存联，加盖“续租”戳记，登记“保管箱租箱、退箱登记簿”，同时填制“业务收费凭证”一式三联，向租用人收取租金。其余处理手续同上。

（三）保管箱退租

银行经办人收到租用人提交的申请书、押金收据及有关证件等审核无误后，如不欠租金，退还押金。其会计处理为：

借：其他应付款——保管箱押金

　贷：吸收存款（或有关科目）

如欠租金，从其保证金中扣除。其会计处理为：

借：其他应付款——保管箱押金

　贷：手续费及佣金收入

　　　吸收存款（或有关科目）

同时，销记表外科目。

付出：重要空白凭证

（四）更换印鉴和挂失

租用人因印鉴更换、钥匙丢失申请挂失的，应填写“保管箱印鉴、钥匙挂失申请书”，并出具有关证件。银行经办人员根据留存资料进行审查无误后，进行处理，收取手续费。其会计处理为：

借：吸收存款（或有关科目）

　贷：手续费及佣金收入

（五）凿箱和换锁

1.正常凿箱

挂失期满，需要办理凿箱或换锁的租用人，凭挂失申请书办理凿箱或换锁手续，并交纳专用锁成本和换锁费用。其会计处理为：

借：吸收存款（或有关科目）

　贷：手续费及佣金收入

　　　低值易耗品

2.非正常凿箱

非正常凿箱是租用人因故逾期而发生的凿箱、司法执行凿箱及公证凿箱等。发生非正常凿箱时，银行经办人员凭非正常凿箱证明按规定处理。其会计处理为：

借：其他应付款——保管箱押金

　贷：吸收存款（或有关科目）

　　　手续费及佣金收入

　　　低值易耗品

第四节　保函业务

一、保函业务的含义

保函是银行根据申请人的请求，以其自身的信誉向商业交易的另一方担保该交易项下的某种责任或义务的履行，而做出的一种具有一定金额、一定期限、承担某种支付责任或经济赔偿责任的书面付款保证承诺。

银行开办保函业务的类型包括投标保证、承包保证、履约保证、预收（付）款退款保证、工程维修保证、质量保证、来料加工保证及来件装配保证、关税保付保证、保释金保证、付款保证、延期付款保证、分期付款保证、借款保证、租赁保证、补偿贸易保证、账户透支保证等。保函业务可划分为付款类保函、履约类保函和债务类保函三类。

二、保函业务的核算

（一）收取保证金

申请人采取缴存保证金的方式委托担保。其会计处理为：

借：吸收存款——××被保证人户

　贷：存入保证金

（二）收取手续费

银行按规定收取手续费，办理转账。其会计处理为：

借：吸收存款——××被保证人户

　贷：手续费及佣金收入

同时，填制表外科目收入凭证，登记表外科目明细账。其会计处理为：

收入：开出保函

（三）担保垫款

被保证人在合同时间内未能筹足偿债资金，而使银行垫付款项时，银行应向被保证人和反担保人行使追索权及反担保债权。

（1）申请人采取缴存保证金方式提供反担保的，会计处理为：

借：吸收存款——××被保证人户

　　存入保证金

　　贷款——担保垫款

　贷：吸收存款——保函受益人户

同时，填制表外科目付出凭证，登记表外科目明细账。其会计处理为：

付出：开出保函

（2）申请人采取质押、抵押、第三方保证方式提供反担保的，银行应按照担保物核算规定中有关垫款规定处理，详见逾期贷款业务的相关处理。

同时，填制表外科目付出凭证，登记表外科目明细账。其会计处理为：

付出：开出保函

（四）保函到期或终止担保

保证期届满，银行未承担保证责任的，或存入保证金用于保证项下的支付仍有余额的，银行应在收回保函后，根据被保证人的请求将款项从相关账户转出退还。其会计处

理为：

借：存入保证金

　贷：吸收存款——××被保证人户

同时，填制表外科目付出凭证，登记表外科目明细账。其会计处理为：

付出：开出保函

【例9-1】××公司拟向××市商业银行借款8 000万元进口高精度医疗设备，××市商业银行要求××公司向其出具借款保函。该公司在征得其开户行××农业银行同意并收取100万元保证金和1.5‰手续费后为其出具保函。借款到期，该公司只归还了6 000万元，其余款项扣除保证金后由××农业银行垫付。其会计处理为：

（1）收取保证金和手续费。

借：吸收存款——××公司　　1 120 000

　贷：存入保证金　　1 000 000

　　手续费及佣金收入　　120 000

出具保函，登记表外科目。

收入：开出保函　　80 000 000

（2）到期支付款项。

借：吸收存款——××公司　　60 000 000

　存入保证金　　1 000 000

　贷款——××公司垫款户　　19 000 000

　贷：存放中央银行款项　　80 000 000

同时，销记表外登记。

付出：开出保函　　80 000 000

思考题

1.什么是中间业务？我国商业银行目前开展的中间业务有哪些？

2.中间业务有什么特点？

3.什么是保管箱业务？租用保管箱时应如何进行核算？

4.什么是保函？银行开办的保函业务有哪几种？

5.代理发行债券有几种方式？

练习题

1.单项选择题

（1）下列不属于银行中间业务的是（　　）。

A.代理业务　　B.贷记卡业务　　C.备用信用证业务　　D.自营贷款业务

（2）代理债券业务中使用的会计科目是（　　）。

A.代理业务资产　　B.代理业务负债　　C.抵债资产　　D.代理兑付债券

（3）下列关于保管箱的表述中，不正确的是（　　）。

A.保管箱业务会计和出纳必须分设，不得兼任

B.保管箱应由总行统一管理和购置

C.保管箱由公钥和分钥一同使用才能开启

D.个人保管箱可以两人以上共用

（4）下列关于保证金业务的会计处理，正确的是（　　）。

A.借：存入保证金
　　贷：吸收存款

B.借：存入保证金
　　贷：库存现金

C.借：吸收存款
　　贷：存入保证金

D.收入：开出保函

（5）委托贷款业务中使用的会计科目是（　　）。

A.贷款　　B.委托贷款　　C.代理业务资产　　D.代理业务负债

2.业务题

（1）××招商银行代销部分5年期国债，年利率5%，金额10亿元，发行期结束后，债券全部售出，将销售款项上划中国人民银行并按0.5‰收取佣金。请编制相关会计分录。

（2）储户张林到××工商银行营业网点兑付到期国债本息55 000元。请编制相关会计分录。

（3）××农业银行先期收到财政部拨付的到期国债款面值5亿元，利息300万元。请编制相关会计分录。

（4）××中国银行收到海通证券公司开办租赁保险箱的申请，并收到20 000元的押金和1 000元的租金。请编制相关会计分录。

3.实训练习

实训要求：根据实训资料填写有关凭证。

（1）银行依据协议向环宇电力公司收取保管箱手续费，金额3 200元。

中国建设银行

业务收费凭证

币别：人民币　　2020年06月20日　　流水号：000032

付款人			账号		
项目名称	工本费	手续费	电子汇划费	—	金额
保管箱		¥3 200.00			¥3 200.00
金 额（大写）		人民币叁仟贰佰元整			¥3 200.00
付款方式	转账				
业务类型：对公收费					

中国建设银行　**特种转账借方专票**

2020年06月20日

付款单位	全　　称				收款单位	全　　称										
	账号或地址					账号或地址										
	开户银行		行号			开户银行		行号								
金额	人民币（大写）						金额									
							亿	千	百	十	万	千	百	十	元	角	分
原始凭证金额		赔偿金		科目（借）吸收存款——活期存款												
原始凭证名称		号　码		对方科目（贷）手续费及佣金收入												
转账原因		银行盖章		会计　复核　记账												

附件　张

会计　出纳　复核　记账　制票

中国建设银行　**特种转账借方传票**

2020年06月20日

付款单位	全　　称				收款单位	全　　称										
	账号或地址					账号或地址										
	开户银行		行号			开户银行		行号								
金额	人民币（大写）						金额									
							亿	千	百	十	万	千	百	十	元	角	分
原始凭证金额		赔偿金		科目（借）吸收存款——活期存款												
原始凭证名称		号　码		对方科目（贷）手续费及佣金收入												
转账原因		银行盖章		会计　复核　记账												

附件　张

会计　出纳　复核　记账　制票

（2）明达化工公司提交转账支票一张，金额160 000元，用于交纳保函业务保证金。

中国建设银行　**转账支票**（鲁）　　　　支票号码：Ⅷ000241

出票日期（大写）贰零贰零年零陆月零贰拾日　　　　付款行名称：建行解放路支行

付款人：明达化工公司　　　　出票人账户：37001616108050003433

		亿	千	百	十	万	千	百	十	元	角	分
人民币（大写）	人民币壹拾陆万元整			¥	1	6	0	0	0	0	0	0

用途 支付保证金

上列款项请从　　　　025445820216

我账户内支付

出票人签章　　　　复核　　　　记账

中国建设银行　**特种转账借方传票**

2020年06月20日

付款单位	全　称			收款单位	全　称			
	账号或地址				账号或地址			
	开户银行		行号		开户银行		行号	

		金额											
金额	人民币（大写）	亿	千	百	十	万	千	百	十	元	角	分	附件　张

原始凭证金额		赔偿金		科目（借）吸收存款——活期存款
原始凭证名称		号　码		对方科目（贷）存入保证金
转账原因	银行盖章			会计　复核　记账

会计　　出纳　　复核　　记账　　制票

中国建设银行　**特种转账借方传票**

2020年06月20日

<table>
<tr><td rowspan="3">付款单位</td><td>全　　称</td><td colspan="3"></td><td rowspan="3">收款单位</td><td>全　　称</td><td colspan="3"></td><td rowspan="3">附件　　张</td></tr>
<tr><td>账号或地址</td><td colspan="3"></td><td>账号或地址</td><td colspan="3"></td></tr>
<tr><td>开户银行</td><td></td><td>行号</td><td></td><td>开户银行</td><td></td><td>行号</td><td></td></tr>
<tr><td>金额</td><td colspan="6">人民币
（大写）</td><td colspan="3">金额
亿 千 百 十 万 千 百 十 元 角 分</td></tr>
<tr><td colspan="2">原始凭证金额</td><td></td><td>赔偿金</td><td></td><td colspan="5">科目（借）<u>吸收存款——活期存款</u></td></tr>
<tr><td colspan="2">原始凭证名称</td><td></td><td>号　码</td><td></td><td colspan="5">对方科目（贷）<u>存入保证金</u></td></tr>
<tr><td>转账原因</td><td colspan="4">银行盖章</td><td colspan="5">会计　　复核　　记账</td></tr>
</table>

会计　　出纳　　复核　　记账　　制票

中国建设银行　**转账贷方传票**

年　　月　　日

<table>
<tr><td>科目
（贷）存入保证金</td><td rowspan="2">摘　要</td><td>对方科目
（借）吸收存款——活期存款</td></tr>
<tr><td>户名或账号</td><td>金额
亿 千 百 十 万 千 百 十 元 角 分</td></tr>
<tr><td></td><td></td><td></td></tr>
<tr><td></td><td></td><td></td></tr>
<tr><td colspan="2">合　计</td><td></td></tr>
</table>

会计　　出纳　　复核　　记账　　制票

第十章

损益

学习目标

1. 了解商业银行收入和费用；
2. 熟悉商业银行收入的特征；
3. 熟悉商业银行利润的构成、计算及处理方法。

商业银行作为企业，有其特定的收入来源和成本支出，其最终的财务成果是收入扣除各种成本和费用后的剩余，对收入和成本费用进行准确核算，从而掌握银行的经营业绩，进而做出相关决策，是商业银行经营管理的重要内容。损益包括收入、费用和利润。

第一节　收入

一、收入的含义和特征

（一）含义

收入是指企业在日常活动中形成的、会导致所有者权益增加的、与所有者投入资本无关的经济利益的总流入。收入必须是商业银行日常活动中所取得的，不包括为第三方或者客户代收的款项。日常活动是指商业银行为完成经营目标而从事的所有活动，如贷款业务、结算业务、资金拆借业务、外汇买卖业务等。

金融企业财务收入包括两大类：第一类是营业收入，包括利息收入、手续费及佣金收入、租赁收入、汇兑损益、其他业务收入、公允价值变动损益、投资收益等；第二类是营业外收入，即与金融企业业务经营无直接关系的各项收入，如罚款收入、处置非流动资产利得等。其中，营业收入是构成金融企业收益的主要来源。

（二）特征

（1）收入从银行日常活动中产生，而不是从偶发的交易或事项中产生。

（2）收入可能表现为银行资产的增加，也可能表现为其负债的减少，或者两者兼而有之。

（3）收入能导致银行所有者权益的增加，由于“资产=负债+所有者权益”，所以，银行取得收入一定能增加所有者权益。

(4) 收入只包括银行自身经济利益的流入，不包括为第三方或者客户代收的款项。

(5) 收入必须是能以货币计量的。

(6) 收入必须要与其相关的费用配比。

二、收入的确认

(一) 收入确认的条件

收入的确认是会计核算的起点，金融企业所取得的营业收入只有符合以下条件才能予以确认：

1.与交易相关的经济利益能够流入企业

经济利益是指直接或间接流入企业的现金或现金等价物。只有当与交易相关的经济利益能够流入银行时，金融企业才能够确认收入。例如，商业银行因发放贷款而形成的利息，如果估计收回本息的可能性不大，即使其能够可靠地计量，也不能确认为收入。

2.收入的金额能够可靠地计量

收入的金额能否可靠计量，是能否确认为收入的前提。金融企业在提供服务的过程中，由于不确定因素的存在，使得售价存在变动的可能性，则在新的售价出现以前不能确认为收入。例如，利息收入应根据合同或协议规定的存贷款利率及期限确定，如果不能可靠计量，就不能确认为收入。当然，根据配比原则，如果为获取收入而发生的费用不能可靠计量，也不能确认为收入。

(二) 各类收入的确认

金融企业收入确认的具体方式可以归纳为如下两点：

1.利息收入

金融企业发放的贷款，应按期计提利息并确认为收入。发放贷款到期（含展期）90天后尚未收回的，其应计利息停止计入当期利息收入，纳入表外核算；已计提的贷款应收利息，在贷款到期90天后仍未收回的，冲减原已计入损益的利息收入，转作表外核算。

利息收入的金额应按让渡资金使用权的时间和适用利率计算确定。

2.手续费及佣金收入

手续费及佣金收入应当在向客户提供相关服务时确认。

三、营业收入的核算

(一) 利息收入的核算

利息收入是银行发放各类贷款、办理票据贴现和办理存款（指银行存放在境内和境外外国银行、中外合资银行以及代理行的存款）所取得的利息收入。利息收入在整个营业收入中占有极大的比重，是银行财务收入的主要来源，是银行经营成果的重要内容。

1.科目设置

“利息收入”属损益类科目，用于核算银行向客户发放的各类贷款（银团贷款、贸易融资、贴现和转贴现融出资金、协议透支、信用卡透支、转贷款、垫款等）以及与其他金融机构（中国人民银行、同业等）之间发生资金往来业务、买入返售金融资产等实现的利息收入等。

本科目可按业务类别进行明细核算。期末，应将本科目余额转入“本年利润”科目，结转后本科目无余额。

2.账务处理

（1）当期收到利息的核算。

银行在计息当期划收利息时，填制有关凭证，办理转账。其会计处理为：

借：吸收存款

　贷：利息收入

（2）计提应收利息的核算。

按照权责发生制原则，凡属于银行本期应收取的利息，应确认收入的实现，并按季（月）度计提应收利息，计入当期损益。各项贷款，无论是实行定期结息，还是实行利随本清，除有特殊规定外，一律以每季末月的20日为应收利息的计提日，计入应收利息时，编制转账借、贷方凭证各一联，办理转账。其会计处理为：

借：应收利息

　贷：利息收入

实际收到利息时，会计处理为：

借：吸收存款

　贷：应收利息

（3）转非应计利息的核算。

我国现行财务制度规定，对逾期（含展期后）90天以上的贷款不再计提应收利息，但应列表外科目核算。应收利息中因欠息人破产或者死亡，以其破产或者遗产清偿后，仍然不能收回的应收利息账款，或者因欠息人逾期未履行付息义务，超过90天仍然不能收回的利息，冲减原已记入损益账户的利息收入，转作表外核算，办理转账。其会计处理为：

借：利息收入

　贷：应收利息

同时，列入表外科目核算。

收入：应收未收贷款利息

以后表外利息收入，直接计入当期损益。其会计处理为：

借：吸收存款

　贷：利息收入

付出：应收未收贷款利息

（4）期末，利息收入结转本年利润。其会计处理为：

借：利息收入

　贷：本年利润

（二）手续费及佣金收入的核算

银行的手续费及佣金收入是指银行办理结算业务、咨询业务、担保业务、代保管等代理业务以及办理受托贷款及投资业务等取得的手续费及佣金。例如，结算手续费收入、佣金收入、业务代办手续费收入、基金托管收入、咨询服务收入、担保收入、受托贷款手续费收入、代保管收入，代理买卖证券、代理承销证券、代理兑付证券、代理保管证券、代理保险业务等代理业务以及其他相关服务实现的手续费及佣金收入等。

银行的手续费等中间业务收入应当在向客户提供相关服务时予以确认。

1.科目设置

“手续费及佣金收入”属损益类科目，用来核算银行各种手续费及佣金收入。本科目可按手续费及佣金收入类别进行明细核算。

企业确认的手续费及佣金收入，按应收的金额，借记有关科目，贷记本科目。实际收到手续费及佣金时，借记有关科目，贷记本科目。

期末，应将本科目余额转入“本年利润”科目，结转后本科目无余额。

2.账务处理

银行取得手续费及佣金收入的时间根据具体情况而定，既可定期，也可逐笔收取。

(1) 收到时，会计处理为：

借：吸收存款

　贷：手续费及佣金收入

(2) 期末余额结转本年利润时，会计处理为：

借：手续费及佣金收入

　贷：本年利润

（三）汇兑损益的核算

汇兑损益是银行经营外汇业务过程中因外币兑换、汇率变动等原因实现的汇兑收益及损失。

1.科目设置

“汇兑损益”属损益类科目，用来核算银行发生的外币交易因汇率变动而产生的汇兑损益。

采用分账制核算的，期（月）末将所有以外币表示的“货币兑换”科目余额按期（月）末汇率折算为记账本位币金额，折算后的记账本位币金额与“货币兑换”科目本币余额进行比较，为贷方差额的，借记“货币兑换”科目，贷记“汇兑损益”科目；如为借方差额，做相反的会计分录。

期末，应将本科目的余额转入“本年利润”科目，结转后本科目无余额。

2.账务处理

(1) 当发生汇兑净收入时，会计处理为：

借：货币兑换

　贷：汇兑损益

亏损的处理与其相反。

(2) 期末结转本年利润时，会计处理为：

借：汇兑损益（本币）

　贷：本年利润（本币）

（四）其他业务收入的核算

其他业务收入是指银行除存款、贷款、投资、证券买卖和代理业务以及金融机构往来之外的其他业务收入，包括租赁收入，补贴收入，中途转让投资收入，追偿款收入，房地产开发收入，金银买卖收入，无形资产转让净收入，抵押物、质物的拍卖、变卖净收入（在取得抵押物、质物次日起1年内处分）等。

银行的其他业务收入在实际收到款项时予以确认。

1.科目设置

“其他业务收入”属损益类科目。银行收到其他业务收入的有关款项时，借记“吸收存款”等科目，贷记本科目。“其他业务收入”科目应按其他业务收入的种类进行明细核算。期末，应将本科目余额转入“本年利润”科目，结转后本科目无余额。

2.账务处理

(1) 发生其他业务收入时，会计处理为：

借：吸收存款

　贷：其他业务收入

(2) 期末结转利润时，会计处理为：

借：其他业务收入

　贷：本年利润

(五) 公允价值变动损益的核算

公允价值变动损益，反映银行按照相关准则规定应当计入当期损益的收益，即核算企业在初始确认时划分为以公允价值计量且其变动计入当期损益的金融资产或金融负债，以及采用公允价值计量的投资性房地产、衍生工具、套期业务中公允价值变动形成的应计入当期损益的利得（或损失）。

1.科目设置

“公允价值变动损益”属损益类科目。本科目应当按照交易性金融资产、交易性金融负债、投资性房地产等进行明细核算。确认公允价值变动收益时，借记“交易性金融资产——公允价值变动”等相关科目，贷记本科目；确认公允价值变动损失时，借记本科目，贷记“交易性金融资产——公允价值变动”等相关科目。期末，应将本科目余额转入“本年利润”科目，结转后本科目无余额。

2.账务处理

(1) 持有期间资产负债表日，交易性金融资产的公允价值高于其账面价值时，会计处理为：

借：交易性金融资产——公允价值变动

　　投资性房地产

　贷：公允价值变动损益

公允价值低于其账面余额的差额，做相反的会计分录。

(2) 出售交易性金融资产或采用公允价值模式计量的投资性房地产时，会计处理为：

借：有关科目

　贷：交易性金融资产——成本

　　　　　　　　　——公允价值变动

　　投资收益

(3) 期末结转利润时，若为贷方余额，表示收益，会计处理为：

借：公允价值变动损益

　贷：本年利润

若为借方余额，表示损失，会计处理为：

借：本年利润

贷：公允价值变动损益

四、营业外收入的核算

营业外收入是指银行发生的与其经营业务无直接因果关系但又有一定联系的各项收入，主要包括非流动资产处置利得、非货币性资产交换利得、债务重组利得、政府补助、盘盈利得、捐赠利得等。银行取得营业外收入应在实际收到款项时予以确认。

1.科目设置

“营业外收入”属损益类科目，核算银行发生的各项营业外收入。本科目应按营业外收入项目进行明细核算。期末，应将本科目余额转入“本年利润”科目，结转后本科目无余额。

2.账务处理

（1）发生各项营业外收入时，会计处理为：

借：有关科目

　贷：营业外收入

（2）期末本科目余额结转本年利润时，会计处理为：

借：营业外收入

　贷：本年利润

第二节　费用

一、费用的含义与特征

（一）含义

费用是指企业在日常活动中所发生的、会导致所有者权益减少的、与向所有者分配利润无关的经济利益的总流出。

（二）特征

费用作为会计要素之一，是与收入相对应而存在的，具有以下几方面的特征：

（1）费用从企业的日常活动中产生，而不是从偶发的交易或事项中产生。

（2）费用既可能表现为企业资产的减少，也可能表现为其负债的增加，或者两者兼而有之。

（3）费用是因经营活动而引起的银行所有者权益的减少。

金融企业财务支出与费用、收入相对应，可分成三大类：第一类是营业支出，即银行在经营业务过程中所发生的各项支出，包括利息支出、手续费及佣金支出、其他业务成本等；第二类是税金及附加；第三类是营业外支出，即与银行业务经营无直接关系的各项支出，如处置非流动资产损失、非货币性资产交换损失、债务重组损失、罚款支出、捐赠支出、非常损失等。

二、费用的确认

金融企业在经营过程中发生的各种费用，应按权责发生制原则对收入、费用进行配比，按实际发生数确认计量。

根据收入与费用的相关程度，确认的费用可分为以下三类：

1.直接费用

其指直接为取得营业收入而发生的费用，即与当期的营业收入有直接联系（或称因果关系）的费用。

2.期间费用

其指那些仅仅有助于当期营业收入的实现，或者数额不大，不便于在各期分配的费用，或者不能提供明确的未来经济利益，即便对其分摊也没有意义的费用。

3.跨期费用

其指受益期限在一个会计期间以上的费用，即其经济效益有望在若干个会计期间发生，并且只能大致和间接确定其与收益的联系，该项费用就应当按照配比原则，并按照规定方法在受益期间计入各期费用，并从各期收入中得到补偿。

三、费用的核算

（一）利息支出的核算

利息支出是银行向单位、个人等以负债形式筹集资金所支付给债权人的报酬。

1.科目设置

“利息支出”属损益类科目，用来核算银行发生的各种利息支出，包括吸收的各种存款、与其他金融机构（中国人民银行、同业等）之间发生资金往来业务、卖出回购金融资产等产生的利息支出。本科目可按利息支出项目进行明细核算。

2.账务处理

（1）发生利息支出时，会计处理为：

借：利息支出

　贷：吸收存款（或有关科目）

（2）预提应付利息时，会计处理为：

借：利息支出

　贷：应付利息

（3）实际支付已预提的应付利息时，会计处理为：

借：应付利息

　贷：吸收存款（或有关科目）

（4）期末结转利润时，会计处理为：

借：本年利润

　贷：利息支出

（二）手续费及佣金支出的核算

手续费及佣金支出是银行委托其他单位办理有关业务而支付的工本费等费用。

1.科目设置

“手续费及佣金支出”属损益类科目，用来核算银行委托其他单位代办业务而支付的手续费。发生各项手续费支出时，借记本科目，贷记有关科目；期末本科目余额结转利润时，借记“本年利润”科目，贷记本科目。本科目余额应反映在借方，期末结转利润后，本科目无余额。

2.账务处理

（1）发生手续费时，会计处理为：

借：手续费及佣金支出

　贷：有关科目

（2）期末按“手续费及佣金支出”科目余额结转利润时，会计处理为：

借：本年利润

　贷：手续费及佣金支出

（三）其他业务成本的核算

其他业务成本是除了利息支出、手续费及佣金支出、汇兑损失等费用以外的其他业务成本。

“其他业务成本”属损益类科目，用来核算银行确认的除主营业务活动以外的其他经营活动所发生的支出，包括出租固定资产的折旧额、出租无形资产的摊销额等。

（1）当发生其他业务成本时，会计处理为：

借：其他业务成本

　贷：有关科目

（2）期末本科目余额结转利润时，会计处理为：

借：本年利润

　贷：其他业务成本

（四）税金及附加的核算

税金及附加是指银行根据国家税法的规定，按适用税率或费率缴纳的各种税收或附加费，包括城市维护建设税、教育费附加等。

城市维护建设税是国家为加强城市维护建设，扩大和稳定城市维护建设资金的来源而征收的一种税，其性质属于附加税。银行应以实际已缴纳的增值税、消费税税额为课税对象，缴纳城市维护建设税。

城市维护建设税的税率按银行所在地确定：银行分支机构在市区的按7%的税率缴纳；在县城或建制镇的税率为5%；其他税率为1%。

教育费附加是为了加快发展地方教育事业，扩大地方教育资金的来源而征收的一个税种。教育费附加是以银行实际已缴纳的增值税、消费税税额的3%收取。

1.科目设置

银行设置“税金及附加”科目，该科目属于损益类科目，用于核算银行缴纳应由营业收入负担的各种税金，包括城市维护建设税和教育费附加等。期末，按规定计算出本期应纳的各项税金，借记本科目，贷记“应交税费”科目；结转利润时，借记“本年利润”科目，贷记本科目。期末结转利润后，本科目无余额。

2.账务处理

（1）银行期末计提应纳税金及附加时，会计处理为：

借：税金及附加

　贷：应交税费

（2）期末结转本年利润时，会计处理为：

借：本年利润

　贷：税金及附加

（五）营业外支出的核算

营业外支出是指银行发生的与业务经营无直接关系的各项支出，包括非流动资产处置损失、非货币性资产交换损失、债务重组损失、公益性捐赠支出、非常损失、盘亏损失等。

1.科目设置

为了核算和反映实际发生的与业务经营没有直接关系的各项支出，银行设置“营业外支出”科目，该科目属于损益类科目。

盘亏、毁损的资产发生的净损失，按管理权限报经批准后，借记本科目，贷记“待处理财产损溢”等科目。

期末，应将本科目余额转入“本年利润”科目，结转后本科目无余额。

2.账务处理

（1）发生各项营业外支出时，根据规定办理转账。其会计处理为：

借：营业外支出

　贷：待处理财产损溢（或有关科目）

（2）期末余额结转本年利润时，会计处理为：

借：本年利润

　贷：营业外支出

（六）资产减值损失的核算

资产减值损失是指银行按规定提取的各项准备金，包括贷款损失准备、坏账准备、债权投资减值准备、长期股权投资减值准备、固定资产减值准备、无形资产减值准备、在建工程减值准备、抵债资产减值准备等。

1.科目设置

银行设置“资产减值损失”科目，该科目属于损益类科目。提取准备金时，借记本科目，贷记各种准备金科目；冲减准备金时，借记各种准备金科目，贷记本科目。期末，应将本科目余额结转本年利润，结转后本科目无余额。

2.账务处理

（1）提取准备金时，会计处理为：

借：资产减值损失

　贷：有关准备金科目

（2）期末余额结转本年利润时，会计处理为：

借：本年利润

　贷：资产减值损失

第三节　利润

一、利润的含义及组成

利润是指银行在一定会计期间的经营成果，是银行在一定会计期间实现的收入减去费用后的净额。对利润进行核算，可以及时反映银行在一定会计期间的经营业绩和获利能力，反映银行的投入产出效率和经济效益，有助于银行投资者和债权人据此进行盈利预测，评价银行经营绩效，做出正确的决策。

银行的利润由营业利润、利润总额和净利润组成。

（一）营业利润

营业利润是银行营业收入减去营业成本、税金及附加、各项期间费用、资产减值损失，加上公允价值变动净收益、投资净收益和汇兑净收益后的净额。营业利润的计算公式为：

营业利润＝营业收入－营业成本－业务及管理费－税金及附加－资产减值损失＋公允价值变动净收益＋投资净收益＋汇兑净收益

（二）利润总额

利润总额是银行营业利润加上营业外收入，减去营业外支出后的金额。利润总额的计算公式为：

利润总额=营业利润+营业外收入-营业外支出

（三）净利润

净利润是银行利润总额减去所得税费用后的金额。净利润的计算公式为：

净利润=利润总额-所得税费用

二、利润的核算

银行设置“本年利润”科目，对银行每期实现的利润总额（或发生的亏损）进行核算。“本年利润”科目属于所有者权益类科目。期末，将各项收益类科目的余额，转入“本年利润”科目的贷方，将各项支出类科目的余额，转入“本年利润”科目的借方。结转后，如为贷方余额，表明本期利润总额；如为借方余额，则为本期亏损总额。

年度终了，将“本年利润”科目的余额全数转入“利润分配——未分配利润”科目，结转后，该账户无余额。

（一）结转损益类科目

1.结转收入类科目

银行结转收入类科目时，会计处理为：

借：利息收入

　　手续费及佣金收入

　　汇兑收益

　　公允价值变动损益

　　投资收益

　　其他业务收入

　　营业外收入

　贷：本年利润

2.结转费用类科目

银行结转费用类科目时，会计处理为：

借：本年利润

　贷：利息支出

　　　手续费及佣金支出

　　　业务及管理费

贷：其他业务成本

税金及附加

资产减值损失

营业外支出

3.确认所得税费用

银行确认所得税费用时，会计处理为：

借：所得税费用

贷：应交税费——应交所得税

4.结转所得税费用

所得税费用转入“本年利润”科目，会计处理为：

借：本年利润

贷：所得税费用

（二）年终决算

年度终了，通过“本年利润”科目结出的利润（或亏损）总额应全数转入“利润分配”科目下设立的“未分配利润”账户。

（1）盈利时，会计处理为：

借：本年利润

贷：利润分配——未分配利润

（2）亏损时，会计处理为：

借：利润分配——未分配利润

贷：本年利润

思考题

1.银行收入包括哪些内容？

2.银行利润的构成有哪些？

3.金融企业利润分配的顺序是什么？

练习题

1.单项选择题

（1）下列税费不能记入“税金及附加”账户的是（　　）。

A.增值税　　B.教育费附加　　C.土地使用税　　D.城市维护建设税

（2）“利润分配”科目，按性质分类，属于（　　）科目。

A.资产类　　B.负债类　　C.损益类　　D.所有者权益类

（3）我国商业银行的经营收入中，其主要收入是（　　）。

A.租赁收入　　B.利息收入　　C.投资收益　　D.手续费及佣金收入

（4）（　　）是银行全部营业收入扣除营业成本费用和各种税金及附加后的数额。

A.利润总额　　B.总收入　　C.净利润　　D.营业利润

（5）下列各项中，不属于营业收入的科目是（　　）。

A.手续费及佣金收入　　B.利息收入

C.其他业务收入　　D.投资收益

(6) 所得税费用是以（　　）与所得税利率相乘而计算缴纳的。

A.账面利润　　B.利润总额　　C.应纳税所得额　　D.营业利润

(7)（　　）不计入营业外收入。

A.处置固定资产净收益　　B.转让无形资产使用权

C.出纳长款收入　　D.罚款净收入

2.业务题

××建设银行××支行发生下列经济业务：

(1) 结息日，计算活期储蓄利息支出20 344元，办理转账手续。

(2) 收到财政部门交来代理发行国库券手续费收入40 600元的转账支票一张，存入中国人民银行存款账户。

(3) 中国人民银行转来缴存一般性存款利息120 420元。

(4) 收到咨询服务收入4 200元的转账支票一张，存入中国人民银行存款账户。

(5) 支付××农业银行同业存款利息95 706元，办理转账手续。

(6) 年末放款余额为2 183 000元，按1.5%计提贷款损失准备（专项）。

(7) 现金出纳长款35 000元，经报批作销账处理，办理转账手续。

(8) 年终固定资产盘亏共计5 200元，经批准作损失处理，办理转账手续。

要求：根据资料编制有关会计分录。

3.实训练习

实训要求：根据实训资料填写有关凭证。

(1) 银行依据协议向华夏公司收取手续费，金额3 200元。

中国建设银行

业务收费凭证

币别：人民币　　2020年06月20日　　流水号：000033

付款人			账 号		
项目名称	工本费	手续费	电子汇划费	—	金额
咨询费		¥3 200.00			¥3 200.00
金 额（大写）	人民币叁仟贰佰元整				¥3 200.00
付款方式	转账				
业务类型：对公收费					

中国建设银行 **特种转账借方传票**

2020年06月20日

<table>
<tr><td rowspan="3">付款单位</td><td>全　　称</td><td colspan="3"></td><td rowspan="3">收款单位</td><td>全　　称</td><td colspan="13"></td></tr>
<tr><td>账号或地址</td><td colspan="3"></td><td>账号或地址</td><td colspan="13"></td></tr>
<tr><td>开户银行</td><td></td><td>行号</td><td></td><td>开户银行</td><td colspan="4"></td><td colspan="3">行号</td><td colspan="6"></td></tr>
<tr><td rowspan="3">金额</td><td colspan="6" rowspan="3">人民币
（大写）</td><td colspan="11">金　额</td></tr>
<tr><td>亿</td><td>千</td><td>百</td><td>十</td><td>万</td><td>千</td><td>百</td><td>十</td><td>元</td><td>角</td><td>分</td></tr>
<tr><td></td><td></td><td></td><td></td><td></td><td></td><td></td><td></td><td></td><td></td><td></td></tr>
<tr><td colspan="2">原始凭证金额</td><td></td><td>赔偿金</td><td></td><td colspan="13">科目（借）<u>吸收存款——活期存款</u></td></tr>
<tr><td colspan="2">原始凭证名称</td><td></td><td>号　码</td><td></td><td colspan="13">对方科目（贷）<u>手续费及佣金收入</u></td></tr>
<tr><td>转账原因</td><td colspan="4">银行盖章</td><td colspan="13">会计　　　复核　　　记账</td></tr>
</table>

附件　张

会计　　出纳　　复核　　记账　　制票

中国建设银行 **特种转账借方传票**

2020年06月20日

<table>
<tr><td rowspan="3">付款单位</td><td>全　　称</td><td colspan="3"></td><td rowspan="3">收款单位</td><td>全　　称</td><td colspan="13"></td></tr>
<tr><td>账号或地址</td><td colspan="3"></td><td>账号或地址</td><td colspan="13"></td></tr>
<tr><td>开户银行</td><td></td><td>行号</td><td></td><td>开户银行</td><td colspan="4"></td><td colspan="3">行号</td><td colspan="6"></td></tr>
<tr><td rowspan="3">金额</td><td colspan="6" rowspan="3">人民币
（大写）</td><td colspan="11">金　额</td></tr>
<tr><td>亿</td><td>千</td><td>百</td><td>十</td><td>万</td><td>千</td><td>百</td><td>十</td><td>元</td><td>角</td><td>分</td></tr>
<tr><td></td><td></td><td></td><td></td><td></td><td></td><td></td><td></td><td></td><td></td><td></td></tr>
<tr><td colspan="2">原始凭证金额</td><td></td><td>赔偿金</td><td></td><td colspan="13">科目（借）<u>吸收存款——活期存款</u></td></tr>
<tr><td colspan="2">原始凭证名称</td><td></td><td>号　码</td><td></td><td colspan="13">对方科目（贷）<u>手续费及佣金收入</u></td></tr>
<tr><td>转账原因</td><td colspan="4">银行盖章</td><td colspan="13">会计　　　复核　　　记账</td></tr>
</table>

附件　张

会计　　出纳　　复核　　记账　　制票

（2）银行主动收回灵玉雕刻厂逾期贷款罚息2 250元。

中国建设银行　**特种转账借方传票**

2020年06月20日

付款单位	全　　称	灵玉雕刻厂			收款单位	全　　称												附件
	账号或地址	37001616108050001136				账号或地址												
	开 户 银 行	建行解放路支行	行 号	0598		开 户 银 行		行 号										
金额	人民币（大写）	人民币贰仟贰佰伍拾元整					金　额											
							亿	千	百	十	万	千	百	十	元	角	分	
											¥	2	2	5	0	0	0	
原始凭证金额		赔偿金			科目（借）吸收存款——活期存款													张
原始凭证名称		号　码			对方科目（贷）利息收入													
转账原因	计收逾期贷款罚息。 银行盖章				会计　复核　记账													

会计　　出纳　　复核　　记账　　制票

中国建设银行　**特种转账借方传票**

2020年06月20日

付款单位	全　　称	灵玉雕刻厂			收款单位	全　　称												附件
	账号或地址	37001616108050001136				账号或地址												
	开 户 银 行	建行解放路支行	行 号	0598		开 户 银 行		行 号										
金额	人民币（大写）	人民币贰仟贰佰伍拾元整					金　额											
							亿	千	百	十	万	千	百	十	元	角	分	
											¥	2	2	5	0	0	0	
原始凭证金额		赔偿金			科目（借）吸收存款——活期存款													张
原始凭证名称		号　码			对方科目（贷）利息收入													
转账原因	计收逾期贷款罚息。 银行盖章				会计　复核　记账													

会计　　出纳　　复核　　记账　　制票

中国建设银行 **特种转账贷方传票**

2020年06月20日

收款单位	全称			付款单位	全称		
	账号或地址				账号或地址		
	开户银行		行号		开户银行	建行解放路支行	行号 0598
金额	人民币（大写）				金额：亿 千 百 十 万 千 百 十 元 角 分		附件 张
原始凭证金额		赔偿金		科目（贷）________			
原始凭证名称		号码		对方科目（借）________			
转账原因	计收逾期贷款罚息。 银行盖章			会计　复核　记账			

会计　　出纳　　复核　　记账　　制票

（3）银行为佳佳乐超市活期账户计息，当季累计计息积数为20 860 000.00，当日挂牌利率为0.35%。

中国建设银行 **活期存款利息清单**

2020年6月20日

户名	佳佳乐超市		账号	37001616108050005236	
储种	计息积数	类别	利率（%）	利息	
活期	**20 860 000.00**	**存户利息**	**0.35**	**202.81**	
网点	现转标志	利息	本息合计	备注	操作
0598	**转**	**202.81**			**006**

制票：　　复核：

中国建设银行 **活期存款利息清单**　（客户收账通知）

2020年6月20日

户名	佳佳乐超市		账号	37001616108050005236	
储种	计息积数	类别	利率（%）	利息	
活期	**20 860 000.00**	**存户利息**	**0.35**	**202.81**	
网点	现转标志	利息	本息合计	备注	操作
0598	**转**	**202.81**			**006**

制票：　　复核：

中国建设银行　**转账贷方传票**

年　　月　　日

科目（贷）		对方科目（借）										
户名或账号	摘要	金额										
		亿	千	百	十	万	千	百	十	元	角	分
合计												

会计　　出纳　　复核　　记账　　制票

第十一章

所有者权益

学习目标

1. 了解所有者权益的含义；
2. 熟悉所有者权益的内容；
3. 掌握所有者权益的分配顺序及会计处理方法。

第一节　所有者权益概述

一、所有者权益的含义

所有者权益也称股东权益，是指所有者在企业资产中享有的经济利益，其金额为资产减去负债后的余额。它是企业所有者对净资产的要求权，反映了企业的产权关系。

商业银行所有者权益，是指商业银行所有者对商业银行资产中享有的经济利益，反映所有者对商业银行资产的索取权，是商业银行全部资产中扣除债权人权益后由所有者享有的部分。

二、所有者权益的组成

所有者权益一般包括实收资本（或股本）、资本公积、盈余公积、一般风险准备和未分配利润五个部分。其中，盈余公积、未分配利润和一般风险准备统称为留存收益。

（一）实收资本（或股本）

商业银行的实收资本是指投资者按照企业章程或合同、协议的规定，实际投入商业银行的资本。这部分是所有者初始投资的财产，具体包括：国家投资、其他单位投资、社会个人投资和外商投资等。在股份制商业银行，实收资本表现为公司实际发行的股票面值，所以称为股本；在非股份制商业银行，投资者投入的资本称为实收资本。

（二）资本公积

资本公积是指所有者共有的、非正式经营活动增加的所有者权益。这部分是不应计入当期损益，会导致所有者权益发生增减变动的，与所有者投入资本或者向所有者分配利润无关的利得或损失。

资本公积中既包括资本（或股本）溢价，也包括直接计入所有者权益的利得和损失。

（三）盈余公积

盈余公积是指商业银行按照规定比例从净利润中提取的、有特定用途的积累资金，包括法定盈余公积金和任意盈余公积金。商业银行提取的盈余公积金经批准可用于弥补亏损、转增资本和分配股利。

（四）一般风险准备

风险准备是指商业银行按一定比例从净利润中提取的用于弥补尚未识别的可能性损失的准备。由于商业银行经营风险高于普通企业，为防范风险，合理进行会计核算，国家规定商业银行必须针对银行经营业务的特点及高风险性，按规定计提风险准备。风险准备同盈余公积和未分配利润一样都是从净利润中提取的，是企业所得净收益的积累。

商业银行按规定计提的一般风险准备，用于弥补亏损，不得用于分红和转增资本。

（五）未分配利润

未分配利润是指商业银行当年实现的利润在缴纳所得税、按规定进行利润分配之后形成的，留待以后年度分派的待分配利润，是净利润中尚未确定用途、归所有者所有的资金。

三、会计科目设置

所有者权益核算中的会计科目主要有：

（1）"实收资本"属于所有者权益类科目，核算商业银行接受投资人投入的实收资本。本科目可按投资者进行明细核算。

（2）"资本公积"属于所有者权益类科目，核算商业银行收到投资者出资额超过其在注册资本或股本中所占份额的部分。本科目应分别"资本（或股本）溢价""其他资本公积"科目进行明细核算。

（3）"盈余公积"属于所有者权益类科目，核算商业银行从净利润中提取的盈余公积。本科目应分别"法定盈余公积""任意盈余公积"科目进行明细核算。

（4）"一般风险准备"属于所有者权益类科目，核算商业银行按规定从净利润中提取的一般风险准备。

第二节　实收资本

《中华人民共和国商业银行法》对商业银行的设立做出了最低资本限制的要求：设立全国性商业银行的注册资本的最低限额为10亿元人民币，设立城市商业银行的注册资本的最低限额为1亿元人民币，设立农村商业银行的注册资本的最低限额为5 000万元人民币。注册资本应当是实缴资本。

实收资本的核算如下：

（一）接受投资

商业银行接受投资者投资时，会计处理为：

借：有关科目

　贷：实收资本（或股本）

（二）实收资本（或股本）增加

一般企业增加资本有三个途径：接受投资者追加投资、资本公积和盈余公积转增资本。

(1) 资本公积转增资本，会计处理为：

借：资本公积——资本（或股本）溢价

　贷：实收资本（或股本）

(2) 盈余公积转增资本，会计处理为：

借：盈余公积

　贷：实收资本（或股本）

(3) 股份制商业银行发放股票股利时，将股东大会批准的利润分配方案中应当分配的股票股利办理增资手续后，应按其折股方式进行处理。

如按照股票面值折股的，不涉及股票溢价问题。其会计处理为：

借：利润分配——转作股本的股利

　贷：股本

如按照股票的现行市场价格折股，股东大会正式批准的分配股票股利的数额与折股的股票面值总额将发生差额，该差额作为资本公积处理。其会计处理为：

借：利润分配——转作股本的股利

　贷：股本

　　资本公积——股本溢价

(三) 实收资本（或股本）减少

非股份制商业银行按法定程序报经批准减少注册资本的，于实际发生时登记入账。其会计处理为：

借：实收资本（或股本）

　贷：存放中央银行款项（或银行存款）

第三节　资本公积和盈余公积

一、资本公积

1.股本溢价

股本溢价是指商业银行投资者投入的资金超过其在注册资本（或股本）中所占份额的部分。

按照有关规定，投资者所缴付的全部资金，借记有关资产科目，按其认缴的资本金，贷记“股本”科目，当发行股票时，按其认购的股票面值总额，贷记“股本”科目，其大于股本的部分，记入“资本公积——资本（或股本）溢价”科目。

借：有关科目

　贷：股本

　　资本公积——股本溢价

2.资本公积用于转增资本

商业银行按规定的程序增资时，应按其他资本公积转增资本的数额记账。其会计处理为：

借：资本公积

贷：实收资本（或股本）

二、盈余公积

商业银行的盈余公积分为法定盈余公积和任意盈余公积。

法定盈余公积是指商业银行按照规定的比例从净利润中提取的盈余公积。法定盈余公积按照税后利润的10%提取，累计提取达到注册资本的50%时，可不再提取。

任意盈余公积是指商业银行经股东大会或类似机构批准按规定比例从净利润中提取的盈余公积。

（一）盈余公积的用途

商业银行提取盈余公积，主要可以用于以下几个方面：

（1）弥补亏损。商业银行发生亏损时，应自行弥补。

（2）转增资本。经股东大会决议批准，可以将盈余公积转增资本。法定盈余公积转增资本后，留存的法定盈余公积的数额不得少于注册资本的25%。

（3）分配股利。经股东大会特别决议也可动用盈余公积分配股利，但是，企业如果有未弥补亏损，必须先用盈余公积补亏，补亏后盈余公积的数额仍符合分配股利条件的，方可进行分配。

（二）盈余公积的核算

1.提取盈余公积

商业银行按照规定的比例，从净利润中提取盈余公积时，会计处理为：

借：利润分配——提取法定盈余公积

　　　　　　——提取任意盈余公积

　贷：盈余公积——法定盈余公积

　　　　　　　——任意盈余公积

2.盈余公积转增资本

商业银行用盈余公积转增资本时，会计处理为：

借：盈余公积

　贷：实收资本（或股本）

3.盈余公积弥补亏损

商业银行经股东大会或类似机构决议，用盈余公积弥补亏损时，会计处理为：

借：盈余公积

　贷：利润分配——盈余公积补亏

第四节　一般风险准备和利润分配

一、一般风险准备

商业银行应于每年年度终了根据承担风险和损失的资产余额的一定比例提取一般风险准备。一般风险准备的计提比例由商业银行综合考虑其所面临的风险状况等因素确定　原则上一般风险准备余额不低于风险资产期末余额的1%。

一般风险准备由商业银行总行（总公司）统一计提和管理，即一般风险准备金由商业银行总行集中提取，分行不用计提。

（一）提取的核算

提取一般风险准备时，会计处理为：

借：利润分配——提取一般风险准备

　贷：一般风险准备

（二）弥补亏损的核算

按规定使用一般风险准备弥补亏损时，会计处理为：

借：一般风险准备

　贷：利润分配——一般风险准备补亏

二、利润分配

商业银行的股东大会或类似权力机构决定当期利润分配方案，在董事会向股东大会提出利润分配方案后，由股东大会通过后实施。

（一）利润分配的顺序和原则

商业银行本年实现净利润（减弥补亏损，下同），应当按照提取法定盈余公积金、提取任意盈余公积金、提取一般风险准备金、向投资者分配利润的顺序进行分配。

以前年度未分配的利润，并入本年实现净利润向投资者分配。向投资者分配利润的顺序如下：

（1）支付优先股股利；

（2）提取盈余公积金；

（3）支付普通股股利；

（4）转作资本（或股本）。

（二）利润分配的核算

年度终了，商业银行将各财务收入、财务支出科目的余额通过“本年利润”科目结转出当年的净利润，再将“本年利润”科目余额转入“利润分配——未分配利润”科目。其会计处理为：

借：本年利润

　贷：利润分配——未分配利润

如为亏损，则做相反的会计处理。

然后，按照上述分配顺序进行利润分配。

最后，将当期“利润分配”科目下各明细科目余额转入“未分配利润”明细科目。其会计处理为：

借：利润分配——未分配利润

　贷：利润分配——提取法定盈余公积

　　　　　　——提取任意盈余公积

　　　　　　——提取一般风险准备

结转后，除“未分配利润”明细科目外，“利润分配”科目的其他明细科目应无余额。“未分配利润”明细科目贷方余额为历年来积累的未分配利润，留待以后年度进行利润分配；其借方余额为历年来未弥补的亏损。

思考题

1.什么是所有者权益?

2.所有者权益包括哪些内容?

3.商业银行利润分配的顺序是什么?

练习题

1.单项选择题

1.下列不属于商业银行所有者权益类科目的是（　　）。

A.实收资本　　B.资本公积　　C.本年利润　　D.一般风险准备

2.下列各项中，能够引起商业银行所有者权益减少的是（　　）。

A.以资本公积转增资本　　B.提取法定盈余公积

C.提取任意盈余公积　　D.股东大会宣告派发现金股利

3.某上市银行发行普通股10 000万股，每股面值1元，每股发行价格5元，支付手续费200万元，支付咨询费600万元，该银行发行普通股计入股本的金额为（　　）万元。

A.10 000　　B.49 200　　C.49 800　　D.50 000

4.某上市银行发生的下列交易或事项中，会引起所有者权益总额发生增减变动的是（　　）。

A.发放股票股利　　B.提取一般风险准备

C.公允价值价格变动　　D.注销库存股

5.商业银行增资扩股时，投资者实际缴纳的出资额大于其按约定比例计算的其在注册资本中所占份额的部分，应作为（　　）。

A.实收资本　　B.资本公积——资本溢价

C.其他综合收益　　D.营业外收入

2.业务题

××工商银行××支行年末决算时各损益类账户12月底余额如下：利息收入10 300 000元，手续费及佣金收入350 000元，其他业务收入130 000元，营业外收入36 000元，利息支出7 200 000元，手续费及佣金支出340 000元，其他业务成本100 000元，营业外支出13 000元，税金及附加329 000元。所得税税率25%，按10%提取盈余公积。

要求：

（1）结转本年利润；

（2）计算所得税费用，结转本年利润；

（3）提取盈余公积；

（4）计算并结转未分配利润。

第十二章

年度决算

学习目标

1. 掌握商业银行年度决算的基本工作流程和业务内容；
2. 了解商业银行年度决算的要求、原则和工作程序；
3. 了解商业银行年度决算的相关准备工作；
4. 了解商业银行年度决算日的各项具体工作事项和业务流程；
5. 掌握商业银行年度决算各项报表的编制方法。

第一节　年度决算概述

根据会计制度的相关规定，每年从1月1日起至12月31日止为一个会计年度。凡是独立会计核算单位，以每年12月31日为年度决算日，进行年度决算，无论是否节假日，均不得提前或延后。不作为独立核算单位的附属机构，应通过并账或并表方式，由其管辖机构合并办理年度决算。

一、年度决算的意义

年度决算是指在每个会计年度终了，对银行全年的会计核算资料进行归纳、整理、核实，办理结账，结转损益，编制年度决算表，集中反映全行年度业务活动和财务状况的一项综合性工作。

认真、准确、及时地做好年度决算工作，对提高银行经营管理水平，向监管者、投资者、债权人等社会公众提供准确、真实、完整的财务会计信息，有效发挥银行的职能作用，具有重要意义。

1.全面总结核实会计核算工作，提高银行的会计工作质量

银行会计部门在办理年度决算过程中，要对全年的业务活动和财务活动等进行全面的核实和整理，根据核实结果，发现差异，查明原因，进行调整，使会计记录与实际相一致。在此基础上，形成数字真实和内容完整的年度决算。因此，通过年度决算，可以发现日常会计核算中存在的问题，进一步提高会计工作的质量。

2.综合考核银行经营效益，促进银行提高经营管理水平

通过年度决算，可以了解银行经营活动的全貌，掌握银行资产、负债及所有者权益的状况，分析资金的运用效果，为银行管理者提供可靠的数据。年度决算可以汇总反映银行全年的经营成果，考核其各项经济指标完成情况和经营效益，便于总结经验，吸取教训，及时采取措施，促进银行改善经营管理水平。

3.为宏观经济决策提供及时准确的经济信息

银行是国民经济的综合部门，是全国信贷、结算、货币发行、外汇收支的中心，是社会资金往来的枢纽。银行会计日常记录的各项业务活动信息，是国民经济各部门、各单位经济活动的综合反映。通过年度决算，可以将这些日常资料进行核实、整理，并以报表的形式汇总，更加集中系统地反映出整个国民经济资金活动情况，为宏观经济决策提供准确、及时的经济信息。

二、年度决算的原则

年度决算是银行一项全局性的重要工作，是会计工作的全面总结，涉及面广、政策性强、工作量大、质量要求高。因此，年度决算工作必须遵循以下原则：

1.坚持统一领导、各部门密切配合

银行的年度决算是一项综合性工作，涉及各个职能部门，其必须相互之间提供便利，密切配合。要成立年度决算领导小组，由主要领导负责，以会计部门为主，各职能部门密切配合、沟通协调，才能确保决算工作的顺利进行。

2.坚持会计资料的真实性、准确性和可靠性

会计核算的数字、资料必须真实、准确地反映银行业务和财务活动，坚决不能篡改会计数据、伪造会计资料、提供虚假的会计信息。

3.坚持年度决算的完整性、统一性和及时性

年度决算是会计信息的主要载体，年度决算的文字和数字说明，必须按照会计制度的规定进行披露、编报、汇总和报送；必须坚持完整性，不能任意取舍，漏填漏报；必须坚持统一性，上下级保持一致，按照统一的种类、格式编报汇总；必须坚持及时性，按规定的时间编制完成，及时报送和披露相关报表信息。

年度决算的编报不仅要遵循企业会计准则的相关规定，对于上市公司，还应该遵循证监会、证券交易所等机构对年度决算编报的相关规定。同时，还应该满足投资者、行业监管部门等对年度决算编报的要求。

三、年度决算的程序

年度决算日是每年的12月31日，按照工作的步骤，大体可以分为三个阶段：

（1）第一阶段是决算前的准备工作，主要包括全面核对内外账务、清理资金、盘点财产实物，核实损益、调整账务、试算平衡等，一般从每年的第四季度开始。

（2）第二阶段是年度决算日的工作，主要包括组织年终日账务的入账，检查各项库存、计算外汇买卖损益、结转本年利润、进行新旧账簿的结转等工作。

（3）第三阶段是年度决算日后，在规定的时间内编报年度决算和说明。

第二节 准备工作

银行年度决算是一项重要工作，时间紧、任务重。为了保证年度决算的顺利进行，决算的准备工作一般应从每年的第四季度初期开始着手进行。由总行首先根据当年银行工作的新情况，结合以往年度决算工作的经验和教训，颁发当年决算通知，提出当年决算的处理原则、要求和注意事项。如遇当年会计或财务制度发生变更，则要提出详细的处理办法，以便各分支机构统一口径，贯彻执行。各管辖分行应根据总行的指示精神，结合辖内的具体情况，制定年度决算的具体要求和补充办法，以便于下级行具体执行。各基层行根据上级行的通知要求，具体做好年度决算工作。

银行年度决算准备工作主要包括以下几个方面：

一、清理资金

银行年度决算前，会计部门要与其他业务部门密切配合，对各种资金进行清理。

（一）清理业务资金

银行的业务资金主要包括各种存款、贷款、短期投资、借入资金、拆放资金等，对这些业务资金都应该全面进行核对，如对各项贷款办理收回或转期手续；对各类存款账户逐户进行清理，长期未发生资金收付活动的睡眠账户，应与客户联系督促其办理销户手续；对借入和拆出款项，应根据合同确认归还或收回的期限，及时办理等。对于暂时没有结果的，要详细、及时说明具体情况。

（二）清理结算资金

对各种结算资金，如委托收款、托收承付、应解汇款等，根据使用票据和结算方式不同，进行全面清理。该划出的款项要及时划出，应收回的要积极催回，对应解汇款及临时存款应积极联系解付，经查找确实无法解付而又超过规定期限的，应办理退汇。

（三）清理内部资金

内部资金是指银行暂收暂付款及其他过渡性款项，主要包括其他应付款、其他应收款、贷款损失准备金、坏账准备金等。对这些资金要逐项清理，该收回的收回，该上缴的上缴，该报损的报损，该转收益的转收益，该核销的核销，使内部资金减少到最低限度。经过清理，暂时无法解决的，要注明原因，以备日后查考和清理。

二、清点财产物资

银行在决算前还需对各类实物财产物资认真进行盘点核实。如发现与账面记载不一致，要查明原因，按照有关规定处理。此外，要检查库房制度的执行情况、安全措施和落实情况，如有问题，必须及时纠正。

1.清查核实现金、金银、有价单证和重要空白凭证

银行应将库存现金、金银、外币、有价单证、重要空白凭证和储蓄业务备用金等，与相关的账簿余额核对相符。如发现溢缺，应查明原因，并按有关规定调整账簿记录，做到账实相符。

2.清查核实抵押品和质押品

银行应将各种抵押品、质押品与相关的账簿记录的数额核对相符。如有不符，应查明原因，予以处理。

3.清查核实固定资产和低值易耗品

银行应对房屋、设备、器具、电脑等固定资产以及各种低值易耗品进行全面的清查盘点，并与相关的账簿记录核对相符。对于尚未入账的财产，应在年度决算前予以入账，以确保账实相符。

三、核对和调整账务

（一）检查会计科目的使用情况

会计科目是各项业务分类的依据和核算的基础，只有正确使用，才能通过会计记录真实准确地反映银行各项业务活动和财务活动情况。因此，在年度决算前，应根据会计科目使用说明和当年有关科目变化调整的文件规定，对其使用情况进行全面检查。如发现科目归属和使用不当的，应及时调整科目，以便真实反映各项业务活动和财务活动情况。

（二）核对内外账务

年度决算前，要对银行内部所有的账、簿、卡、据进行一次全面检查、核对。检查和核对的主要内容包括：

1.账账核对相符

按照会计核算的勾稽关系，各科目总账与明细账以及卡片账、登记簿等，发生额、余额都要做到账账、账卡之间相符。如有不符，应立即查明原因并解决相关问题。

2.账款核对相符

库存现金日记账余额与库存现金应核对相符。核对时，应按各类券别逐个核对，对于经办外汇业务的行处，还应将各类外币库存逐一核对相符。若发现溢缺，应查明原因，并按规定程序进行调整，做到账款相符。

3.账证核对相符

每一张会计凭证（传票）不是随意填制的，必须有足够的证据支持，做到账据相符是会计核算的基本要求。决算前，可进行重点检查或抽样检查，主要是对各项费用开支，基本建设，暂收、暂付款项，以及其他有关科目的原始单证与会计凭证进行审验核对，原始凭证是否合规，与账簿记载是否一致。

4.账实核对相符

账实核对，一般在年末前一至两个月开始着手进行。根据账面记录对各项财产实物逐一核对，盘点的过程中发现的溢缺，应查明原因，若属正常损耗，可按照程序报批核销。

5.账表核对相符

银行的会计报表是根据有关账簿记录的数据编制的，通常情况下，账表的数据是相符的。但有时可能因冲改错账、中途科目变更等因素，发生账表脱节，出现金额不一致的情况。决算前，应核实以往月份的各项报表与账簿的数据。

（三）核对往来账项

银行往来项目较多，银行与客户往来、系统内往来、银行之间同业往来、银行与中国人民银行往来等账务都要核对一致，这是决算的一项重要任务。决算前，银行应向企业、单位发送对账单，并按照收回对账单所注明的情况及时联系调整；对于系统内往来账务，由管辖行向辖属分支机构签发对账单，办理对账工作；做好与中国人民银行各类存款户的对账，年终日余额双方必须核对一致。

四、核实损益

年度决算前，银行要按照财务制度和会计制度的要求，对营业收支和其他财务收支进行核实，对于发现的各项差错，要及时进行更正。

(一) 核实业务收支

对各项利息收支、金融机构往来收支、营业外收支等要进行复查，重点复查利息收支的计算，包括计息范围、利率使用、利息记入科目是否正确等；对存放同业和拆借资金，应按规定及时收回利息，尚未收回的年终必须全面清理收回；对出售固定资产净收益、罚款收入、出纳长款收入等营业外收入，应如实反映，不得隐瞒、漏报，更不得作为小金库开支；营业外支出必须按国家有关规定列报，具体项目应有详细的文字说明。

(二) 检查各项费用开支

对于各项业务费用，应按照开支范围和费用标准进行复查，重点检查费用支出是否突破指标或控制规模，检查应经有关主管部门审批的手续是否齐备等。对超过范围和标准开支的，应查明情况，若发现差错或问题，应及时进行更正。

五、试算平衡

银行在上述几项准备工作基本完成的基础上，一般应于每年的12月份组织一次财务报表试算平衡工作。根据11月末的各项数字编制试算平衡表，检查和验算各科目余额是否正确。对试算中发现的问题，应及时查明原因，尽快解决，为财务报表的编制做好基础工作。

第三节　年度决算日的工作

年度决算日除了要处理好当日业务、轧平账务外，还应根据情况做好调整当日账务、结算全年损益、办理新旧账户结转、编制决算报表等工作。决算日当天，全行工作都要围绕年度决算进行。

一、当日业务的处理

1.处理当日账务，全面核对账务

决算日当天，银行照常营业，这一天发生的全部账务应于当日全部入账。收到的联行报单或同城交换票据，须当日处理完毕；各种往来款项全部结清，不得跨年；应收应付利息、应交税费等，按权责发生制要求的收入、费用全部列账；中国人民银行与商业银行之间有关业务的划拨凭证，应纳入当日账内，保证双方各账户的存、欠余额一致。当日业务全部入账后，还应对全年账务进行一次核对，将各科目总账与明细账进行全面核对，做到账账相符，保证财务报表数字的准确性。

2.检查各项库存

决算日营业终了，银行应对现金、金银等贵金属、外币、有价证券、未发行的空白存单、重要空白凭证以及其他有价实物进行全面核对。如果年终查库的工作量较大，也可于12月的某日进行抽查，查库由主管行长、稽核人员、会计主管等在库管员的陪同下共同完成，保证账款、账实相符。

3.计算外汇买卖损益

决算日当天，应将“货币兑换”科目中所有外币明细科目余额按年终决算牌价折算成人民币，将该金额与“货币兑换”科目中人民币明细科目余额进行比较，差额计入汇兑损益，列入有关损益账户。

4.结转本年利润

决算日营业终了，应将损益类科目各账户最后余额，分别结转到“本年利润”账户，以确定全年实现的净利润。若“本年利润”科目的余额在贷方，则为净利润，若在借方，则为净亏损。确认净利润后，应将实现的净利润进行分配，最后将“本年利润”账户余额转入“利润分配”账户。

二、办理新旧账目的结转

银行在决算日结转本年利润后，应及时办理新旧账簿的结转，结束旧账，建立新账，保证新年度业务的正常进行。

（一）总账的结转

总账每年更换一次，年终结转时，新账页日期应写新年度的1月1日，加盖“上年结转”戳记，将旧账余额过入新账的“上年余额”栏内。银行本年度如有新旧科目结转，应编制“新旧科目结转对照表”。新账建立后，应进行总分核对、试算平衡，保证新旧账簿结转正确。

（二）明细账的结转

商业银行的明细账在年终结转时，除卡片账不办结转、储蓄分户账可继续沿用外，其余的明细分户账均应办理结转手续。对于逐笔记入、逐笔销账的丁种明细账，应在旧账簿内尚未销账的各行销账日期栏内注明“结转下年”字样，并将其金额逐一过入新开启账簿第一页余额栏内，在摘要栏内注明“上年结转”字样。对于一般明细账的结转，应在旧账簿年末余额的下一行内注明“结转下年”戳记，将最后余额过入新账页第一行余额栏内，并注明“上年结转”字样。

（三）登记簿的结转

银行的各种表外科目和其他登记簿，年终也可根据其是否继续使用而采取不同的处理方式。若登记簿可继续使用，则不需要结转，下年度继续使用；若是按年设立的登记簿，则需要结转，其方法可比照明细账的结转。

（四）编制年度决算表

商业银行需要按照规定定期对外报告财务状况、经营成果和现金流量信息，年度决算的核心是会计报表，包括资产负债表、利润表、现金流量表、所有者权益变动表和附注。编制会计报表是年度决算的主要工作之一。

年度终了，在对所有账目进行全面清理、核实的基础上，根据总账、明细账、登记簿（卡）等有关数据资料编制年度决算会计报表，并对主要项目做出解释说明，披露相关信息，形成完整的年度决算，为监管者和外部信息使用者提供决策所需要的信息。

会计报表的编报不仅要遵循企业会计准则的相关规定，对于上市公司，还应该遵循证监会、证券交易所等机构对年度决算编报的相关规定，做到数字真实、计算正确、内容完整、报送及时，满足投资者、行业监管部门对会计报表的要求。

第四节 会计报表的编制

年度会计报表是综合反映商业银行全年财务状况、经营成果和现金流量的书面报告，是提供会计信息的重要手段。新会计准则对商业银行报表的格式、内容等都进行了详细规范，银行应按照准则统一规定的格式编制财务报表。

一、会计报表的种类

会计报表是企业对外提供的反映企业某一特定日期的财务状况和某一会计期间的经营成果、现金流量等会计信息的文件。

商业银行会计报表种类较多，主要见表12-1。

表12-1 商业银行会计报表种类

编号	会计报表名称	编报期
会商银01表	资产负债表	中期、年度报告
会商银02表	利润表	中期、年度报告
会商银03表	现金流量表	（至少）年度报告
会商银04表	所有者权益（或股东权益）增减变动表	年度报告
会商银02表附表1	利润分配表	年度报告
会商银02表附表2	分部报表（业务分部）	年度报告
会商银02表附表3	分部报表（地区分部）	年度报告

二、资产负债表

资产负债表是反映会计主体在某一特定日期的资产、负债和所有者权益的财务报表，是反映会计主体财务状况的会计报表。

（一）资产负债表的编制原理和目的

资产负债表的结构是会计等式“资产=负债+所有者权益”的体现，反映了企业期末时点的资金来源及资金运用情况。在资产负债表日，符合确认条件的各项资产、负债、所有者权益均应按照规定的计量方法及格式，在资产负债表中列示。

编制资产负债表的目的是通过如实反映企业的资产、负债和所有者权益金额及其结构情况，从而有助于会计信息使用者评价企业的资产质量、资本结构、资本保值增值情况，以及短期偿债能力、长期偿债能力、利润分配能力等。

（二）资产负债表的内容及格式

资产负债表的格式按照报表项目的排列方式不同，可以分为报告式与账户式两种。报告式资产负债表又称为垂直式资产负债表，即首先列示资产，然后是负债，最后是所有者权益的排列方式。账户式资产负债表又称为水平式资产负债表，按照“资产=负债+所有者权益”等式分左右排列，左边列示资产，右边列示负债和所有者权益。目前，我国采用的是“账户式”报表格式。

在资产负债表上，资产应当按照其流动性分类分项列示，包括流动资产、固定资产、无形资产及其他资产。负债也应按照其流动性分类分项列示，包括流动负债、非流动负债等。银行的各项资产和负债有特殊性的，按照其性质分类分项列示。所有者权益应当按照实收资本（或股本）、资本公积、盈余公积、未分配利润等项目分项列示。

账户式资产负债表的格式见表12-2。

表12-2　　资产负债表　　会商银01表

编制单位：　　年　月　日　　单位：

资产	期初余额	期末余额	负债和所有者权益（或股东权益）	期初余额	期末余额
资产：			负债：		
现金及存放中央银行款项			短期借款		
货币资金			向中央银行借款		
结算备付金			同业及其他金融机构存放款项		
存放同业款项			拆入资金		
贵金属			交易性金融负债		
拆出资金			衍生金融负债		
衍生金融资产			卖出回购金融资产款		
应收款项			吸收存款		
合同资产			应付职工薪酬		
买入返售金融资产			应交税费		
持有待售资产			应付款项		
发放贷款和垫款			合同负债		
金融投资			持有待售负债		
交易性金融资产			预计负债		
债权投资			长期借款		
其他债权投资			应付债券		
其他权益工具投资			其中：优先股		
可供出售金融资产			永续债		
长期股权投资			递延所得税负债		
投资性房地产			其他负债		
固定资产			负债合计		
在建工程			所有者权益（或股东权益）：		
无形资产			实收资本（或股本）		
递延所得税资产			其他权益工具		
其他资产			其中：优先股		
			永续债		
			资本公积		
			减：库存股		
			其他综合收益		
			盈余公积		
			一般风险准备		
			未分配利润		
			所有者权益（或股东权益）合计		
资产总计			负债和所有者权益（或股东权益）总计		

法定代表人、董事长：　　财务管理部总经理：

（三）资产负债表的编制说明

资产负债表的期初数反映各项目的期初余额，一般与上期期末资产负债表“期末余额”栏内所列数字一致。如果本期资产负债表规定的各项目的名称和内容同上年度不相一致，应对上年年末资产负债表各项目的名称和数字按照本年度的规定进行调整。如果本期存在采用追溯调整法的会计政策变更以及采用追溯重述法更正的前期差错，也要对期初数进行相应调整。

资产负债表中各项数字的来源主要通过三种方式取得：根据总账或明细账余额直接填列；根据总账或明细账余额合并填列；根据总账或明细账余额分析后填列。

下面简要说明资产负债表各项目的内容。

（1）现金及存放中央银行款项，反映银行库存现金和存放在中国人民银行的各种款项，根据“库存现金”“银行存款”“存放中央银行款项”“存放中央银行财政性存款”等科目的余额合计填列。

（2）货币资金，反映银行拥有的以货币形式存在的资产，包括库存现金、银行存款和其他货币资金，期末应以各科目余额合计填列。

（3）结算备付金，反映银行为证券交易的资金清算与交收而存入指定清算代理机构的款项，期末应根据其借方余额填列。

（4）存放同业款项，反映银行存放于境内、境外银行和非银行金融机构的款项，如果计提了减值，应以减去减值准备后的净额填列。

（5）贵金属，反映银行期末持有的贵金属价值按成本与可变现净值孰低计量的黄金、白银等，应以贵金属期末余额填列。

（6）拆出资金，反映银行拆借给境内、境外其他金融机构的款项，应根据“拆出资金”等科目的期末余额填列，以减去减值准备后的净额列示。

（7）衍生金融资产，反映银行期末持有的衍生工具、套期工具、被套期项目中属于衍生金融资产的金额，根据各科目的借方余额计算填列，如果衍生金融工具的余额在贷方，则填入“衍生金融负债”项目。

（8）应收款项，反映银行因销售商品和提供服务等经营活动形成的收取款项的合同权利以及收到的商业汇票（包括银行承兑汇票和商业承兑汇票）的期末账面价值，应收利息也在本项目中列示，期末应以各科目余额合计填列。

（9）合同资产，反映银行已向客户转让商品而有权收取对价的权利，且该权利取决于时间流逝之外的其他因素。按照相关规定，根据银行履行履约义务与客户付款之间的关系，在资产负债表中列示合同资产。

（10）买入返售金融资产，反映银行按照返售协议约定先买入再按固定价格返售的票据、证券等金融资产的摊余成本，如果计提了减值，应以减去减值准备后的净额列示。

（11）持有待售资产，反映银行分类为持有待售类别的非流动资产及分类为持有待售类别的处置组中的流动资产和非流动资产的期末账面价值（扣除减值准备），应以其净额列示。

（12）发放贷款和垫款，反映银行发放的贷款、银行卡透支和贴现资产扣减贷款损失准备期末余额后的金额，应以各科目余额减去贷款损失准备金所属明细科目期末余额的金额填列。

（13）金融投资，包括交易性金融资产、债权投资、其他债权投资、其他权益工具投资等。

交易性金融资产，反映银行为交易目的持有的金融资产，持有的指定为以公允价值计量且其变动计入当期损益的金融资产，以及因不符合分类为以摊余成本计量的金融资产或以公允价值计量且其变动计入其他综合收益的金融资产的条件而分类为以公允价值计量且其变动计入当期损益的金融资产，应以期末余额填列。

债权投资，反映银行为取得债权所进行的投资，列示在“金融投资”项下的以摊余成本计量的金融资产的期末账面价值（扣除损失准备），应以期末余额填列。

其他债权投资，反映银行列示在“金融投资”项下的分类为以公允价值计量且其变动计入其他综合收益的金融资产的期末账面价值，应以期末余额填列。

其他权益工具投资，反映银行指定为以公允价值计量且其变动计入其他综合收益的非交易性权益工具投资的期末账面价值，应以期末余额填列。

（14）可供出售金融资产，反映银行持有的以公允价值计量的可供出售的股票投资、债券投资等金融资产，以减去减值准备后的净额列示。

（15）长期股权投资，反映银行持有的按照成本法和权益法核算的，对子公司、联营企业和合营企业的长期股权投资，以减去减值准备后的净额列示。

（16）投资性房地产，反映银行持有的投资性房地产，应根据期末余额减去累计折旧和减值准备后的净额列示。

（17）固定资产，反映银行各种固定资产原价减去累计折旧和减值准备后的净额，应以其期末净额列示。

（18）在建工程，反映银行固定资产的新建、改建、扩建，或技术改造、设备更新和大修理工程等尚未完工的工程支出，应以其期末净额列示。

（19）无形资产，反映银行持有的无形资产，包括专利权、非专利技术、商标权、著作权、土地使用权等，应以减去减值准备后的净额列示。

（20）递延所得税资产，反映银行确认的可抵扣暂时性差异产生的递延所得税资产，应以其期末余额填列。

（21）其他资产，反映银行除上述各项资产以外的资产，主要包括其他应收款、抵债资产、存出保证金等，应以减去减值准备后的净额填列。

（22）短期借款，反映银行在1年期以内的借款，应根据期末余额填列。

（23）向中央银行借款，反映银行向中国人民银行借入的、期末尚未偿还的借款，应根据期末余额填列。

（24）同业及其他金融机构存放款项，反映银行从境内外银行、非银行金融企业借入的、期末尚未偿还的款项，应根据“同业存放”等科目余额填列。

（25）拆入资金，反映银行为了弥补头寸的不足而从境内外金融机构拆入的款项，应根据“同业拆入”等科目余额填列。

（26）交易性金融负债，反映银行承担的以公允价值计量且其变动计入当期损益的金融负债，应根据该科目余额填列。

（27）衍生金融负债，反映银行持有的衍生工具、套期项目、被套期项目中属于衍生金融负债的余额，应根据该科目余额填列。

(28) 卖出回购金融资产款，反映银行按照回购协议先卖出再按固定价格买入的票据、证券等金融资产所融入的资金，应以该科目的期末余额填列。

(29) 吸收存款，反映银行吸收的除同业存款以外的其他各类存款，包括单位存款(企事业单位以及机关、社会团体等)、个人存款、信用卡存款、特种存款等，应以各科目的期末余额填列。

(30) 应付职工薪酬，反映银行根据有关规定应付给职工的工资、职工福利、社会保险、住房公积金、工会经费、职工教育经费、非货币性福利等各种薪酬，应以该科目的期末余额填列。

(31) 应交税费，反映银行应交的城市维护建设税、房产税、土地使用税、车船使用税、教育费附加等。代扣代缴的个人所得税，也通过本项目列示。税金不需要预计应交数额的，如印花税，不在本项目中列示。本项目应以该科目的期末余额填列。

(32) 应付款项，反映银行以摊余成本计量的、因购买商品和接受服务等经营活动形成的支付款项的合同义务以及开出、承兑的商业汇票（包括银行承兑汇票和商业承兑汇票）的账面价值（即摊余成本)，应以各科目的期末余额填列。

(33) 合同负债，反映银行已收或应收客户对价而应向客户转让商品的义务。按照相关规定，根据银行履行履约义务与客户付款之间的关系，在资产负债表中列示合同负债。

(34) 持有待售负债，反映银行处置组中与划分为持有待售类别的资产直接相关的负债的期末账面价值。

(35) 预计负债，反映银行确认的对外提供担保、未决诉讼、重组义务、亏损性合同等预计负债，应以该科目的期末余额填列。

(36) 长期借款，反映银行借入期限在1年以上的各种借款，应以该科目的期末余额填列。

(37) 应付债券，反映银行为筹集长期资金而发行债券的本金和利息。在“应付债券”项目下增设“优先股”和“永续债”两个项目，分别反映资产负债表日银行发行在外的分类为金融负债的优先股和永续工具的期末账面价值，应以各科目的期末余额填列。

(38) 递延所得税负债，反映银行确认的应纳税暂时性差异产生的所得税负债，应以该科目的期末余额填列。

(39) 其他负债，反映银行除上述负债以外的负债，主要包括存入保证金、应付股利、其他应付款、长期应付款、递延收益等，应以各科目的期末余额计算合并填列。

(40) 实收资本（或股本)，反映银行各投资者实际投入的资本（或股本）总额，应以该科目的期末余额填列。

(41) 其他权益工具，反映银行发行在外的除普通股以外分类为权益工具的金融工具的账面价值，应根据实际情况在“其他权益工具”项目下增设“优先股”和“永续债”两个项目，分别反映资产负债表日银行发行在外的分类为权益工具的优先股和永续工具的账面价值，应以各科目的期末余额填列。

(42) 资本公积，反映银行的资本公积金，应以该科目的期末余额填列。

(43) 库存股，反映银行持有的尚未转让或注销的本行的股份金额，应以该科目的期末余额填列。

(44) 其他综合收益，反映银行应在其他综合收益中确认的各项税后净利得和净损失的累计余额等，应以各科目的期末余额填列。

（45）盈余公积，反映银行从净利润中提取的盈余公积金额，应以该科目的期末余额填列。

（46）一般风险准备，反映银行根据金融监管规定从净利润中提取的一般风险准备金额，应以该科目的期末余额填列。

（47）未分配利润，反映银行尚未分配的利润。本项目根据“本年利润”和“利润分配”科目的余额计算填列，未弥补的亏损应在本项目中以“-”号表示。

三、利润表

利润表是反映银行在某一会计期间经营成果的会计报表。某一会计期间，符合确认条件的各项收入、费用、利润均应按照规定的计量方法及格式，在利润表中列示。

（一）利润表的格式

利润表采用多步式结构，通过对当期的收入、费用、支出项目按性质加以归类，按利润形成的主要环节列示一些中间性利润指标，分步计算当期净损益，便于使用者理解银行经营成果的不同来源。

我国商业银行利润表的格式见表12-3。

（二）利润表的编制

利润表中各项目都列有“本期金额”和“上期金额”两个栏目，是一种比较利润表。会计信息使用者通过对不同期间利润的实现情况进行比较，可以判断商业银行经营成果的未来发展趋势。

1.“上期金额”的填列

利润表中“上期金额”栏内各项目数字，应根据上年该期利润表“本期金额”栏内所列数字填列。如果上年该期利润表规定的各项目的名称和内容同本期不相一致，在切实可行的情况下，应对上年该期利润表各项目的名称和数字按照本期的规定进行调整，按调整后的数字填入本期利润表“上期金额”栏内。

2.“本期金额”的填列

利润表中“本期金额”栏内各项目数字，有的根据各损益类科目的发生额分析填列，有的根据表中相关项目的数据计算填列。

利润表各项目“本期金额”的填列方法如下：

（1）“营业总收入”项目，根据“利息收入”“手续费及佣金收入”“投资收益”“净敞口套期收益”“其他收益”“公允价值变动收益”“汇兑收益”“其他业务收入”“资产处置收益”等项目的合计数填列。

（2）“利息收入”项目，根据银行发放的各类贷款（银团贷款、贸易融资、贴现和转贴现融出资金、协议透支、信用卡透支、转贷款、垫款等）以及与其他金融机构（中国人民银行、同业等）之间发生资金往来业务、买入返售金融资产等实现的利息收入填列。

（3）“手续费及佣金收入”项目，根据银行办理的各种业务（如咨询业务、担保业务、代保管业务等），以及其他相关服务实现的手续费及佣金收入等填列。

（4）“投资收益”“公允价值变动收益”“汇兑收益”项目，分别根据“投资收益”“公允价值变动收益”“汇兑收益”科目的发生额分析填列。如为损失，应以“-”号填列。

表12-3　　利润表　　会商银02表

编制单位：　　年　月　　单位：

项　目	本期金额	上期金额
一、营业总收入		
利息收入		
手续费及佣金收入		
投资收益（损失以“-”号填列）		
其中：对联营企业和合营企业的投资收益		
以摊余成本计量的金融资产终止确认产生的收益（损失以“-”号填列）		
净敞口套期收益（损失以“-”号填列）		
其他收益		
公允价值变动收益（损失以“-”号填列）		
汇兑收益（损失以“-”号填列）		
其他业务收入		
二、营业总支出		
利息支出		
手续费及佣金支出		
税金及附加		
业务及管理费		
信用减值损失		
其他业务成本		
三、营业利润（亏损以“-”号填列）		
加：营业外收入		
减：营业外支出		
四、利润总额（亏损总额以“-”号填列）		
减：所得税费用		
五、净利润（净亏损以“-”号填列）		
（一）持续经营净利润（净亏损以“-”号填列）		
（二）终止经营净利润（净亏损以“-”号填列）		
六、每股收益：		
（一）基本每股收益		
（二）稀释每股收益		

法定代表人、董事长：　　财务管理部总经理：

(5)“净敞口套期收益”项目，反映银行开展的净敞口套期下被套期项目累计公允价值变动转入当期损益的金额或现金流量套期储备转入当期损益的金额。如为损失，应以“-”号填列。

(6)“其他收益”项目，反映银行计入其他收益的政府补助等，应根据有关金额填列。

(7)“其他业务收入”项目，根据“其他业务收入”科目的发生额分析填列。

(8)“资产处置收益”项目，反映银行出售待售的非流动资产（金融工具、长期股权投资和投资性房地产除外）时确认的处置利得或损失；处置固定资产、在建工程、生产性生物资产及无形资产而产生的处置利得或损失；债务重组中因处置非流动资产产生的利得或损失；处置抵押、质押资产的利得或损失。如为处置损失，应以“-”号填列。

(9)“营业总支出”项目，根据“利息支出”“手续费及佣金支出”“税金及附加”“业务及管理费”“信用减值损失”“其他资产减值损失”“其他业务成本”项目的合计数填列。

(10)“利息支出”项目，核算银行向客户以负债形式筹集资金所支付给债权人的报酬，应根据其发生额填列。

(11)“手续费及佣金支出”项目，核算银行发生的与其经营活动相关的各项手续费、佣金等支出，应根据其发生额填列。

(12)“税金及附加”“业务及管理费”“其他业务成本”项目，分别根据“税金及附加”“业务及管理费”“其他业务成本”科目的发生额分析填列。

(13)“信用减值损失”项目，反映银行按照相关规定计提金融工具信用损失准备所确认的信用损失，应根据其发生额填列。

(14)“其他资产减值损失”项目，反映除“信用减值损失”外银行按照相关企业会计准则的规定计提其他资产的减值准备所确认的减值损失，应根据其发生额填列。

(15)“营业利润”项目，根据“营业总收入”项目金额减去“营业总支出”项目金额后的数额填列。

(16)“营业外收入”“营业外支出”项目，分别根据“营业外收入”“营业外支出”科目的发生额分析填列。

(17)“利润总额”项目，根据“营业利润”项目金额，加上“营业外收入”项目金额，减去“营业外支出”项目金额后的数额填列。

(18)“所得税费用”项目，根据“所得税费用”科目的发生额分析填列。

(19)“净利润”项目，根据“利润总额”项目金额减去“所得税费用”项目金额后的数额填列。其中，“持续经营净利润”和“终止经营净利润”两个项目分别反映净利润中与持续经营相关的净利润和与终止经营相关的净利润。如为净亏损，应以“-”号填列，这两个项目应按照相关规定分别列报。

(20)“每股收益”项目，反映每股普通股所创造的收益水平。其中，“基本每股收益”项目，反映当期每股普通股的净收益，根据属于普通股股东的当期净利润，除以发行在外普通股的加权平均数计算所得的数据填列；“稀释每股收益”项目，即存在稀释性潜在普通股的情况下，根据包含稀释性普通股产生的费用和收益的净利润，除以包含稀释性潜在普通股的普通股加权平均数计算所得的数据填列。

四、现金流量表

（一）现金流量表的含义

现金流量表是反映银行在某一会计期间现金和现金等价物流入、流出的会计报表。由于利润表是建立在权责发生制基础上的，不能反映银行的现金流量状况，而现金流量表是严格建立在收付实现制基础上来反映现金和现金等价物的变动情况，可以为投资者预测银行未来现金流量提供必要的信息。

现金是指库存现金以及可以随时用于支付的存款，银行的现金主要包括库存现金、运送中现金、银行存款。

现金等价物是指持有的期限短、流动性强、易于转换为已知金额现金、价值变动风险很小的投资。商业银行的现金等价物主要包括缴存央行超额准备金、到期日不超过3个月的存放同业款项、从购买日起不超过3个月的债权投资。

现金等价物虽然不是现金，但其支付能力与现金差别不大，可视为现金。因此，现金流量表中的现金包括现金及现金等价物两部分。

编制现金流量表的目的是通过如实反映企业各项活动的现金流入、流出情况，从而有助于使用者评价企业的现金流、现金充足程度和资金周转情况等。

（二）现金流量表的内容

现金流量表要求按照不同的业务分别反映现金的流入、流出和净流量，一般分为经营业务、投资业务和筹资业务三大类，即经营活动产生的现金流量、投资活动产生的现金流量和筹资活动产生的现金流量。而各类活动对现金流量的影响均表现为现金流入与现金流出两个方面。

1.经营活动产生的现金流量

银行的正常经营活动主要有存款、贷款（贴现）、结算、现金出纳业务等。

现金流入主要包括：①银行吸收的各项存款和同业的存款；②银行向中央银行的借款和向其他金融机构的拆入资金；③银行实际收回发放贷款的本金；④银行发放各类贷款及与金融企业往来所取得的现金利息收入；⑤银行开展各项业务收取的手续费收入；⑥银行进行外汇买卖或兑换所产生的汇兑收益；⑦其他业务现金收入，如咨询收入、无形资产转让收入等；⑧暂收其他单位或个人的款项（如职工未按期领取的工资、退休金等）。

现金流出主要包括：①实际存放中央银行和同业的款项；②实际对外发放的各类贷款；③实际对外支付的其他单位或个人的存款本金；④吸收各项存款及与金融机构往来的实际利息支出；⑤因各项借款、发行金融债券而实际支付的现金利息；⑥委托其他单位代办业务而支付的手续费；⑦按照有关规定当期实际支付的各种税金；⑧外汇买卖和外币兑换业务而产生的汇兑损失；⑨以现金方式支付给职工的工资和其他劳动报酬、福利支出；⑩除以上各项支出以外的、用于银行经营活动的各项费用和支出，以及暂付其他单位或个人的款项（如垫支的职工差旅费、存出保证金及其他应收、暂付款项）。

2.投资活动产生的现金流量

投资活动是指银行进行原定期限3个月以上的债券投资以及用于购置和处置固定资产、无形资产的行为。

现金流入主要包括：①收回投资所取得的现金；②取得投资收益收到的现金。

现金流出主要包括：①进行投资所支付的现金；②购建固定资产、无形资产而支付的现金或偿付应付款。

3.筹资活动产生的现金流量

筹资活动是指银行进行吸收资本、发行金融债券、借款以及还款或清算债务等这些与筹资有关的活动。

现金流入主要包括：①吸收投资而收入的现金；②发行金融债券而收入的现金；③其他筹资取得的现金。

现金流出主要包括：①偿还借款或债券的本金；②当期支付给投资者的利润；③为发行债券、借款及其他筹资活动而以现金支付的有关费用；④以现金方式支付的融资租赁固定资产的租赁费。

（三）现金流量表的格式

现金流量表的格式见表12-4。

表12-4　**现金流量表**　会商银03表

编制单位：　年度　单位：

项　目	本期金额	上期金额
一、经营活动产生的现金流量		
销售商品、提供劳务收到的现金		
客户存款和同业存放款项净增加额		
向中央银行借款净增加额		
向其他金融机构拆入资金净增加额		
收取利息、手续费及佣金的现金		
拆入资金净增加额		
回购业务资金净增加额		
收到其他与经营活动有关的现金		
经营活动现金流入小计		
客户贷款和垫款净增加额		
存放中央银行和同业款项净增加额		
为交易目的而持有的金融资产净增加额		
拆出资金净增加额		
返售业务资金净增加额		
支付利息、手续费及佣金的现金		
支付给职工及为职工支付的现金		
支付的各项税费		
支付其他与经营活动有关的现金		

续表

项　目	本期金额	上期金额
经营活动现金流出小计		
经营活动产生的现金流量净额		
二、投资活动产生的现金流量		
收回投资收到的现金		
取得投资收益收到的现金		
处置固定资产、无形资产和其他长期资产收回的现金净额		
收到其他与投资活动有关的现金		
投资活动现金流入小计		
投资支付的现金		
购建固定资产、无形资产和其他长期资产所支付的现金		
支付其他与投资活动有关的现金		
投资活动现金流出小计		
投资活动产生的现金流量净额		
三、筹资活动产生的现金流量		
吸收投资收到的现金		
取得借款收到的现金		
发行债券收到的现金		
收到其他与筹资活动有关的现金		
筹资活动现金流入小计		
偿付债务支付的现金		
分配股利、利润或偿付利息支付的现金		
支付其他与筹资活动有关的现金		
筹资活动现金流出小计		
筹资活动产生的现金流量净额		
四、汇率变动对现金及现金等价物的影响		
五、现金及现金等价物净增加额		
加：期初现金及现金等价物余额		
六、期末现金及现金等价物余额		

法定代表人、董事长：　　　　　　　　财务管理部总经理：

（四）现金流量表的编制

主表部分是由来自经营活动的现金流量、来自投资活动的现金流量和来自筹资活动的现金流量三部分组成。

各部分又按收入项目和支出项目分项列示，以反映各类活动所产生的现金流入量和现金流出量，展示各类现金流入和流出的原因。

编制现金流量表依据的公式为：

现金净流量=现金流入-现金流出

银行应当按照直接法报告其经营活动的现金流量。采用直接法报告经营活动的现金流量时，有关现金流入与流出的信息可从会计记录中直接获得，也可在利润表的营业总收入、营业总支出等数据的基础上，通过调整经营性应收、应付项目的变动，以及固定资产折旧、无形资产摊销等项目后获得。

下面简要说明现金流量表各项目的内容。

1.经营活动产生的现金流量

（1）“销售商品、提供劳务收到的现金”项目，反映银行本期销售商品、提供劳务实际收到的现金。

（2）“客户存款和同业存放款项净增加额”项目，反映银行本期吸收的境内外金融机构以及非同业存放款项以外的各种存款的净增加额。

（3）“向中央银行借款净增加额”项目，反映银行本期向中央银行借入款项的净增加额。

（4）“向其他金融机构拆入资金净增加额”项目，反映银行本期从境内外金融机构拆入款项所取得的现金，减去拆借给境内外金融机构款项而支付的现金后的净额。

（5）“收取利息、手续费及佣金的现金”项目，反映银行本期实际收到的利息和手续费等的现金。

（6）“拆入资金净增加额”项目，反映银行本期从境内外金融机构拆入款项所取得的现金，减去拆借给境内外金融机构款项所支付现金后的净额。

（7）“回购业务资金净增加额”项目，反映银行本期按回购协议卖出票据、证券、贷款等金融资产所融入的现金，减去按返售协议约定先买入再按固定价格返售给卖出方的票据、证券、贷款等金融资产所融出现金后的净额。

（8）“收到其他与经营活动有关的现金”项目，反映银行本期除上述各项目外，收到的其他与经营活动有关的现金。

（9）“客户贷款和垫款净增加额”项目，反映银行本期发放的各种客户贷款，以及办理商业票据贴现、转贴现融出及融入资金等业务款项的净增加额。

（10）“存放中央银行和同业款项净增加额”项目，反映银行本期存放于中央银行以及境内外金融机构的款项净增加额。

（11）“为交易目的而持有的金融资产净增加额”项目，反映银行持有的近期内出售的各金融资产的净增加额。

（12）“拆出资金净增加额”项目，反映银行本期向境内外金融机构拆出款项所支出的现金，减去收回境内外金融机构款项所拆出现金后的净额。

（13）“返售业务资金净增加额”项目，反映银行根据返售协议约定先买入再按固定价格返售给卖出方的票据、证券、贷款等金融资产所融出的资金，减去按照返售协议约定融入现金的净增加额。

(14)“支付利息、手续费及佣金的现金”项目，反映银行本期实际付出的利息和手续费等的现金。

(15)“支付给职工及为职工支付的现金”项目，反映银行本期实际支付给职工，以及为职工支付的现金，包括本期职工的工资、奖金、各种津贴和补贴等，以及为职工支付的养老保险、医疗保险、失业保险、住房公积金及支付的离退休人员的费用等，不包括支付给在建工程人员的工资。

(16)“支付的各项税费”项目，反映银行本期实际支付的各项税费，包括本期发生并支付的税费，以及本期支付的以前各期发生的税费。

(17)“支付其他与经营活动有关的现金”项目，反映银行本期除上述各项目外，支付的其他与经营活动有关的现金，如其他业务支出、捐赠的现金支出、支付的差旅费、业务招待费等现金支出等。

2.投资活动产生的现金流量

(1)“收回投资收到的现金”项目，反映银行出售、转让或到期收回除现金等价物以外的短期投资而收到的现金，以及收回长期债券投资本金而收到的现金，不包括长期债券投资收回的利息以及收回的非现金资产。

(2)“取得投资收益收到的现金”项目，反映银行因股权投资和债券投资而取得的现金股利、利息以及从子公司等分回利润收到的现金。

(3)“处置固定资产、无形资产和其他长期资产收回的现金净额”项目，反映银行本期处置固定资产、无形资产和其他长期资产的净损益。

(4)“收到其他与投资活动有关的现金”项目，反映银行除上述各项目外，收到的其他与投资活动有关的现金。本项目可以根据“库存现金”“存放中央银行款项”“回购证券款”等科目的记录分析填列。

(5)“投资支付的现金”项目，反映银行本期进行权益性投资和债权投资支付的现金，包括银行购买的除现金等价物以外的短期债券、长期债券投资和长期股权投资所支付的现金，以及支付的佣金、手续费等附加费用。

(6)“购建固定资产、无形资产和其他长期资产所支付的现金”项目，反映银行本期购买、建造固定资产，取得无形资产和其他长期资产支付的现金，不包括为购建固定资产而发生的借款利息资本化的部分，以及借款利息支出和融资租入固定资产支付的租赁费。借款利息支出在经营活动产生的现金流量中单独反映；融资租入固定资产支付的租赁费在筹资活动产生的现金流量中反映。

(7)“支付其他与投资活动有关的现金”项目，反映银行除上述各项目外，支付的其他与投资活动有关的现金。

3.筹资活动产生的现金流量

(1)“吸收投资收到的现金”项目，反映银行本期收到投资者投入的现金。股份制银行以发行股票方式筹集资金而由银行直接支付的审计、咨询等费用，在“支付其他与筹资活动有关的现金”项目中反映，不从本项目内扣除。

(2)“取得借款收到的现金”项目，反映银行本期举借各种短期、长期借款所收到的现金。

（3）“发行债券收到的现金”项目，反映银行本期发行债券实际收到的现金（发行收入减去支付的佣金等发行费用后的净额）。银行自行发行债券支付的发行费用，在“支付其他与筹资活动有关的现金”项目中反映，不从本项目内扣除。

（4）“收到其他与筹资活动有关的现金”项目，反映银行本期除上述各项目外，收到的其他与筹资活动有关的现金。

（5）“偿付债务支付的现金”项目，反映银行本期以现金偿还债务的本金，包括偿还中央银行的借款本金、偿还债券本金等。

（6）“分配股利、利润或偿付利息支付的现金”项目，反映银行本期支付给其他投资单位的利润、现金股利（股份制银行），以及支付的债券和借款利息。

（7）“支付其他与筹资活动有关的现金”项目，反映银行除上述各项目外，支付的其他与筹资活动有关的现金。

4.汇率变动对现金及现金等价物的影响

“汇率变动对现金及现金等价物的影响”项目，反映银行本期外币现金流量，按现金流量发生日的汇率或平均汇率折算的人民币金额，与外币现金净额按期末汇率折算的人民币金额之间的差额。

五、所有者权益变动表

（一）所有者权益变动表概述

1.所有者权益变动表的概念

所有者权益变动表是反映构成所有者权益的各组成部分当期的增减变动情况的报表。所有者权益变动表应当全面反映一定时期所有者权益变动的情况，不仅包括所有者权益总量的增减变动，还包括所有者权益增减变动的重要结构性信息，让报表使用者准确理解所有者权益增减变动的根源。

2.所有者权益变动表的列报格式

（1）以矩阵的形式列报。

为了清楚地表明构成所有者权益的各组成部分当期的增减变动情况，所有者权益变动表应以矩阵的形式列示。一方面，列示导致所有者权益变动的交易或事项，改变了以往仅仅按照所有者权益的各组成部分反映所有者权益变动情况，而是按所有者权益变动的来源对一定时期所有者权益变动情况进行全面反映；另一方面，按照所有者权益各组成部分（包括实收资本、资本公积、盈余公积、其他综合收益、未分配利润和库存股）及其总额列示交易或事项对所有者权益的影响。

（2）列示所有者权益变动的比较信息。

根据财务报表列报准则的规定，金融企业需要提供比较所有者权益变动表，因此，所有者权益变动表应就各项目再分为“本年金额”和“上年金额”两栏分别填列。

所有者权益变动表的具体格式见表12-5。

（二）所有者权益变动表的列报

1.所有者权益变动表各项目的列报说明

（1）“上年年末余额”项目，反映金融企业上年资产负债表中实收资本（或股本）、资本公积、库存股、其他综合收益、盈余公积、未分配利润的上年年末余额。

表12-5 所有者权益（股东权益）变动表 会商银04表

项 目	本年金额							上年金额						
	实收资本（或股本）	资本公积	减：库存股	其他综合收益	盈余公积	未分配利润	所有者权益合计	实收资本（或股本）	资本公积	减：库存股	其他综合收益	盈余公积	未分配利润	所有者权益合计
一、上年年末余额														
加：会计政策变更														
前期差错更正														
二、本年年初余额														
三、本年增减变动金额（减少以“-”号填列）														
（一）综合收益总额														
（二）所有者投入和减少资本														
1.所有者投入资本														
2.股份支付计入所有者权益的金额														
3.其他														
（三）利润分配														
1.提取盈余公积														
2.对所有者（或股东）的分配														
3.其他														
（四）所有者权益内部结转														
1.资本公积转增资本（或股本）														
2.盈余公积转增资本（或股本）														
3.盈余公积弥补亏损														
4.其他														
四、本年年末余额														

（2）“会计政策变更”和“前期差错更正”项目，分别反映金融企业采用追溯调整法处理的会计政策变更的累积影响金额和采用追溯重述法处理的会计差错更正的累积影响金额。

为了体现会计政策变更和前期差错更正的影响，金融企业应当在上期期末所有者权益余额的基础上进行调整，得出本期期初所有者权益，根据“盈余公积”“利润分配”“以前年度损益调整”等科目的发生额分析填列。

（3）“本年增减变动金额”项目，分别反映如下内容：

①“综合收益总额”项目，反映金融企业在某一期间除与所有者以其所有者身份进行的交易之外的其他交易或事项所引起的所有者权益变动，其金额为净利润和其他综合收益扣除所得税影响后净额相加后的合计金额。

②“所有者投入和减少资本”项目，反映金融企业当年所有者投入的资本和减少的资本。其中，“所有者投入资本”项目，反映金融企业接受投资者投入形成的实收资本（或股本）和资本溢价或股本溢价，并对应列在“实收资本（或股本）”和“资本公积”栏内；“股份支付计入所有者权益的金额”项目，反映金融企业处于等待期中的权益结算的股份支付当年计入资本公积的金额，并对应列在“资本公积”栏内。

③“利润分配”项目，反映当年对所有者（或股东）分配的利润（或股利）金额和按照规定提取的盈余公积金额，并对应列在“未分配利润”和“盈余公积”栏内。其中，“提取盈余公积”项目，反映金融企业按照规定提取的盈余公积；“对所有者（或股东）的分配”项目，反映对所有者（或股东）分配的利润（或股利）金额。

④“所有者权益内部结转”项目，反映不影响当年所有者权益总额的所有者权益各组成部分之间当年的增减变动，包括资本公积转增资本（或股本）、盈余公积转增资本（或股本）、盈余公积弥补亏损等金额。为了全面反映所有者权益各组成部分的增减变动情况，所有者权益内部结转也是所有者权益变动表的重要组成部分，主要指不影响所有者权益总额、所有者权益各组成部分当期的增减变动。其中，“资本公积转增资本（或股本）”项目，反映金融企业以资本公积转增资本或股本的金额；“盈余公积转增资本（或股本）”项目，反映金融企业以盈余公积转增资本或股本的金额；“盈余公积弥补亏损”项目，反映金融企业以盈余公积弥补亏损的金额。

2.上年金额栏的列报方法

所有者权益变动表“上年金额”栏内各项数字，应根据上年度所有者权益变动表“本年金额”栏内所列数字填列。如果上年度所有者权益变动表规定的各项目的名称和内容同本年度不相一致，应对上年度所有者权益变动表各项目的名称和数字按本年度的规定进行调整，填入所有者权益变动表“上年金额”栏内。

3.本年金额栏的列报方法

所有者权益变动表“本年金额”栏内各项数字，一般应根据“实收资本（或股本）”“资本公积”“盈余公积”“利润分配”“库存股”“以前年度损益调整”等科目的发生额分析填列。

思考题

1.银行为什么要办理年度决算？

2.银行年度决算的内容有哪些？

3.银行年度决算前要做哪些准备工作？决算当日要做哪些工作？

练习题

1.单项选择题

（1）资产负债表设置的基本原理是（　　）。

A.资产=负债+所有者权益　　B.利润=收入-费用

C.本期借方发生额-本期贷方发生额　　D.记账规则

（2）资产负债表是根据（　　）填制的。

A.账户的发生额　　B.账户的发生额和余额

C.账户的期末余额　　D.账户的期初余额

（3）年末，银行应将全年实现的净利润或亏损总额从“本年利润”账户转入（　　）账户。

A.“盈余公积”　　B.“利润分配——未分配利润”

C.“实收资本”　　D.“营业收入”

（4）下列不包括在资产负债表中“应交税费”项目的是（　　）。

A.所得税　　B.房产税　　C.印花税　　D.土地使用税

（5）下列项目中，属于经营活动产生的现金流入的是（　　）。

A.存放中央银行款项和同业款项　　B.向中央银行借款

C.处置固定资产和无形资产　　D.发行金融债券

2.实训练习

中国建设银行济南市解放路支行相关业务资料如下：

（1）2020年11月30日，建行济南解放路支行各科目余额和损益余额见表12-6和表12-7。

表12-6　**11月30日各科目余额表**　单位：元

一、资产类	借方余额	二、负债类	贷方余额
库存现金	80 000 000.00	存入保证金	300 000.00
存放中央银行款项	103 000 000.00	拆入资金	20 000 000.00
存放同业	30 000 000.00	向中央银行借款	40 000 000.00
其他货币资金	2 800 000.00	吸收存款	1 018 000 000.00
交易性金融资产	11 000 000.00	同业存放	56 000 000.00
买入返售金融资产	102 000 000.00	贴现负债	360 000 000.00
贴现资产	240 000 000.00	交易性金融负债	30 000 000.00
拆出资金	220 000 000.00	卖出回购金融资产款	16 000 000.00
贷款	950 000 000.00	应付职工薪酬	300 000.00
贷款损失准备	-130 000 000.00	应交税费	500 000.00
应收利息	32 900 000.00	应付利息	800 000.00

续表

坏账准备	-1 800 000.00	其他应付款	1 000 000.00
债权投资	100 000 000.00		
债权投资减值准备	-12 000 000.00		
可供出售金融资产	120 000 000.00		
长期股权投资	56 000 000.00		
长期股权投资减值准备	-3 000 000.00		
固定资产	160 000 000.00		
累计折旧	-40 000 000.00		
固定资产减值准备	-12 000 000.00		
三、资产负债共同类			
清算资金往来			20 000 000.00
		四、所有者权益类	
		实收资本	360 000 000.00
		资本公积	34 000 000.00
		盈余公积	16 000 000.00
		利润分配	36 000 000.00
合　计	2 008 900 000.00	合　计	2 008 900 000.00

表12-7　　**11月30日各损益余额表**　　单位：元

项　目	期末余额	
	借方	贷方
利息收入		180 200 000.00
利息支出	28 000 000.00	
手续费及佣金收入		12 000 000.00
手续费及佣金支出	3 600 000.00	
投资收益		2 000 000.00
公允价值变动收益		860 000.00
汇兑收益		360 000.00
其他业务收入		420 000.00
税金及附加	240 000.00	
资产减值损失	70 000 000.00	
其他业务成本	254 000.00	
营业外收入		320 000.00
营业外支出	180 000.00	

（2）12月份建行济南解放路支行发生如下经济业务：

①市绿色环保有限公司存入销货款，现金800 000元。

②本行向当地中国人民银行借入季节性贷款230 000 000元。

③本行向华源贸易有限公司发放期限3个月的信用贷款5 000 000元，利率2.85%。

④本行向泰康医药公司发放1年期抵押贷款，本金36 000 000元，利率3.25%。

⑤宝云电动车有限公司持现金支票来行支取80 000元备用金。

⑥华通贸易公司持2021年2月16日到期的金额为1 500 000元的银行承兑汇票申请贴现，汇票出票日期为2020年12月3日，本行于2020年12月10日办理贴现，贴现率为2.5‰。

⑦本行发行2年期金融债券20 000 000元。

⑧本行开户单位金立纺织厂申请签发银行汇票，金额3 000 000元，审核以后同意办理。

⑨本行开户单位杰英水泥厂申请使用银行本票，金额146 000元，审核以后同意办理。

⑩银行向客户收取到期贷款利息3 600 000元，办理转账。

⑪银行于12月15日购入3年期国库券，金额82 000 000元，银行以可供出售金融资产入账。

⑫本行经当地中国人民银行同意向当地中国工商银行拆出资金85 000 000元。

⑬本行对外进行长期股权投资24 000 000元。

⑭本行向有大量往来业务的当地中国工商银行存入一笔同业款项，金额30 000 000元，通过当地中国人民银行办理转账。

⑮本行购入5年期凭证式国债10 000 000元，通过中国人民银行备付金账户转付。

⑯本行开户单位荣泰投资顾问有限公司委托银行办理电汇，金额300 000元，审核无误同意办理。

⑰本行收到由联行划回的开户单位远大贸易公司托收款项，金额36 000 000元，审核无误转账入户。

⑱储户王敏开户存入现金100 000元，为个人活期存款。

⑲储户刘莉莉委托银行将活期储蓄存款中的150 000元转存为1年期定期储蓄存款，利率3.25%，银行办理转账。

⑳开户单位环宇电力公司持转账支票一张，金额140 000元，要求银行办理转账，银行审核以后发现出票人为本行开户的华宇经贸公司，办理转账。

㉑本行向中国人民银行备付金账户支取现金24 000 000元。

㉒本行为开户单位康森体育用品公司代付银行汇票款350 000元，实际结算金额与票面金额相同，按规定办理划款。

㉓银行收到北京某联行寄来的报单和解讫通知，实际结算金额为540 000元，系本行开户单位明达化工公司申请的银行汇票，原票面金额为600 000元，审核无误办理转账。

㉔银行于12月21日支付单位活期利息3 120 000元，个人活期储蓄存款利息2 238 000元。

㉕本行计提贷款利息800 000元。

㉖银行向员工支付福利费58 000元。

㉗银行应客户申请开出信用证，向客户收取保证金20 000元，从其账户转出。

㉘银行收回3个月到期债券投资1 500 000元，同时收取利息20 700元。

㉙本行开户单位鲁能热电厂委托银行将活期存款30 000 000元转存1年期定期存款。

㉚银行计提固定资产折旧5 000 000元。

㉛银行按规定计提各类贷款损失准备10 000 000元。

㉜银行计提坏账准备2 000 000元。

㉝银行期末计提长期股权投资减值准备500 000元。

㉞银行收到省外系统内贷方报单（电汇），收款单位为本行开户的华通房地产公司，金额300 000元，办理转账。

㉟银行受理开户单位精准衡器厂电汇省外系统内银行某单位货款50 000元，办理划转。

㊱银行为客户办理保管箱业务，收取押金20 000元。

㊲银行转账支付定期存款到期利息80 000元。

㊳银行收回长期股权投资收益52 000 000元。

㊴银行收回抵押房产抵偿原贷款本息，公允价值为30 000 000元，计入抵债资产。

㊵银行前已卖出回购金融债券到期，金额14 000 000元，按协议价16 000 000元回购。

㊶银行期末计提并支付当月职工薪酬420 000元。

㊷银行期末计提固定资产减值准备2 420 0000元。

㊸银行向中国人民银行转贴现票据36 000 000元，支付贴现息90 000元。

㊹银行为客户办理银行承兑汇票的承兑业务，收取承兑手续费750元。

㊺银行将12月21日的出纳短款由待处理财产损溢结转为营业外支出，金额2 000元。

㊻银行本期应缴城市维护建设税305 000元及教育费附加815 000元。

㊼银行按10%计提盈余公积。

实训要求：

①根据上述资料编写有关会计分录。

②根据上述业务发生额及表12-6和表12-7相关内容填写T形账户并结出余额。

③根据T形账户资料填写12月份各科目余额表（见表12-8）。

④根据表12-8相关内容编制2020年度资产负债表（见表12-9）。

库存现金

期初余额	

存放中央银行款项

期初余额	

存放同业

期初余额	

其他货币资金

期初余额	

交易性金融资产	
期初余额	

买入返售金融资产	
期初余额	

贴现资产	
期初余额	

拆出资金	
期初余额	

贷款	
期初余额	

贷款损失准备	
	期初余额

应收利息	
期初余额	

坏账准备	
	期初余额

债权投资	
期初余额	

债权投资减值准备	
	期初余额

可供出售金融资产	
期初余额	

长期股权投资	
期初余额	

长期股权投资减值准备	
	期初余额

固定资产	
期初余额	

累计折旧

期初余额

固定资产减值准备

期初余额

存入保证金

期初余额

拆入资金

期初余额

向中央银行借款

期初余额

吸收存款

期初余额

同业存放

期初余额

贴现负债

期初余额

交易性金融负债

期初余额

卖出回购金融资产款

期初余额

应付职工薪酬

期初余额

应交税费

期初余额

应付利息

期初余额

其他应付款

期初余额

投资收益

	期初余额

税金及附加

期初余额	

利息支出

期初余额	

利息收入

	期初余额

手续费及佣金收入

	期初余额

资产减值损失

期初余额	

应付债券

	期初余额

待处理财产损溢

	期初余额

清算资金往来

	期初余额

营业费用

期初余额	

营业外支出

期初余额	

抵债资产

期初余额	

表12-8　**12月31日各科目余额表**　单位：元

一、资产类	借方余额	二、负债类	贷方余额
库存现金		向中央银行借款	
存放中央银行款项		吸收存款	
存放同业		同业存放	
其他货币资金		交易性金融负债	
交易性金融资产		卖出回购金融资产款	
买入返售金融资产		存入保证金	
贴现资产		拆入资金	
拆出资金		应付职工薪酬	
贷款		应交税费	
应收利息		应付利息	
可供出售金融资产		其他应付款	
债权投资			
长期股权投资			
抵债资产			
固定资产			
三、资产负债共同类			
清算资金往来			
		四、所有者权益类	
		实收资本	
		资本公积	
		盈余公积	
		未利润分配	
合计		合计	

表12-9　　　　**资产负债表**

编制单位：略　　　　2020年12月31日　　　　单位：元

资　产	期初余额	期末余额	负债和所有者权益（或股东权益）	期初余额	期末余额
资产：			负债：		
现金及存放中央银行款项			短期借款		
货币资金			向中央银行借款		
结算备付金			同业及其他金融机构存放款项		
存放同业款项			拆入资金		
贵金属			交易性金融负债		
拆出资金			衍生金融负债		
衍生金融资产			卖出回购金融资产款		
应收款项			吸收存款		
合同资产			应付职工薪酬		
买入返售金融资产			应交税费		
持有待售资产			应付款项		
发放贷款和垫款			合同负债		
金融投资			持有待售负债		
交易性金融资产			预计负债		
债权投资			长期借款		
其他债权投资			应付债券		
其他权益工具投资			其中：优先股		
可供出售金融资产			永续债		
长期股权投资			递延所得税负债		
投资性房地产			其他负债		
固定资产			负债合计		
在建工程			所有者权益（或股东权益）：		
无形资产			实收资本（或股本）		
递延所得税资产			其他权益工具		
其他资产			其中：优先股		
			永续债		
			资本公积		
			减：库存股		
			其他综合收益		
			盈余公积		
			一般风险准备		
			未分配利润		
			所有者权益（或股东权益）合计		
资产总计			负债和所有者权益（或股东权益）总计		

法定代表人、董事长：　　　　财务管理部总经理：

参考文献

［1］中华人民共和国票据法．

［2］企业会计准则．

［3］财政部．金融企业财务规则（财政部令第42号）．

［4］财政部．支付结算办法（银发〔1997〕393号）．

［5］中国人民银行．关于修订支付系统相关管理制度的通知（银办发〔2016〕112号）．

［6］财政部．关于修订印发合并财务报表格式（2019版）的通知（财会〔2019〕15号）．

［7］中国金融会计学会．新企业会计准则下的金融会计理论与实务［M］．北京：中国经济出版社，2010．

［8］财政部．金融企业准备金计提管理办法（财金〔2012〕20号）．

［9］亚春林．金融企业会计模拟实训［M］．上海：立信会计出版社，2014．

［10］亚春林．金融企业会计［M］．上海：立信会计出版社，2017．

［11］王颖驰，吴宝宏．金融企业会计［M］．北京：清华大学出版社，2018．

［12］赵咏梅，李荣香．银行会计［M］．西安：西北工业大学出版社，2019．